# *Die Küche in Italien*

*Internationale Speisekarte*

# *Die Küche in Italien*

von

Waverley Root

und der Redaktion der

TIME-LIFE Bücher

photographiert von Fred Lyon

Unipart-Verlag, Stuttgart

DER AUTOR: Als langjähriger Auslandskorrespondent hat Waverley Root *(ganz links)* auf seinen Reisen unermüdlich Ausschau gehalten nach gutem Essen. Aus diesen privaten Forschungsarbeiten ging sein Buch *The Food of France* hervor, ein klassisches Werk über die Küche der französischen Provinzen. Zusammen mit Richard de Rochemont schrieb er *Contemporary French Cooking.* Der italienischen Küche begegnete Waverley Root im Jahre 1929 zuerst in Rom, und seit dieser Zeit hat er sich dem Studium ihrer Gaumenfreuden gewidmet.

DER PHOTOGRAPH: Fred Lyon ist freier Werbe- und Pressephotograph und lebt in San Francisco. Während des Zweiten Weltkriegs war er Kriegsberichterstatter und arbeitete später in New York als Modephotograph. Um dieses Buch fertigzustellen, hat er alle Ecken Italiens durchreist und pro Tag zwei üppige Mahlzeiten zu sich genommen. Er hat zwei eigene Bildbände veröffentlicht, *Hawaii – The Other Islands* und *Away from It All – Together.*

DER REDAKTIONELLE MITARBEITER: Der inzwischen verstorbene Michael Field *(ganz links)* gehörte zu Amerikas führenden Experten auf kulinarischem Gebiet. Unter seiner Leitung wurden die in diesem Buch enthaltenen Rezepte getestet, bearbeitet und geschrieben. Zu seinen Büchern zählen *Michael Field's Cooking School* und *Michael Field's Culinary Classics and Improvisations.*

DER BERATENDE MITARBEITER: Luigi Carnacina, der Doyen der italienischen Gastronomie, begann seine Karriere als Kellner im kleinen Hotel seines Patenonkels und stieg auf bis zum Direktor vieler berühmter Hotels, darunter das Hotel de la Ville in Rom, das Grand Hôtel Lido in Venedig, das Plaza in Brüssel und das Savoy in London. Er war Geschäftsführer der Restaurants, die die italienische Regierung auf der Pariser Ausstellung von 1937, der New Yorker Weltausstellung von 1939 und der Brüsseler Weltausstellung von 1958 errichten ließ. Jetzt lebt er im Ruhestand und hat inzwischen 34 Kochbücher geschrieben, das berühmteste ist *La Grande Cucina,* eine Enzyklopädie der europäischen Küche.

DER FACHLICHE BEARBEITER DER DEUTSCHEN AUSGABE: Holger Hofmann *(links)* ist Herausgeber des Pressedienstes *Freude am Essen,* der monatlich an Zeitungen und Zeitschriften im deutschen Sprachgebiet verschickt wird. Seit 1960 arbeitet er als kulinarischer Fachjournalist und Kolumnist in verschiedenen Medien. Er betätigte sich als Fernsehkoch und Moderator großer gastronomischer Veranstaltungen. Regelmäßig schreibt Hofmann Rezepte in der Zeitschrift *Madame* und ist als Autor und Verlagsberater für die Zeitschrift *Feinschmecker* tätig. Unter anderem erschienen von ihm die Bücher *Der perfekte Gastgeber, Mixen mit und ohne Alkohol, Mixen als Hobby* und *Exotische Früchte und Gemüse.*

EINBAND: Abgebildet sind einige der Schätze Italiens: eine Flasche Chianti, *provolone*-Käse, Olivenöl und reife Tomaten.

Aus dem Englischen übertragen von Eva Bornemann


Genehmigte deutschsprachige Lizenzausgabe
für den Unipart-Verlag GmbH, Stuttgart 1983

ISBN 3 8122 0133 X

# *Inhalt*



Das Rezeptheft, das diesem Bande beiliegt, ist zum praktischen Gebrauch in der Küche bestimmt. Es enthält außer den 83 hier abgedruckten Rezepten 18 weitere. Das Heft hat einen abwaschbaren Einband und einen Spiralrücken, so daß man es aufgeschlagen auf den Tisch stellen oder legen kann.

# Einführung: Die herzhafte Küche eines kraftvollen Volkes

In gewissem Sinne ist der Mensch, was er ißt. Deshalb könnte die Nahrung auch einen der aufschlußreichsten Hinweise auf die individuellen und nationalen Neigungen bieten, vorausgesetzt, es ließen sich unveränderliche Schlüsse aus einem Nachweis ziehen, der so stark von der Vorliebe des einzelnen oder der Gemeinschaft abhängt. Die Küche des eigenen Landes ist jedem zu nahe, um mehr als schattenhafte Empfindungen zu erwecken; die Küche anderer Völker kann so bestürzend andersartig sein, daß sie nur verwirrend wirkt. Es ist vielleicht am vernünftigsten, die Küche des eigenen Landes erst nach einer langen Abwesenheit wieder zu kosten, um ihre Eigenart neu zu entdecken – ein Verhalten, das man übersättigten Ehemännern empfohlen hat, damit sie die Reize ihrer Ehefrauen neu entdecken.

Ich habe das kulinarische Experiment einmal gemacht. Damals war ich Korrespondent der italienischen Zeitung *Corriere della Sera* und sollte über die Hochzeit eines ehemaligen Königs mit einer Amerikanerin in einem Schloß bei Tours berichten. Die meisten Journalisten hatten sich im Hôtel de l'Univers in Tours einquartiert, wo die Küche überdurchschnittlich gut war. Wir hatten viel Zeit. Die angelsächsischen Kollegen vertrieben sie sich mit dem Genuß einer großen Anzahl gleicher Getränke; andere wiederum – darunter ich – verlegten sich aufs Essen. Wir folgten dem Rat sachkundiger Einwohner und wählten jeden Tag ein anderes *bistro* oder Restaurant.

Später, als wir das Schloß für ein paar Stunden verlassen konnten, wurden wir in der nahe gelegenen kleinen Bahnhofswirtschaft Stammgäste. Hier verlief eine Nebenlinie, auf der ich nie einen Zug vorbeifahren sah. Die Frau des Bahnhofsvorstehers war gleichzeitig Köchin und Kellnerin. Das Menu war so einfach, daß ich vermutete, wir äßen das gleiche zu Mittag wie die Familie.

Die Trauung fand an dem festgesetzten Termin statt, der vormalige König heiratete seine Erträumte; meine Aufgabe war erfüllt. Hieraus ergab sich die Gelegenheit für mein kulinarisches Experiment. Ich fuhr nach Paris, um mich ein paar Tage auszuruhen und die Weltausstellung zu besuchen, die in jenem Sommer dort stattfand. Die führenden Nationen hatten an den Ufern der Seine prächtige Pavillons errichtet und sie mit allen jenen Erzeugnissen gefüllt, für die sie sich die Bewunderung und den Neid der Besucher versprachen. Die Italiener hatten etwas völlig Neues gewagt und ein *ristorante* aufgebaut. Es war ausgezeichnet, besser als irgendein anderes im damaligen Italien. Man hatte den besten Koch von einem der großen transatlantischen Passagierschiffe geholt. Der Maître d'hotel war eine blendende Erscheinung und so gewandt und zuvorkommend wie ein Botschafter, die Kellner hatte man so sorgsam ausgewählt und gedrillt wie die Mitglieder einer Olympiamannschaft. Die Weine wurden von hübschen jungen Mädchen kredenzt, die die verschiedenen Trachten der einzelnen italienischen Provinzen trugen.

Gleich am ersten Abend probierte ich das *ristorante* aus. Ich wußte, hier war meine Chance, den wahren Charakter meiner heimischen

Küche zu erkennen, da ich gerade drei Wochen ununterbrochen französisch gegessen und getrunken hatte und nun an Hand meiner Reaktionen vielleicht ein paar aufschlußreiche, gültige Wahrheiten über mein Volk und mich selbst erfahren konnte. Ein mir befreundeter vielgereister Amerikaner und Feinschmecker begleitete mich.

Und wir entdeckten folgendes: Im Gegensatz zum französischen Essen, das stets in zarten Pastell- oder Perlmuttönen auf den Tisch gekommen war, leuchteten die italienischen Gerichte in lebhaften Farben, und jeder Bestandteil war deutlich von dem anderen abgesetzt. Der Spinat zeigte ein fröhliches Grün, der *prosciutto* ein helles Muschelrosa, die Paprikaschoten präsentierten sich in sonnigem Gelb, Grün oder Rot und glänzten wie Marmor, der Braten war von dunklem Rot und so weiter – jede Farbe kam so deutlich und klar zur Geltung, als wäre sie mit dem Buntstift eines Kindes gezeichnet.

Die deutlich getrennten Farbtöne entsprachen ihrem unterschiedlichen Geschmack. Auch der kleinste Bestandteil harmonierte mit den anderen, wurde aber nicht mit ihnen vermischt. Man konnte ihn herausschmecken, genauso wie man jede Stimme in dem Sextett der Oper *Lucia di Lammermoor* heraushören kann. Die Saucen spielten eine untergeordnete Rolle. Es gab keine *fonds de cuisine,* keine samtigen Cremes oder verführerischen Fleischsäfte, wie sie in jedem französischen Gericht alle Ingredienzen durchdringen.

Offensichtlich glauben die Italiener, daß die Freude am Essen (und am Leben) eher zunimmt, wenn man den charakteristischen Geschmack der einzelnen Zutaten (und die Persönlichkeit der einzelnen Individuen) bewahrt, als wenn man sie kunstvoll miteinander verbindet. Ihre Einstellung scheint direkter, unmittelbarer. Sie sind der Natur näher als die Franzosen und neigen weniger zu Kunstgriffen. Verhält es sich aber wirklich so?

Bei einer Erwägung dieser Frage sollte sich jeder klarmachen, daß die italienische Natur nicht echt, sondern ein subtiles und täuschendes Kunstwerk ist. Das Essen und Trinken der Italiener zeigt ebenso wie ihre Musik, Literatur und bildende Kunst, daß sie nicht zum Romantischen, zum Vieldeutigen, zum Nebligen, Ungewissen neigen. Chianti – das ist Rossini; Burgunder jedoch ist Debussy.

Mein Freund und ich stimmten überein, daß die anscheinend so simple italienische Küche in der Tat manchmal größere Anforderungen stellt als die kompliziertere und raffiniertere der Franzosen. Die Bestandteile selbst müssen ohne jedes Zutun gut sein, damit man sie ohne Hülle darbieten kann. *Ergo:* Ein wohlschmeckendes französisches Gericht kann manchmal sogar aus recht gewöhnlichen Zutaten bereitet sein, während die Qualität der meisten italienischen Gerichte auf der Vorzüglichkeit eben der Zutaten beruht.

Ein Pasta-Gericht ist nur so gut wie die *pasta* selbst, die aus Gragnano in den Gebirgen hinter Sorrent oder aus Fara San Martino in den Abruzzen stammen muß. Der delikateste *Mozzarella di bufala* kommt aus einem kleinen Gebiet um Caserta. Früchte und Gemüse müssen zur rechten Zeit geerntet sein, keinen Tag zu früh oder zu spät. Auch dürfen sie weder weit transportiert noch durch Chemikalien oder Einfrieren über ihre von der Natur bestimmte Zeit hinaus konserviert werden.

Kurz: Wenn italienische Kochbücher ihre Leser nicht täuschen wollen, sollten sie mit diesen Worten beginnen: „Man nehme die besten aller Zutaten so frisch wie nur möglich und belasse ihnen bei der Zubereitung in den Grenzen des Möglichen ihre Eigenart." Also gewarnt, mag der Leser die in diesem Bande angegebenen Anweisungen befolgen, und er wird nicht nur die echte italienische Küche – die *vera cucina italiana* – kennenlernen, sondern auch zu einem rechten Verständnis Italiens und der Italiener gelangen.

*Luigi Barzini,* Verfasser des Buches *Die Italiener*

# I

# *Der Ursprung*

Das berühmte „Salzfaß", eine Goldschmiedearbeit des italienischen Renaissancebildhauers Benvenuto Cellini, schmückte eine Tafel mit erlesenen Genüssen. Das Miniaturschiff des Meeresgottes enthielt das Salz, das ionische Tempelchen der Erdgöttin den Pfeffer.

Wer jemals eine Schüssel mit grünen Nudeln, den *fettuccine verdi,* gesehen, gerochen und sich durch sie hindurchgegessen hat, wird gewiß in der italienischen Küche ein Sinnbild lateinischer Kultur wie auch den überzeugenden Ausdruck einer überwältigenden Lebensfreude erblicken. Aber nur wenigen wird dabei einfallen, daß die italienische Küche der Ursprung aller anderen westlichen Kochkünste ist.

Aber so ist es. In Europa entwickelte sich auf der italienischen Halbinsel die erste wirkliche Kochkunst. Ihre Begründer, die alten Römer, holten sich einen Teil ihrer kulinarischen Einfälle aus Kleinasien und Griechenland. Gleichzeitig machten sie sich die Fülle der im eigenen Lande wachsenden Zutaten und Vorräte zunutze. Dank dieser Zusammenwirkung fiel Italien die Rolle zu, Frankreich und allen anderen abendländischen Kulturen das Wesen einer guten Küche und guten Essens zu vermitteln. In der Tat gibt sogar der *Larousse Gastronomique,* die Bibel der französischen Küche, zu, daß „die italienische Küche für alle Länder des westlichen Europa als wahrer Ursprung aller Kochkunst gelten muß".

Die meisten Experten stimmen überein, daß die italienische Küche im Jahre 1533, als Katharina von Medici von Florenz nach Frankreich reiste, um den zukünftigen König Heinrich II. zu ehelichen, zur Ahnin aller anderen wurde. Sowohl Katharina wie auch ihre Verwandte Maria von Medici, die später in ihre Fußtapfen trat und im Jahre 1600 König Heinrich IV. heiratete, brachten eine Anzahl ausgebildeter Meisterköche mit nach Frankreich. Diese kulinarischen Aristokraten kannten die Geheimnisse der raffiniertesten Kochkunst, die bis dahin entwickelt worden war, und überlieferten sie an Frankreich. Sie meisterten die Zubereitung von Zuckerbackwerk und Nachspeisen – von Kuchen, Eclairs und Speiseeis. Die Medici-Köche bereiteten auch zum erstenmal außerhalb Italiens Gerichte aus heute so vertrauten Gemüsearten wie Artischocken, Broccoli und jenen winzigen Zuckererbsen zu, welche die Franzosen adoptierten und die in der Welt heute als *petits pois* bekannt sind. Nie zuvor hatten die Franzosen so gut gegessen.

Natürlich konnte sich eine solche kulinarische Kunstfertigkeit nur sehr langsam entwickeln – sie brauchte etwa 1500 Jahre. Es begann mit den Römern, aber nicht mit jenen, an welche die meisten Menschen denken, nicht mit einer Nation, die sich in üppigen Gelagen und ungezügelten Orgien erging. Diese Vorstellung paßt in die Welt der Breitwandepen in Brillantcolor, und die Filmmacher Hollywoods und Italiens haben sie auch entsprechend ausgenutzt. Zur Zeit der Kaiserreiche gab es angeblich nur Feinschmecker. Wie die meisten groben Übertreibungen enthält auch sie ein Körnchen Wahrheit. Aus den Werken eines Petronius, Juvenal, Lukian, Martial und anderer römischer Autoren entnehmen wir, daß Pfauen, Flamingos und Reiher in der Tat in ihrem vollen Federkleid, mit dem man sie nach der Zubereitung wieder sorgfältig bedeckte, serviert wurden; daß Wölfe, Igel und junge Hunde als besondere Leckerbissen galten; daß man Bilche – kleine, den Eichhörnchen ähnliche Nagetiere – in Fässer steckte, in denen sie sich nicht bewegen konnten, und für die Tafel mästete. Plinius erzählt, Maecenas sei der erste gewesen, der im ersten Jahrhundert v. Chr. Eselsfleisch servierte. Die meisten Feinschmecker sollen jedoch eine Art Wildesel, den Onager, bevorzugt haben. Elefantenrüssel galten als große Delikatesse, und Kaiser Elagabalus soll sogar besonders gern Kamelshachsen gegessen haben. Nach der Überlieferung war aber das Essen bei den sagenhaften römischen Gelagen nicht nur exotisch, sondern man verschlang es auch in ungeheuren Mengen. So heißt es, Kaiser Maximinus (235–238 n. Chr.) habe jeden Tag 40 Pfund Fleisch verzehrt, die er mit ebensoviel Litern Wein hinunterspülte. Zur Belustigung des Kaisers Aurelian soll der Schauspieler Farone einmal ein ganzes Schaf, ein Spanferkel und ein Wildschwein sowie 100 Brötchen verzehrt haben. Diese Mahlzeit spülte er mit 100 Flaschen Wein hinunter.

Gewiß haben im alten Rom große Gelage stattgefunden, aber selbst zur Zeit des spektakulären Todeskampfes dieses verfallenden Imperiums waren sie seltene Ereignisse. Die meisten Römer besaßen einfach nicht die Mittel für solche extravaganten Gastmähler. Außer dem kaiserlichen Hof selbst gab es vermutlich nicht mehr als 200 große Häuser, die sich eine üppige Tafel leisten konnten. Die pompösesten Bankette wurden nicht von den Patriziern, sondern von den Neureichen veranstaltet, die zu allen Zeiten im Spendieren am großzügigsten waren. Trimalchio, dessen berühmtes Gastmahl im *Satyricon* des Petronius beschrieben wird (einer der Gänge enthielt einen mit lebenden Singdrosseln gefüllten Eber), war ein levantinischer Freigelassener, der als Schiffsmagnat auftrat, in Wirklichkeit aber nichts weiter als ein Schieber in allen nur möglichen zweifelhaften Geschäften war, wie es sie in jener zügellosen Epoche gab.

Wenn also Petronius und andere Autoren die üppigen Gelage ihrer Zeitgenossen auf so ausführliche Weise beschrieben, so taten sie das nicht etwa, weil diese für das alltägliche Leben im damaligen Rom charakteristisch gewesen wären, sondern gerade, weil sie es nicht waren. Die extravaganten Feste erregten die Aufmerksamkeit der Chronisten vor allem, weil sie so erstaunlich, ungewöhnlich und maßlos waren.

Die eigentliche römische Küche, deren Einfluß auf die Kochkünste der westlichen Welt heute noch spürbar ist, brauchte mehrere Jahrhunderte zu ihrer Entwicklung. Ihre Anfänge waren bescheiden und karg. Die ersten Römer waren Hirten und Kleinbauern, die einen Streifen Land am Tiber kultivierten. Wie überall in der Welt brauchten auch die Schafe der Römer Salz, und ihren Besitzern gelang es,

Die Reben des Aosta-Tals, deren Weine Caesars Durst gelöscht haben, ranken sich um säulengestützte Spaliere.

Die reichen Römer des ersten Jahrhunderts n. Chr. nahmen ihr Abendessen liegend ein. Einige Feinschmecker, die sich an Spezialitäten wie in Honig getauchten und mit Mohnsamen bestreuten Bilchen gütlich taten, verschafften der ganzen Epoche den Ruf der Schlemmerei. Der alte Adel verachtete solche Extravaganzen.

Salz zu gewinnen, indem sie das Seewasser der Flußmündung verdunsten ließen. Als die Salzgewinnung allmählich ihren eigenen Bedarf und den ihrer Schafe überstieg, begannen sie einen ertragreichen Ausfuhrhandel mit den griechischen Ansiedlungen im Süden und den Etruskern im Norden. Die frühe Ausdehnung Roms und die daraus folgende Entwicklung des römischen Weltreiches und seiner Küche beruhten zum Teil auf dem Handel mit Salz, das wegen seiner Seltenheit viele Jahrhunderte lang kostbar war und Vermögen schaffen half. Eine der aus Rom hinausführenden wichtigsten Verkehrsstraßen heißt heute noch Via Salaria, die Salzstraße.

Die Hauptnahrung jener frühen Römer bestand aus *puls* oder *pulmentum,* eine Art Getreidebrei, der damals meist aus Hirse oder auch Spelz, einer primitiven Weizenart, oder auch aus Kichererbsenmehl bereitet wurde. *Pulmentum* war sicherlich kein sehr appetitanregendes Gericht, aber es genügte, um die Eroberer der Alten Welt zu ernähren. Aus ihm bestand die Feldration des römischen Soldaten, der täglich etwa zwei Pfund Getreide zugeteilt bekam, die er auf einem heißen Stein über seinem Lagerfeuer röstete, zerrieb und in seinen Proviantbeutel tat. So konnte er, wo und wann er auch biwakierte, aus der Mischung eine mehr oder weniger schmackhafte Grütze kochen, die entweder in Form von Porridge gegessen oder in erhärtetem Zustand als eine Art ungesäuertes Kuchenbrot verzehrt wurde. Noch heute kann die moderne Variante von *pulmentum,* die *polenta,* auf beide Arten zubereitet werden – weich (und warm) mit der Konsistenz eines Kartoffelbreis und hart (und gewöhnlich kalt) mit der Konsistenz eines Kuchens.

Im Laufe der Zeit veränderten sich die Grundzutaten des *pulmentum.* Hirse und Spelz wichen der Gerste; und als den Römern die Gerste zu fade wurde, ersetzten sie diese durch *far,* eine schmack-

Die Hauptnahrung von Caesars Legionen und den meisten anderen Bürgern Roms bestand aus *polenta,* einer Art Grütze aus Getreidekörnern. *Polenta* ist noch heute beliebt und wird kaum anders zubereitet als im 1. Jahrhundert. Neu ist nur, daß der aus Amerika eingeführte Mais den Weizen und die Hirse der Römer verdrängt hat.

haftere Weizenart als Spelz. (In der Bretagne werden Fladen aus grob gemahlenem Korn immer noch *fars* genannt.) Bis zum heutigen Tag gehört *polenta (Seite 31),* die man allerdings jetzt aus Maismehl herstellt, das den alten Römern unbekannt war, zu den Nationalgerichten. Die alten Römer aßen sie oft mit Milch, und Kindern und Kranken gab man manchmal Honig dazu.

Richtiges Brot war zumindest in früher Zeit unbekannt; das Korn ließ sich nicht fein genug mahlen, um daraus Mehl zu gewinnen. Mit dem Fortschritt im Mahlverfahren wurde das zerstoßene Korn des *pulmentum* allmählich zu *farina,* dem echten Mehl. Hefe gewann man gewöhnlich aus übriggebliebenem Teig (der von selbst gärt), am meisten schätzte man jedoch die aus Gallien importierte Hefe, die dort zum Bierbrauen verwendet wurde. Bis etwa zum Jahre 170 v. Chr. fand die gesamte Brotherstellung, vom Zermahlen des Korns bis zum Bestreuen des Laibes mit Mohnsamen, Fenchel oder Petersilie, ausschließlich im eigenen Hause statt.

Dann erst erschienen die Bäcker auf der Bildfläche – die ersten Berufsköche Roms. Aber das von ihnen gebackene Brot blieb bis zu Beginn des christlichen Zeitalters für die Armen ein unerschwinglicher Luxus – wenn auch die reichen römischen Damen es sich leisten konnten, ihre Nasen und Wangen mit Mehl zu pudern, was sie auch häufig taten.

Obwohl *pulmentum* die Hauptnahrung der alten Römer war, aßen sie außerdem große Mengen von frischem, aus Schafsmilch gewonnenem Weißkäse. Auch tranken sie Wein, denn sie hatten den Weinbau von den Etruskern gelernt. Guter Wein jedoch war teuer, und so konnten sich nur die Reichen diesen Luxus erlauben. Die ärmeren Leute tranken eine wenig appetitliche Mischung aus den in Wasser eingeweichten Rückständen der Trauben.

*Fortsetzung Seite 18*

CREOPOLION
TABERNA VINARIA

# *Der geschäftige Markt des Kaiserlichen Rom*

Seit dem frühen zweiten Jahrhundert lieferte ein wimmelnder, vom Duft starker Gewürze durchzogener Supermarkt neben dem vom Kaiser Trajan erbauten Forum alle Bestandteile der römischen Mahlzeiten. Dieser ebenfalls unter Trajan entstandene Markt umfaßte einen unregelmäßig angelegten, mehrstöckigen Gebäudekomplex auf dem Quirinal *(unten)*. Sein Kern war ein Halbkreis von Gewölben, die zu den einzelnen Läden führten, zum *creopolion,* dem Metzgerladen, der *taberna vinaria,* der Weinhandlung, und dem *unguentarius,* dem Salbenladen, wie sie auf der Zeichnung links dargestellt sind. Andere Läden boten Fisch aus den nahen Meeren und Flüssen an, die Erzeugnisse der italienischen Landwirtschaft und Waren aus fernen Ländern: Weizen aus Ägypten, Olivenöl aus Spanien, seltene und kostbare Gewürze aus Asien. Auf dieser Illustration zeigt uns der Künstler einen Teil des Marktes, wie er zur Zeit Trajans ausgesehen haben muß: Die Käufer drängen sich durch ein Gewimmel von Trägern, die mit Krügen und Körben beladen sind. Die dunkle Mauer rechts schirmte das Forum von dem lauten Getriebe ab.

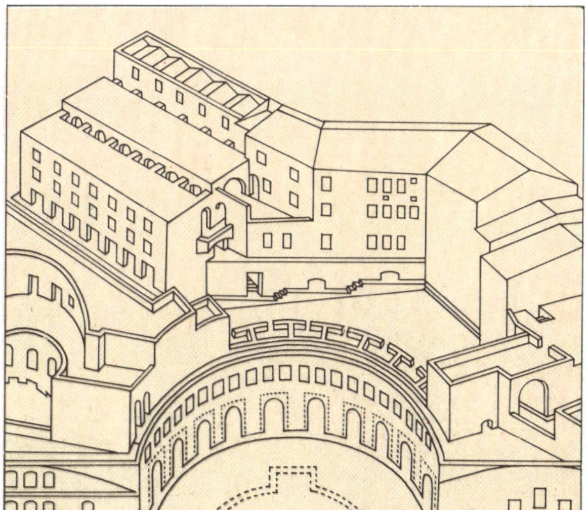

Treppen, Rampen und Straßen verbanden die Stockwerke des trajanischen Marktes. Der Schauplatz der links abgebildeten Szene ist dunkel schattiert. Die gestrichelten Linien deuten an, wo die abschirmende Mauer stand.

Eine Gemüsehändlerin breitet ihre Ware auf einem Ladentisch aus.

# *Ein Blick in die Läden*

Ehe Trajan den großen Markt erbauen ließ *(vorige Seiten)*, waren die römischen Metzger, Lebensmittelhändler und Verkäufer frischer Ware über die ganze Stadt verstreut. Danach wurden sie fast alle auf einen Platz konzentriert. Daneben führten sie ihre eigenen Geschäfte weiter – die meisten davon waren klein und den hier gezeigten Reliefs wahrscheinlich nicht unähnlich. Noch heute hängen die römischen Ladenbesitzer an alten Gewohnheiten und bevorzugen kleine Geschäfte.

In einer Gemischtwarenhandlung verkauft eine Frau *(Mitte, rechts)* eine Melone, während ein anderer Kunde *(links außen)* ein Kaninchen wählt.

Ein Metzger arbeitet an seinem Block *(rechts)*, während eine weibliche Angestellte die Rechnungen führt. Hinter dem Metzger hängt die Waage.

An der Wand in der Mitte links hängen zwei ungerupfte Hühner. Die Äffchen *(rechts außen)* sollten Kunden werben und unterhalten.

Die frühen Römer züchteten Schafe wegen der Wolle und des Fleisches, und sie aßen ihren Hammelbraten gewöhnlich geröstet. Aber ebenso wie die Griechen vor ihnen besaßen sie bereits Bronze- und Eisenkessel, in denen sie das Hammelfleisch auch kochen konnten. Dadurch waren sie den Franzosen um tausend Jahre voraus, die noch bis ins 12. Jahrhundert hinein ihr Fleisch am Spieß brieten und so einen großen Teil des Saftes ins Feuer laufen ließen.

Mit der Verfeinerung des Lebens im alten Rom begann man auch mit dem Anbau von Gemüse, das man zubereitete und bei Tisch servierte. Um das dritte vorchristliche Jahrhundert beherrschte diese Stadt allmählich die ganze italienische Halbinsel mit Ausnahme des äußersten Nordens. Und als römische Legionen neue Gebiete eroberten, nahmen ihre Führer ganze Teile davon in Besitz. Mit der Zeit wurden sie durch ihr Interesse an einer Nutzung der Ländereien zu Großgrundbesitzern und Landwirten. Der auf eigenem Acker gezogene Kohl war das beliebteste Gemüse, da sie ihm Heilkräfte zusprachen. Weniger begüterte Bürger aßen gekochtes Grünzeug, vor allem angepflanzte Nesseln, eine Artischockenart und Malven, die die Bauern heute als Unkraut ausreißen. Sie aßen dieses Gemüse, wie die heutigen Italiener Spinat essen, ein Blattgewächs, das man in Italien erst kennenlernte, als die Sarazenen es im neunten Jahrhundert n. Chr. aus dem heimischen Persien einführten. Die Saubohne, *fava,* war ebenfalls beliebt; man aß sie entweder roh oder gekocht oder verwandte sie zur Suppe.

Auch Früchte gehörten zur Hauptnahrung der alten Römer. Sie liebten vor allem den Apfel, der längst keine teure Seltenheit mehr war, wie seinerzeit bei den Griechen. (Im sechsten Jahrhundert v. Chr. hatte Solon zur Einschränkung der üppigen Hochzeitsschmäuse im damaligen Athen angeordnet, daß das Hochzeitspaar zusammen nur einen Apfel essen durfte.) Aprikosen wurden aus Armenien eingeführt und waren teuer, das gleiche galt für die aus Persien kommenden Pfirsiche. Von Lukull wird oft behauptet, er habe den Kirschbaum nach Italien gebracht, aber eine wilde Kirsche hat es wahrscheinlich bereits vor der Römerzeit auf der Halbinsel gegeben. Datteln bezog man aus Afrika, Feigen aber gab es im Lande im Überfluß. Melonen, die zur Römerzeit nicht größer als Orangen waren, kamen ursprünglich aus Persien. Sie wurden aber bald in Cantalupo bei Rom angepflanzt – daher stammt auch der Name einer der größeren Sorten, die heute gezüchtet werden.

Um das zweite Jahrhundert v. Chr. war Rom auf dem besten Wege, eine Weltmacht zu werden; die Zeit war reif für die Bereicherung und Entwicklung der römischen Küche. Im Jahre 185 v. Chr. war Roms nahöstliche Armee vom Feldzug gegen den syrischen Kaiser Antiochos den Großen zurückgekehrt und hatte den Geschmack an orientalischer Schwelgerei und orientalischen Leckerbissen mitgebracht. Der Historiker Titus Livius schrieb später: „Das Heer aus Asien brachte ausländischen Luxus nach Rom. Seit jener Zeit begannen die Mahlzeiten mehr Zeit und Geld für die Zubereitung in Anspruch zu nehmen . . . Ein Koch, der bis dahin zu den niedrigsten und billigsten Sklaven gehört hatte, wurde außerordentlich teuer. Was bloße Arbeit gewesen war, wurde zur Kunst.“

Um den neuen, aus dem veränderten Geschmack entstandenen Anforderungen zu genügen, entwickelte Rom ein kompliziertes System der Erzeugung, Einfuhr und des Absatzes von Nahrungsmitteln. Sein Hauptsitz befand sich im Zentralmarkt, einem riesigen halbkreisförmigen Backsteingebäude, das noch heute im trajanischen Forum zu sehen ist.

Zur Zeit des Kaiserreichs wurde im Zentralmarkt mit fast allen Arten von Nahrungsmitteln gehandelt. Im Markt selbst oder in seinen Nebengebäuden, sogar in dem geheiligten Forum Romanum, eröffneten Metzger ihre kleinen Läden. Aber es stellte sich bald heraus, daß sie verdorbene Ware verkauften, und so sah sich die römische

Regierung schließlich gezwungen, sie außerhalb der Hauptstadt im *macellum magnum,* einer Art Berufsgetto, zusammenzupferchen, wo es für speziell beauftragte „Fleischbeschauer“ der römischen Polizei leichter war, Hygienemaßnahmen durchzusetzen und den Verkauf von Fleisch zu unterbinden, das für die menschliche Ernährung ungeeignet war.

Die Römer der Kaiserzeit waren große Fleischesser. Wie ihre heutigen Nachfahren zogen sie das Schweine- dem Hammelfleisch vor, und bereiteten es auf viele schmackhafte Arten zu. Ein für festliche Bankette gedachtes Rezept „Trojanisches Schwein“ erforderte ganze Tiere, die zuerst auf der einen Seite geröstet wurden, die man dick mit einem Teig aus Gerstenmehl, Wein und Öl belegt hatte. Dann wurde die andere, nicht bedeckte rohe Seite in Wasser getan und gekocht. Der Name „Trojanisches Schwein“ bezog sich auf das trojanische Pferd, in dem die Griechen ihre Soldaten verborgen hatten; die Römer nahmen das Schwein aus und füllten es mit Austern und kleinen Vögeln.

Ein weniger festliches, aber dennoch hochgeschätztes Gericht war Schinken, und zwar gepökelt (getrocknet oder geräuchert) oder auch roh. Der Feinschmecker Apicius – er lebte im ersten nachchristlichen Jahrhundert und gehört zu den berühmtesten Kochbuchverfassern der Welt – soll ein Rezept erfunden haben, bei dem frischer Schinken in einer Kruste aus Mehl und Öl gekocht wurde. Zur Würzung spickte man ihn mit getrockneten Feigen, Lorbeerblättern und Honig.

Zur Zeit des römischen Imperiums waren alle Arten von Geflügel beliebt. Auf jedem Markt bot man Hühner feil; Kapaune wurden bevorzugt. Aus Afrika führte man Perlhühner unter der Bezeichnung numidische oder karthagische Hühner ein, zahme Tauben kreuzte man mit wilden, um ihren Geschmack pikanter zu machen. Die Römer aßen auch Wildente, machten sich aber nichts aus den Schenkeln und verzehrten nur die Brust und das Hirn. Die Gans galt als saftigster Vogel, und zwar schätzte man besonders die aus der Picardie in Nordgallien stammende Art. Nachdem die römischen Legionen dieses Gebiet erobert hatten, wurden oft riesige Gänseherden den ganzen Weg von Gallien bis nach Rom getrieben. Sie mußten sich von dem ernähren, was sie unterwegs vorfanden und waren den Bauern kaum willkommener als die plündernden Legionen.

Viele der ersten Gerichte der professionellen Köche jener Zeit finden wir – in einer etwas abgewandelten Form – noch heute auf der italienischen Speisekarte. Die Römer kannten eine frühe Art der *gnocchi* oder Klöße und bereiteten ein Gericht im Wasserbadtopf, ähnlich dem heutigen *sformato,* einer Kreuzung aus Soufflé und Pudding. Der römische Staatsmann und Schriftsteller Cato der Ältere gibt für dieses Gericht ein Rezept unter dem Namen *torta scriblita* an.

Durch die zur Verfügung stehenden Kräuter und Gewürze konnten die Römer ihre Gerichte in verschiedener Weise abschmecken, und das taten sie auch mit Umsicht, solange ihre Ernährung einfach war. Als jedoch die Köche im alten Rom ehrgeiziger und die Gerichte komplizierter wurden, versuchte man oft, jede Speise mit allen vorhandenen Aromata zu würzen. Als Ergebnis schmeckte am Ende alles ziemlich gleich. Auch liebten die Römer eine Einheitssauce, *garum* genannt, die sie über jedes ihnen vorgesetzte Gericht gossen. Die Historiker sind sich nicht einig, woraus dieses *garum* bestanden hat, aber ohne Zweifel würde es heute den meisten Gaumen nicht zusagen. Es wird sogar behauptet, die Sauce sei aus den Eingeweiden der Makrele bereitet worden.

Was immer auch die Vorzüge des *garum* gewesen sein mögen, ein unbestrittener Erfolg der römischen Saucenküche war die süß-saure Kombination. Apicius schreibt man eine Version zu, bei der Pfeffer, Minze, Pinienkerne, Rosinen, Möhren, Honig, Essig, Öl, Wein und Moschus vermengt wurden. Eine ähnliche Verbindung gibt es noch heute in den verschiedenen *agrodolce*-Saucen, die bei der Enten- und Hasenzubereitung, bei Zucchini und Kohl und vielen anderen Gerichten verwandt werden.

Wenn auch die alten Römer alle möglichen Zutaten und Gewürze liebten, so besaßen sie doch weder Rohr- noch Rübenzucker. Sie mußten sich mit *defrutum* (Traubensirup) und Honig behelfen, die sie während ihrer Mahlzeiten mit Genuß verspeisten. Sie erfanden auch Nachspeisen, die heute noch serviert werden. Eine davon ist zu einem wichtigen Begriff in der Kochkunst geworden: Omelett, eigentlich *ova mellita* (wörtlich mit „honiggetränkte Eier“ übersetzt).

Eine weitere römische Erfindung ist der Käsekuchen. Eine gesüßte Abart wurde *savillum* genannt; das Originalrezept ist vorbildlich einfach: „Bereite einen Teig aus einem halben Pfund Mehl, zweieinhalb Pfund Quark, einem Viertelpfund Honig und einem Ei. Koche ihn in einer gefetteten Tonform bei fest verschlossenem Deckel. Wenn der Teig gar ist, gieße Honig darüber und bestreue ihn mit Mohnsamen.“

Die alten Römer kannten mindestens 13 Arten von Käse, einschließlich einer aus der Milch gallischer Schafe gewonnenen Sorte. Möglicherweise war dies der Urahn unseres heutigen Roqueforts. Die für den Käsekuchen benutzte Art war der *ricotta* – trockenem Frischkäse aus Schafs- oder auch Kuhmilch – nicht unähnlich, mit der man heute die italienischen Käsekuchen und Käsespeisen zubereitet.

Die meisten wichtigen Beiträge Roms zur westlichen Küche wurden bereits vor dem Ende des zweiten Jahrhunderts geliefert. Bis etwa 180 n. Chr. war das Tempo des römischen Lebens einigermaßen gemächlich und vernünftig, aber danach beschleunigte es sich. Die Stadt hatte mit so verantwortungsbewußten Kaisern wie Augustus, Trajan, Hadrian und Marcus Aurelius ihren Höhepunkt überschritten. Unter Commodus, Caracalla und Elagabalus, die keine Verantwortung kannten, begann der rasche und unaufhaltsame Abstieg. Während das römische Weltreich durch Macht und Luxus verweichlichte und korrumpiert wurde, entartete auch seine Kochkunst. Parvenüs, die ihr Vermögen schnell und oft durch Lebensmittelspekulationen erworben hatten, wetteiferten miteinander in Form von aufwendigen Gastmählern.

Doch im dritten nachchristlichen Jahrhundert drangen die Barbaren in Rom ein, und in den nächsten fünf Jahrhunderten stagnierte die italienische Küche. Die Ostgoten, ein verhältnismäßig zivilisierter Barbarenstamm, tranken gerne einen *vinum palmaticum* genannten Wein, in den sie manchmal ein Ei quirlten, wie man es auch heute noch gelegentlich bei Marsala tut. Im ganzen übte die Herrschaft der Barbaren auf die überreiche römische Küche einen wohltuenden und mäßigenden Einfluß aus. Als das Weltreich auseinanderbrach, schwanden die kulinarischen Auswüchse wie der übermäßige Gebrauch von Gewürzen und die wahllose Verwendung von Nahrungsmitteln zu einem Gericht (man kochte sogar Fleisch und Fisch zusammen). Doch was solide und erhaltenswert erschien, wurde beibehalten. Während des frühen Mittelalters bewährten sich die Klöster bei der Überlieferung des Besten der römischen Kochkunst wie auch anderer Schätze der alten Kultur. Die Mönche retteten nicht nur Manuskripte, sondern auch Rezepte. Und weil sie nur über eine geringe Auswahl an Nahrungsmitteln verfügten – eine Folge sowohl der unsicheren Zeiten als auch der frühchristlichen Askese –, lernten die Mönche, auch die bescheidensten Gemüse – wie zum Beispiel die Steckrübe – schmackhaft zuzubereiten.

Erst im neunten Jahrhundert, als die italienische Küche durch die islamischen Invasionen in Südeuropa neuen Auftrieb erhielt, wurde es anders. Der Einfluß der neuen Eroberer hielt in Italien nicht solange vor wie in den meisten anderen Teilen Europas, aber der Brückenkopf, den sie zwei Jahrhunderte lang in Sizilien und Süditalien halten konnten, wirkte sich schließlich auf die italienische Küche aus, und das merkt man noch heute.

Von den Arabern lernten die Süditaliener die Nachspeisen kennen, die heute in ihrer Küche eine so große Rolle spielen. Die Kunst der Eiscreme- und Scherbettzubereitung kam durch die Araber ins Land, die sie genau wie die Perser und Inder vor ihnen von den Chinesen gelernt hatten. Auch führten sie verschiedene auf Honig, Mandelpaste und Marzipan basierende Süßigkeiten sowie den Rohrzucker in Italien ein. Die Araber waren die ersten, die in Europa Zuckerrohr anpflanzten, aber die Kultivierung erwies sich als schwierig. Bis ins späte Mittelalter hinein wurde die Verbreitung dieser Pflanze durch Unwissenheit und schlechte Verkehrsbedingungen behindert.

Der Zucker wurde erst im 11. Jahrhundert in Europa heimisch. Als die Verteidiger des Christentums durch die Kreuzzüge in die Länder der Sarazenen kamen, faßte der Rohrzucker in Europa als Würze oder Anbauprodukt Fuß. Die Kreuzfahrer entdeckten das Zuckerrohr in der Gegend des heutigen Libanon und brachten Pflanze und Produkt mit nach Hause. Den raffinierten Zucker nannten sie „indisches Salz", weil sie glaubten, er käme ursprünglich aus Indien (und darin hatten sie vielleicht gar nicht so unrecht). Sie erkannten seine vielseitige Verwendbarkeit nicht und sahen daher weiter nichts in ihm als eine Art Gewürz für Fleisch- und Fischgerichte, und viele Jahre lang kam niemand auf den Gedanken, ihn als Basis für süße Nachspeisen zu verwenden.

Aus dem Lande der Sarazenen brachten die Kreuzfahrer auch den Buchweizen mit (der noch heute auf französisch *sarrasin,* auf spanisch *sarraceno* und auf italienisch *saraceno* heißt). Sie entdeckten die den alten Römern vertraute Zitrone wieder, und schon bald verdrängte Zitronensaft in Fleischsaucen den Saft von unreifen Trauben und ausgepreßten Kräutern.

Die von den Kreuzrittern eingeführten kulinarischen Erneuerungen wurden aber erst im 12. Jahrhundert allgemein bekannt, lange nachdem ihre ersten Vertreter ins Heilige Land gezogen waren. Unmittelbarer beeinflußte die wachsende Verstädterung des Landes die italienische Küche, denn sie brachte neue Konzentrierungen des Reichtums und neue Gemeinschaften mit sich, in denen die Lebensgewohnheiten zu einem größeren Maß von Luxus führten. Man entdeckte Gewürze neu, von denen viele den alten Römern bereits bekannt gewesen waren. Andere Gewohnheiten aus dem antiken Rom tauchten wieder auf: Das Servieren einer Mahlzeit in drei oder vier Gängen, der dekorative Aufbau von Speisenpyramiden auf Servierschüsseln und die Sitte, die Gäste mit kunstvoll „getarnten" Speisen zu überraschen – mit einem ganzen „Fisch", der sich als Gemüsearrangement entpuppte, oder mit einem „Braten", der schließlich aus Fischen bestand.

Im späten Mittelalter erschien in Italien wieder ein richtiges Brot. Die Grundmischung aus Mehl, Wasser und Hefe wurde auf verschiedenste Art variiert. Die eine war mit Honig gesüßt, stark gewürzt und mit getrockneten Früchten und Feigen garniert – ein unmittelbarer Vorfahr des modernen *panforte* aus Siena. Die Genueser Gemüsepasteten *(torta pasqualina)* von heute haben ebenfalls einen spätmittelalterlichen Vorfahren: Ähnliche Gemüsepasteten werden in dem Kochbuch eines anonymen Autors erwähnt, das im späten 13. Jahrhundert im Gebrauch war. In dem gleichen Werk finden sich neben Rezepten für Eieraufläufe und Milchpasteten auch Angaben für die Zubereitung von *vermicelli, tortelli* und *tortelletti* – der erste veröffentlichte Hinweis auf *pasta,* Teigwaren. 1290 ist das späteste mögliche Datum für das Erscheinen dieses Buches; damit liegt es in jedem Fall fünf Jahre vor Marco Polos Rückkehr von seiner historischen Reise durch Asien nach China, und damit sollte ein für allemal die Legende erledigt sein, er habe die Kunst der Teigwarenfabrikation

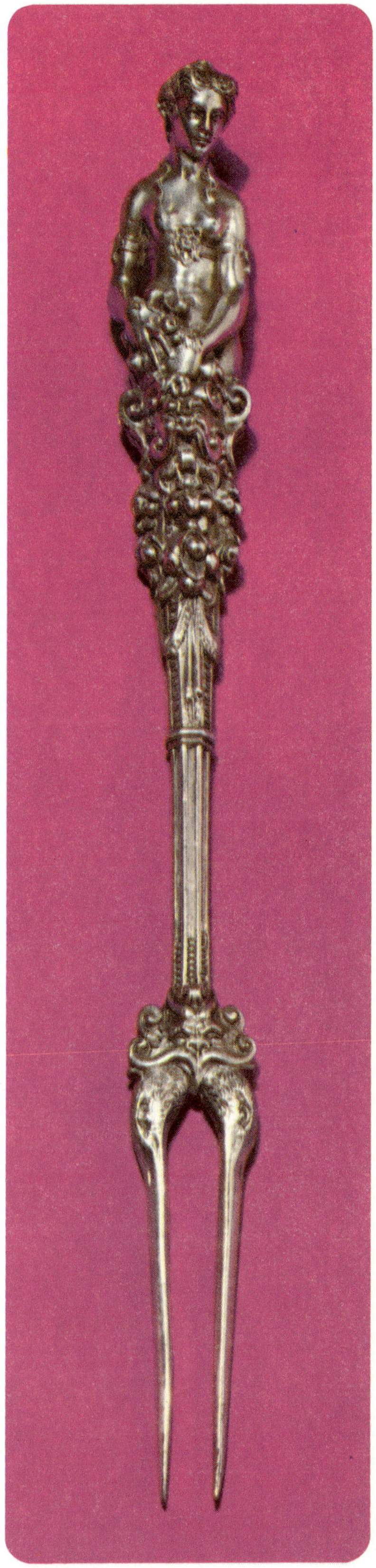

Die vor der Renaissance in Europa unbekannte Tischgabel stammt aus Italien. Dieses Exemplar wurde von einem römischen Silberschmied des 16. Jahrhunderts gefertigt.

aus dem alten Seidenlande mitgebracht. Tatsache ist, daß die Italiener schon im 13. Jahrhundert viele Arten von *pasta* aßen, wenn diese auch keineswegs ihre Ernährung so stark bestimmten wie heute.

Marco Polo hat allerdings Italien und vor allem seiner Heimatstadt Venedig einen großen kulinarischen Dienst erwiesen: Seine Schriften führten zu der Erschließung eines direkten Weges zu den fernöstlichen Gewürzen, die bisher von arabischen Zwischenhändlern vertrieben worden waren. Venezianischen Kaufleuten gelang es schnell, fast die gesamte Gewürzeinfuhr an sich zu reißen und den europäischen Markt zu beherrschen. Damals kaufte Venedig Gewürze billig ein und verkaufte sie teuer, und viele seiner prunkvollen Paläste wurden auf diesen Gewinnen erbaut. Als im Jahre 1453 der Untergang Konstantinopels diese fernöstliche Gewürzroute abschnitt, wandte sich Venedig erneut an die Moslems des Nahen Ostens. Die Kosten waren höher, aber Venedig gelang es, sein Monopol aufrechtzuerhalten – und damit seine hohen Preise. Auf diese Weise konnte es noch ein halbes Jahrhundert lang Reichtümer ansammeln, bis es den portugiesischen Seefahrern gelang, Afrika zu umsegeln und die Gewürzinseln zu erreichen. Seitdem war Lissabon das Zentrum des Gewürzhandels und anstelle Venedigs wichtigster Zuckerbearbeiter.

Marco Polos Rückkehr nach Venedig fiel mit dem Beginn der Renaissance zusammen. Diese Wiedergeburt einer klassischen Zivilisation machte sich ebenso auf kulinarischem Gebiet wie in den Künsten bemerkbar; einen Beweis hierfür liefern einige Bücher aus jener Zeit. Im Jahre 1305 schrieb Pietro de' Crescenzi, gebürtig aus Bologna, sein *Liber Ruralium Commodorum,* das erste Buch über Landwirtschaft, das in Europa erschien. Im Jahre 1475 vollendete Bartolomeo Sacchi, ein vatikanischer Bibliothekar, der sich Platina nannte (eine Latinisierung von Piadena, dem Namen seiner Heimatstadt), das bisher ehrgeizigste Kochbuch, das seit der Zeit der alten Römer verfaßt wurde. Es erschien in Venedig unter dem Titel *De Honesta Voluptate ac Valetudine* („Über die ehrliche Freude und das Wohlbefinden") und hatte einen derartigen Erfolg, daß es innerhalb von dreißig Jahren sechs Auflagen erlebte.

Platinas Kochbuch war natürlich klassisch orientiert. Es beruhte in der Hauptsache auf dem Werk des Apicius, berief sich jedoch auch auf Plinius den Älteren, Varro, Columella und andere antike Autoren. Trotz seiner klassischen Quellen tadelte es einige Auswüchse der römischen Küche – zum Beispiel den verschwenderischen Gebrauch von Gewürzen –, der im Mittelalter teilweise wieder aufgekommen war. Platina meinte, es sei bekömmlicher, Speisen mit Zitronen- oder Orangensaft oder mit Wein zu würzen. Auch schlug er vor, die Mahlzeit mit dem leichten, frischen Aroma von Obst zu beginnen. Sein Rat wurde allgemein angenommen, und so gehört *prosciutto* heute zu den beliebtesten italienischen Vorgerichten – dünne Schinkenscheiben, die mit Melonen oder frischen Feigen serviert werden.

Zu Beginn des 16. Jahrhunderts zeigten die Italiener schon ein starkes Interesse an der Gastronomie. Ein Zeichen dieser kulinarischen Vorliebe war die Gründung der ersten modernen Kochakademie in Florenz, der Compagnia del Paiolo („Gesellschaft des Kochkessels"). Sie umfaßte nur 12 Mitglieder, lauter Kochkünstler (und in manchen Fällen auch Künstler auf anderem Gebiet: der berühmteste von ihnen war der Maler Andrea del Sarto). Bei jeder Zusammenkunft mußte eines der Mitglieder ein von ihm erdachtes Gericht präsentieren. Eine von Andreas Speisen war ein kleiner Tempel, der auf einem mehrfarbigen Gelatine-Sockel ruhte. Seine Säulen waren aus Würsten und seine Kapitelle aus Parmesanecken gebildet. In seinem Inneren befand sich ein Musikpult mit einem Buch, dessen Blätter aus *pasta* bestanden und auf denen die Buchstaben und Noten mit Streupfeffer aufgezeichnet waren. Dicht daneben sah man gebratene Drosseln wie Chorsänger angeordnet.

Es war nicht überraschend, daß sich die Compagnia in Florenz zusammengefunden hatte, denn in dieser strahlenden Stadt erreichte die Kochkunst der Renaissance ihren Höhepunkt. Doch waren die kulinarischen Künste der Florentiner nicht ohne Konkurrenz: die venezianischen Dogen und die großen Adelsfamilien in anderen Teilen Italiens veranstalteten ebenfalls üppige Feste. Am erlesensten aber waren die Menüs der Medici in Florenz, und zwar besonders zu Lebzeiten von Lorenzo il Magnifico.

Für den kulinarischen Vorrang von Florenz gab es aber noch einen anderen Grund, denn hier hatte sich mehr als irgendwo sonst die Kochkunst von den Kreisen der Aristokratie bis hinunter in die einfacheren Volksschichten verbreitet.

Gewöhnlich aßen die Florentiner zwei Mahlzeiten am Tag. Die erste wurde zwischen 9 und 10 Uhr vormittags eingenommen; die zweite kurz vor Einbruch der Dunkelheit. Zu Beginn der Renaissance, im 14. Jahrhundert, waren die Mahlzeiten, außer bei reichen Familien, sehr leicht: sie bestanden zum Beispiel aus Brot (das damals teuer war), Gemüse und frischem oder eingemachtem Obst. Fleisch wurde in der Regel nur sonntags gegessen.

Im weiteren Verlauf der Renaissance wurden die Mahlzeiten abwechslungsreicher. Das Fleisch von jungen Ziegen, ja sogar gekochte Pfauen erschienen auf der Familientafel. In den mittleren Schichten begann eine Mahlzeit mit Früchten (gewöhnlich Melonen) oder mit einem Salat; dann aß man vielleicht Täubchen oder *fegatelli,* eine Art Kuttelfleck mit einer Leberfarce, und als Nachspeise Ziegenkäse und Trauben oder Feigen. Außerdem gab es *pasta,* die gegen Ende des 15. Jahrhunderts zum Hauptbestandteil der italienischen Mahlzeiten geworden war. (In Florenz bereitete man die *pasta* stets im Hause. Ihre fabrikmäßige Herstellung begann während der Renaissance in Neapel, das noch heute ein Zentrum der Massenproduktion von Makkaroni und Spaghetti ist.)

Die reichen Florentiner Kaufleute aßen ein wenig üppiger als die Leute der Mittelklasse, vor allem dann, wenn sie Gäste bewirteten. (Es war damals Sitte, nie mehr als neun Personen an einer Tafel zu haben; bei einer größeren Zahl leide die Unterhaltung, schrieb ein Autor jener Zeit.)

Die Mahlzeit begann mit etwas Süßem, in der Regel Obst oder *berlingozzo,* einer Art Gebäck. Dann gab es gemästete Kapaune oder Kalbfleisch mit Würsten oder einen Eintopf, vielleicht auch Brathähnchen oder ein aus Drosseln, Tauben und Fasanen zusammengestelltes Gericht oder aber Forelle. Zum Schluß servierte man meist Käse und einen Nachtisch, der aus Plätzchen oder Kuchen bestand.

Diese herzhafte, aber doch einfache Art von Mahlzeiten hielt sich in Florenz, der Hauptstadt der Toskana, bis zum Ende des 15. Jahrhunderts. Hier wird noch heute einfacher als in irgendeinem anderen Teil des Landes gegessen. Obwohl die späteren Medici-Fürsten oft einen aufwendigen Luxus trieben – 1469 feierte Lorenzo il Magnifico seine Hochzeit mit fünf üppigen, vom Sonntag bis Dienstag aufeinanderfolgenden Banketten –, hielt man sich in Florenz an den Rat Platinas, der für Mäßigung plädierte. Die Menschen benutzten sein Kochbuch, das zwar die schweren Weintunken und einige der stark gewürzten Gerichte des Mittelalters, aber auch viele überraschend einfache Speisen enthielt, zum Beispiel eine Suppe aus Saubohnen oder Kürbissuppe, die man über Brotscheiben goß und als fleischloses Gericht aß.

Platina widmete sogar ein ganzes Kapitel dem Endivien- und dem Kopfsalat und gab genaue Anweisungen für die Spargelzubereitung. Gegrilltes, am Spieß gebratenes Fleisch und Kalbslende wurden mit *pasta* gegessen, die inzwischen unabdingbar geworden war, oder manchmal auch mit Reis, den man jedoch in der Regel süßte und als Pudding oder Kuchen zubereitete.

Wenn auch Florenz in der italienischen Kochkunst führend war, so hatte doch das gesamte Land im übrigen Europa keinerlei Konkurrenz zu befürchten. Der französische Historiker Georges Blond schreibt über die europäische Küche des 16. Jahrhunderts: „Außerhalb Italiens war man in der Kochkunst noch nicht über das Mittelalter hinausgekommen." So war es auch durchaus logisch, daß Italien unter der Führung von Florenz die Fackel an das übrige Europa weitergab – zunächst an Frankreich. Die Überlieferung, nach der Katharina von Medici die italienische Küche in Frankreich eingeführt hat, beruht durchaus auf Fakten, aber vielleicht sollte man einen Teil des Verdienstes auch Franz I. anrechnen, ihrem königlichen Schwiegervater, den eine frühe Vorliebe für Italien bewogen hatte, viele italienische Gerichte in Frankreich populär zu machen.

In den Berichten über Katharinas Ankunft wird ihren Konditoren viel Platz gewidmet, die Backwerk wie *frangipane,* Makronen und Mailänder Kuchen einführten (die damals auch in Italien neu waren). Aber Katharina brachte auch andere Köche mit, die ihrem neuen Hof und Land Delikatessen wie gefülltes Perlhuhn vorsetzten, das noch heute in französischen Kochbüchern als *pintade à la Médicis* erscheint. Auch führten sie die Trüffeln ein und veranlaßten die Franzosen, eifrig die Erde nach diesen schmackhaften Pilzgewächsen zu durchsuchen.

Den meisten Italienern war es zweifellos gar nicht klar geworden, daß sie Frankreich den Schlüssel zu einer großartigen Kochkunst überreicht hatten. Dafür waren sie viel zu sehr mit ihrer eigenen kulinarischen Entwicklung beschäftigt. So präsentierte beispielsweise Italien der Welt den Wasserbadtopf. Eine Alchimistin, die sich Kleopatra die Weise nannte, soll ihn während der Niederschrift einer Abhandlung über die Zusammenhänge von Magie, Medizin und Kochkunst erfunden haben. Da die Dame in Wirklichkeit Maria de Cleofa hieß, wurde ihre Neuerung als „Marias Bad", *bagno maria,* bekannt und später in Frankreich als *bain-marie* bezeichnet.

Noch viel wichtiger aber ist es, daß das Italien der Renaissance – wo man eine ausgesprochene Neigung für süße Leckereien hatte – in der übrigen westlichen Welt seine eigene Vorliebe dafür einführte. Als die Verwendung von Rohrzucker aus Venedig verbreiteter wurde, verdrängten süße Vorspeisen die Salate als Auftakte zu Banketten, so daß die Mahlzeiten nun süß anfingen und süß endeten. An alles tat man Zucker, sogar an Makkaroni – zumindest bei den Wohlhabenden. Aber die Armen konnten sich das nicht leisten und mußten ihre Makkaroni ungesüßt essen, wie es heute jedermann tut. Trotzdem ging es ihnen damals verhältnismäßig gut. Ein florentinischer Prediger des 15. Jahrhunderts wetterte gegen seine Gemeinde wegen ihrer übertrieben verfeinerten Küche – obwohl sie Zucker kaum verwandten. „Es genügt euch nicht, eure *pasta* zu backen", schalt er. „Nein! Ihr müßt auch noch Knoblauch daran tun, und wenn ihr Ravioli eßt, so genügt es euch nicht, sie in einem Topf zu kochen und in ihrem eigenen Saft zu essen; ihr müßt sie obendrein noch in einem anderen Gefäß braten und mit Käse bestreuen!"

In der Spätrenaissance sollte das italienische und europäische Essen noch durch einen weiteren Beitrag aus dem Osten bereichert werden – durch den Kaffee. Das Getränk kam zuerst über den großen Handelshafen Venedig nach Europa; soviel scheint festzustehen. Sein Ursprung ist umstritten, obwohl man glaubt, er stamme aus dem Arabisch sprechenden Gebiet. Das arabische Wort für „Getränk" ist *qahwah* – das einige vergleichende Sprachwissenschaftler für lautverwandt mit dem Wort „Kaffee" halten. Die Vorzüge des Kaffees hat man vielleicht zum ersten Male in Aden oder im Jemen entdeckt, wo er vermutlich von islamischen Einsiedlern getrunken wurde, damit sie bei ihren nächtlichen Gebetsübungen wachblieben. Einer anderen Quelle zufolge soll ein arabischer Ziegenhirt das Getränk entdeckt haben, nachdem er beobachtet hatte, wie seine Herde nach dem Abweiden von Kaffeebohnen besonders munter wurde. Ein früher Freund und Verbreiter des Getränkes soll ein Muslim-Ältester namens Od-a-Makha aus Mocha, der Hafenstadt am Roten Meer, gewesen sein; diese beiden Namen könnten dem Wort Mokka zugrunde liegen, jener besonders feinen Kaffeesorte, die zuerst von der arabischen Küste exportiert wurde.

Jedenfalls berichtete Gian Francesco Morosini, der venezianische Botschafter in der Türkei, im Jahre 1585 dem Senat von Venedig von „der Gewohnheit der Türken, ein schwarzes Wasser so heiß wie nur irgend möglich zu trinken, das aus Samen bereitet wird, die sie *cavee* nennen. Sie behaupten, es besitze die Kraft, den Menschen wachzuhalten." Bald darauf wurden in Venedig Kaffeestuben aufgemacht, die man *botteghe* nannte, und von dort aus verbreitete sich die Sitte des Kaffeetrinkens auch in andere Teile Europas. Ein Sizilianer, Francesco Procopio dei Coltelli (kurz Procope genannt), soll sie in Frankreich populär gemacht haben, indem er in Paris im Jahre 1670 das erste Kaffeehaus – oder Café – eröffnete; noch heute existiert es als das „Procope" in der Rue de l'Ancienne Comédie. Procope führte auch eine große Zahl italienischer Bäckereien und Süßigkeiten ein sowie zwei italienische Spezialitäten, die bisher in Paris unbekannt waren – Eiscreme und Scherbett. Gegen Ende des 17. Jahrhunderts hatte sich das Kaffeetrinken nicht nur in Frankreich, sondern auch in Italien eingebürgert, und viele Menschen sind überzeugt, daß man dort noch immer den besten Kaffee in Europa bekommt.

Die „Ur-Küche" Italiens assimilierte auch viele Erzeugnisse aus der Neuen Welt und vermittelte sie den anderen europäischen Ländern. Man kann sich die moderne italienische Küche schwer ohne die Tomate vorstellen, und doch hatte sie vor der Eroberung von Mexiko durch Cortez kein Europäer je zu Gesicht bekommen. Die erste italienische Beschreibung einer Tomate aus dem Jahre 1554 spricht von einem *pomo d'oro* oder „goldenen Apfel" (heute *pomodoro* geschrieben). In der Tat war die erste nach Europa gebrachte Tomate von gelber Farbe und ungefähr so groß wie eine Kirsche. Es hat fast zwei Jahrhunderte gedauert, bis die Italiener eine größere, rote Sorte entwickelten und Tomaten allgemein zum Kochen verwendeten; zuerst nahm man sie nämlich nur zu Salaten.

Der Pimento oder rote Pfeffer, der in der heutigen italienischen Küche so viel verwendet wird, war ebenfalls eine Entdeckung der spanischen Eroberer. Dasselbe gilt für die Kartoffel, die um 1530 von Pedro de Cieza, einem der Männer Pizarros, von Peru nach Europa mit der Erläuterung geschickt wurde, sie sei der Kastanie vergleichbar. Papst Clemens VII., dem man eine Kartoffel vorlegte, bat den Botaniker Charles de l'Escluse, die Frucht zu definieren. Dieser nannte sie „eine kleine Trüffel". Jahrhundertelang nannte man auch in Italien die Kartoffeln *tartufoli*; heute jedoch heißen sie *patate*. Die Kartoffel wurde in italienischen Gärten bereits im Jahre 1580, in Frankreich jedoch etwas später und nur als Zierpflanze angebaut. (Es war der Kartoffel wenig dienlich, daß sie als Nahrungsmittel am Hofe der Königin Elisabeth erprobt werden sollte. Niemand hatte den Koch wissen lassen, welcher Teil der Pflanze eßbar war, und so servierte er die Blätter.) Die Italiener, deren Geschick im Anbau von Gemüsen wie Spinat und Kürbis lag, die subtiler und empfindlicher als Kartoffeln sind, haben die Kartoffel nie als Spender von Kohlehydraten angesehen, sondern ihr von Anbeginn *pasta* oder auch Reis vorgezogen. Das einzig typische italienische Gericht, in dem die Kartoffel verwendet wird, ist eine Art *gnocchi* aus Kartoffeln und Mehl.

Italien war auch eines der ersten Länder, das den Mais auswertete, der heute in der *polenta* verwendet wird. Aber das amerikanische Korn verdrängte nur langsam die anderen Zerealien. Kolumbus' Matrosen versuchten es mit Mais während ihrer Heimreise, aber er schmeckte ihnen nicht. Erst um 1650 begannen die Italiener, ihn zu essen. Ein anderes amerikanisches Produkt wurde schneller populär: die weiße Bohne, eine Variante der Feuerbohne. Nachdem sie im Jahre 1528 Papst Clemens VII. vorgeführt worden war, erlangte die weiße Bohne rasch Popularität und verdrängte die Saubohne und die Erbse. Ebenso wurden die aus Amerika stammenden und später in beträchtlicher Menge in Italien gezüchteten Puter beliebt und nach den vorhandenen Rezepten für Pfauenbraten zubereitet.

Gegen Ende des 16. Jahrhunderts war die italienische Liste von Nahrungsmitteln komplett, und die Kochkünste und Eßgewohnheiten hatten sich in Italien mehr oder minder zu den Formen kristallisiert, in denen wir sie heute kennen. Dies hinderte seine Bewohner, und zwar besonders die Oberschichten, natürlich nicht daran, mit allen möglichen prunkvollen Gastmählern in die Geschichte der Kochkunst einzugehen. So gab zum Beispiel Papst Alexander VII. zu Ehren der Königin Christina von Schweden, der erlauchtesten Konvertitin der Kirche, ein Bankett in Rom, welches das berühmteste im ganzen 17. Jahrhundert gewesen sein soll. Den damaligen Gästen schien aber weniger das Essen zu imponieren als die *trionfi di tavola,* die dekorativen „Triumphe der Tafel", die damals eine Attraktion der großen Diners waren. Einige dieser Kreationen waren durchaus eßbar, aber die meisten Gäste haben sie nur entzückt angestarrt. Außer großen Figuren aus Zucker gab es Bäume aus Marzipan und andere Motive aus Mandelcreme oder Aspik. Das Mittelstück für Königin Christinas Festessen bestand aus einem Modell des Hafens von Messina; seine Bauten, Kais und Schiffe waren aus Aspik geformt, und im Wasser schwammen lebende Fische.

Mit Anbruch des 18. Jahrhunderts fanden diese Extravaganzen ihr Ende. Rom erlebte seine letzten großen Bankette bei den Empfängen hoher Besucher wie der Königin von Neapel oder des Kaisers von Österreich. Bei einem üppigen Essen am Gründonnerstag servierte der Papst seinen Kardinälen frische Kirschen, die in der Gegend von Neapel durch reichliches Düngen der Bäume und Begießen mit warmem Wasser zu vorzeitiger Reife gebracht worden waren. Der französische Gesandte am römischen Hof veranstaltete regelmäßig am 13. Dezember glanzvolle Bankette, um den Jahrestag der Bekehrung von Heinrich IV. zum katholischen Glauben zu feiern. Aber man war damals in Italien jeglichem Aufwand derart abgeneigt, daß derselbe Gesandte schließlich seine Pariser Vorgesetzten um Erlaubnis bat, das jährliche Bankett durch eine Stiftung für die Mitgift armer Mädchen zu ersetzen. Das Ersuchen wurde zwar abgelehnt, doch der Rahmen der Bankette wurde bescheidener.

Inzwischen hatte, zumindest bei der Aristokratie, der Ruhm der französischen Küche den der italienischen überflügelt; das Land, das Frankreich die Kochkunst beigebracht hatte, begann nun wiederum von seinem Schüler zu lernen. Aber es war eine solide Tradition geschaffen worden, und sie ist heute noch zur Freude der Einwohner ebenso wie zum Entzücken der Bewunderer dieses Landes lebendig geblieben.

Dem Kurfürsten von Köln *(am Kopfende der Tafel, hinten)* wird eine traditionelle venezianische Ehrung zuteil: ein üppiges Bankett.

Für 1 Torte mit etwa 25 cm Durchmesser

PASTA FROLLA

- 2 Tassen ungesiebtes Weizenmehl (Typ 405)
- 12 EL Backfett oder Butter mit Zimmertemperatur, aber nicht weich
- 4 Eigelb
- 1/4 Tasse Zucker
- 3 EL trockener Marsala
- 1 TL frisch geriebene Zitronenschale (von ungespritzten Zitronen)
- 1/2 TL Salz

RICOTTA-FÜLLUNG

- 5 Tassen *ricotta*-Käse oder durch ein Sieb gerührter Quark (etwa 1,2 kg)
- 1/2 Tasse Zucker
- 1 EL Mehl
- 1/2 TL Salz
- 1 TL Vanille-Extrakt
- 1 TL frisch geriebene Orangenschale (von ungespritzten Orangen)
- 4 Eigelb
- 1 EL gewaschene und abgetropfte Sultaninen
- 1 EL gehacktes Orangeat
- 1 EL gehacktes Zitronat
- 2 EL blanchierte, gestiftelte Mandeln oder Pinienkerne
- 1 Eiweiß, mit 1 EL Wasser verquirlt

## *Crostata di Ricotta*

KÄSETORTE

PASTA FROLLA (Teig): In einer großen Rührschüssel in der Mitte von 2 gehäuften Tassen Mehl eine Vertiefung machen. Butter (oder Backfett), Eigelb, Zucker, Marsala, Zitronenschale und Salz hineingeben. Die Zutaten mit den Fingerspitzen vermischen und dabei soviel Mehl wie möglich verarbeiten. Mit Hilfe des Handballens das übrige Mehl hineinkneten, bis der Teig glatt ist und zu einer Kugel zusammengefaßt werden kann. Man darf hierbei jedoch den Teig nicht länger kneten oder bearbeiten, als unbedingt nötig. (Falls ein elektrisches Rührgerät mit einer Schaufelvorrichtung vorhanden ist, können alle Zutaten auf einmal in die Schüssel getan und langsam verrührt werden, bis sie gerade gemischt sind.) Der Teig kann sofort ausgerollt werden; wenn er jedoch ölig wirkt, sollte man ihn für 1 Stunde im Kühlschrank aufbewahren, bis er fest, aber nicht hart ist.

Etwa 1/4 des Teiges abbrechen, leicht mit Mehl bestäuben, mit Wachspapier oder Plastikfolie bedecken und im Kühlschrank verwahren. Aus dem übrigen Teig eine Kugel formen und auf ein leicht bemehltes Brett oder Ausrolltuch geben. Mit dem Handballen den Teig zu einer Scheibe von etwa 2 1/2 cm abflachen, ein wenig Mehl auf beide Seiten geben und dann, von der Mitte her, bis auf einen Rand von etwa 2 1/2 cm ausrollen. Den Teig in Uhrzeigerrichtung drehen und wiederum von der Mitte weg bis zum Rand mit dem Rollholz bearbeiten. Dies so lange wiederholen, bis die Scheibe etwa 4 mm dünn ist und mindestens 28 cm Durchmesser hat. Falls der Teig dabei am Brett oder Tuch klebt, ihn vorsichtig mit einem breiten Metallspachtel anheben und ein wenig Mehl darunterstäuben.

Boden und Seiten einer Springform von 25 cm Durchmesser und etwa 4 cm Höhe leicht mit Butter einfetten. Dann, beginnend mit dem nächstgelegenen Rand des Kreises, den Teig heben und um das Nudelholz wickeln. Das Holz über die Mitte der gebutterten Form legen und den Teig ausbreiten, wobei in der Mitte etwas Spielraum gelassen wird. Den Teig vorsichtig auf den Boden und gegen die Seiten der Form drücken, wobei darauf geachtet werden muß, daß man ihn nicht zieht. Mit dem Nudelholz über den Rand der Form fahren und fest nach unten drücken, um Teigreste wegzuschneiden.

Die übrige Teigmasse auswickeln, auf ein leicht mit Mehl bestäubtes Brett oder Tuch geben, mit dem Handballen flachdrücken und zu einem etwa 30 cm langen Viereck ausrollen. Mit einem Teigrädchen oder scharfen Messer das Viereck in lange, gleichmäßige, etwa 1¹/₄ cm breite Streifen schneiden.

RICOTTA-FÜLLUNG: Den Ofen auf 175° vorwärmen. Den *ricotta*-Käse mit ¹/₂ Tasse Zucker, 1 EL Mehl, ¹/₂ TL Salz, dem Vanille-Extrakt, geriebener Orangenschale und den Eigelb verrühren, bis alles gut vermengt ist. Sultaninen, Orangeat und Zitronat darunterrühren. Mit einem Löffel diese Füllung auf dem Teigboden verteilen und mit einem Gummispachtel glattstreichen. Das Ganze mit gestiftelten Mandeln oder Pinienkernen bestreuen und mit den Teigstreifen ein Gittermuster flechten oder legen. Die Streifen leicht mit der Mischung aus Eiweiß und Wasser bepinseln. Auf dem mittleren Rost 1 bis 1¹/₄ Stunde backen, bzw. bis die Kruste goldbraun und die Füllung fest ist.

Die Torte aus dem Ofen nehmen, auf eine große Milch- oder Kaffeekanne setzen, den Rand der Springform lösen. Die Torte auf einem Drahtgestell abkühlen lassen, wobei sie auf dem Boden der Form belassen wird. Falls man die Torte ohne den Boden der Springform servieren will, warten, bis sie völlig erkaltet ist. Die Unterseite der Kruste mit einem breiten Metallspachtel loslösen und die Torte vorsichtig auf eine runde Kuchenplatte gleiten lassen.

Frische Weintrauben bilden einen angenehmen Gegensatz zu der nahrhaften *crostata di ricotta*. Die Torte ist eines der ältesten römischen Gerichte.

## *Prosciutto Fresco Brasato al Marsala*

ROHER SCHINKEN IN MARSALASAUCE

Für 6 Personen

- 1 Tasse trockener Marsala
- 1/2 Tasse Olivenöl
- 2 TL Zitronensaft
- 2 Lorbeerblätter, zerrieben
- Ein halber, 2–3 kg schwerer ungekochter Schinken
- 1/2 Tasse grobgehackte Zwiebeln
- 1/4 Tasse grobgehackte Mohrrüben
- 1/4 Tasse grobgeschnittener Stangensellerie
- 2 Tassen Rinderbouillon, frisch oder aus Würfeln
- 1 EL Pfeilwurzmehl
- 2 EL trockener Marsala
- Salz
- Frisch gemahlener schwarzer Pfeffer

1 Tasse Marsala, 1/4 Tasse Olivenöl, den Zitronensaft und die Lorbeerblätter in einem großen Glas oder einer rostfreien Schüssel miteinander vermischen. Den ungekochten Schinken in der Marinade wenden, bis er überall gut angefeuchtet ist. Bei Zimmertemperatur mindestens 6 Stunden oder im Kühlschrank mindestens 12 Stunden marinieren, wobei der Schinken zwei- bis dreimal gewendet wird.

Den Backofen auf 175° vorwärmen. Den Schinken aus der Marinade nehmen und mit Küchenkrepp abtrocknen. Die Marinade in eine kleine Schüssel sieben. Zwiebeln, Mohrrüben und Stangensellerie feingehackt miteinander vermischen. Zwei EL Olivenöl in einem schweren, feuerfesten, 4–6 l fassenden Topf erhitzen, der den Schinken bequem fassen kann. Das Gemüse hinzufügen und alles bei mäßiger Hitze und unter häufigem Umrühren etwa 10 Minuten, bzw. bis es leicht gebräunt ist, dünsten lassen. Die restlichen 2 EL Öl in einer schweren, 25 bis 30 cm großen Pfanne so lange erhitzen, bis sich über dem Öl ein leichter Rauch bildet. Den Schinken in dem Öl anbraten, wobei man zuerst die Speckseite nach unten legt und ihn dann mit zwei Holzlöffeln umwendet. Wenn er auf allen Seiten goldbraun gebacken ist, den Schinken auf das Gemüse in den Topf legen und in den dicksten Teil des Fleisches ein Bratenthermometer stecken.

Aus der Pfanne fast alles Fett abgießen und nur eine dünne Schicht auf dem Boden lassen. Die durchgesiebte Marinade hineingießen und bei starker Hitze und unter kräftigem Rühren aufkochen lassen, wobei der an der Pfanne haftende Bratensatz mit hineinverrührt wird. Wenn die Marinade bis etwa auf die Hälfte eingekocht ist, zusammen mit der Rinderbouillon in den Topf geben. Falls die Flüssigkeit nicht bis zu 1/3 des Schinkens hinaufreicht, mit mehr Brühe auffüllen. Auf dem Herd zum Kochen bringen, zudecken und auf den mittleren Backofenrost stellen. Den Schinken etwa 3 bis 3 1/2 Stunden schmoren lassen, wobei die Innentemperatur (Fleischthermometer) 85° zeigen soll. Den Schinken auf eine vorgewärmte Schüssel legen und etwa 15 Minuten stehen lassen, damit er sich leichter schneiden läßt.

Die Sauce aus dem Topf durch ein feines Sieb in einen 1 1/2 bis 2 l fassenden Kochtopf rühren, wobei man aus dem Gemüse so viel Saft wie nur möglich preßt, ehe man es fortwirft. Das Fett abschöpfen, dann die Sauce bei mäßiger Hitze schwach weiterkochen lassen. Das Pfeilwurzmehl mit zwei weiteren Löffeln Marsala verquirlen, und wenn es sich aufgelöst hat, das Ganze in die schwach kochende Sauce gießen. Unter ständigem Rühren ziehen lassen, bis die Sauce sämig und klar wird. Sie darf dabei nicht kochen. Die Sauce abschmecken und eventuell würzen. Den Schinken in dünne Scheiben schneiden und auf einer vorgewärmten Servierschüssel in einer Reihe anordnen. Vor dem Anrichten ein paar Eßlöffel Sauce über den Schinken gießen und den Rest in einer Saucenschüssel reichen.

## *Pesche Ripiene*

FRISCHE PFIRSICHE MIT MAKRONENFÜLLUNG

Für 6 Personen

- 6 feste, aber reife Pfirsiche
- 5 altbackene Makronen, in der Küchenmaschine oder in einem Handtuch mit einem Nudelholz zerkrümelt (insgesamt 1 Tasse Krümel)
- 2 EL Zucker
- 4 EL Butter
- 2 Eigelb

Den Backofen auf 175° vorwärmen. Je 2 Pfirsiche gleichzeitig etwa 20 Sekunden in kochendes Wasser tauchen. Mit einem Schaumlöffel herausheben, in kaltem Wasser abschrecken und die Haut mit einem scharfen kleinen Messer abziehen. Die Pfirsiche halbieren und die Kerne entfernen. Aus jeder Hälfte so viel Fruchtfleisch herauslöffeln, daß in der Mitte ein tiefer Hohlraum entsteht. Dieses Fruchtfleisch mit zerkrümelten Makronen vermischen, dann Zucker, Butter und

Eigelb hineinrühren. Die Pfirsichhälften mit der Makronenmischung füllen, und nebeneinander auf einem 20 mal 25 cm großen Backblech oder in einer feuerfesten Form anordnen. Etwa 25 Minuten backen, bzw. bis sie gerade weich sind. Während des Backens mit dem Zuckersirup aus der Backform begießen. Heiß oder kalt servieren.

## *Polenta*

MAISMEHLBREI

Für 6 Personen

1½ l Wasser
2 TL Salz
1½ Tassen feingemahlene *polenta* (als vorbereitetes Produkt in Schachteln erhältlich) oder Maismehl

In einem schweren, 3 bis 4 l fassenden Kochtopf Wasser und Salz bei starker Hitze zum Sprudeln bringen. Die rohe *polenta* oder das Maismehl langsam in das kochende Wasser schütten, das weiter sprudeln muß. Ununterbrochen rühren, damit sich keine Klumpen bilden. Die Hitze verringern und die *polenta* unter häufigem Umrühren etwa 20 bis 30 Minuten sieden lassen, bis sie eingedickt ist und der Löffel in der Mitte des Topfes aufrecht stehen bleibt.

Die *polenta* kann sofort mit Bratensauce, Butter und Käse oder Tomatensauce *(Seite 47)* angerichtet werden. Man kann sie auch in heißem Zustand auf ein großes, gebuttertes Backblech geben und mit einem Metallspachtel oder Messer zu einem dünnen, etwa 40 cm großen Fladen ausstreichen. Dann kommt sie für etwa 2 Stunden in den Kühlschrank. Nach dem Erkalten kann man sie in Öl braten, grillen oder backen und mit einer Sauce anrichten *(Rezeptbuch)*.

## *Ostriche all'Italiana*

GEBACKENE AUSTERN, PANIERT

Für 4 bis 6 Personen

2 EL Butter
1 Tasse frische Weißbrotkrumen (aus etwa 3 Scheiben Meterbrot)
1 TL feingehackter Knoblauch
2 EL feingehackte frische Petersilie, möglichst die glattblättrige Wurzelpetersilie
2 Dutzend frisch aus der Schale genommene oder konservierte Austern
3 EL frisch geriebener italienischer Parmesan
2 EL Butter, in kleine Flöckchen geschnitten

Den Backofen auf etwa 250° vorwärmen. Eine feuerfeste Servierschüssel oder eine flache, feuerfeste Form wählen, die gerade groß genug ist, die Austern in einer Schicht (etwa 20 mal 25 oder 30 cm) zu fassen. Die Form gut mit Butter einfetten.

In einer schweren Pfanne von 15 bis 20 cm Durchmesser zwei EL Butter bei mittlerer Hitze zergehen lassen. Wenn sich der Schaum gelegt hat, die frischen Weißbrotkrumen und den Knoblauch hineingeben und 2 bis 3 Minuten in der Butter braten, bzw. bis sie knusprig und goldbraun sind. Dann die feingehackte Petersilie dazutun. Mit ungefähr ⅔ Tasse dieser Mischung den Boden der Form bedecken, darüber die Austern schichten. Die übrigen Brotkrumen mit dem geriebenen Käse vermischen und über die Austern verteilen. Kleine Butterflöckchen auf das Ganze geben.

Die Austern im obersten Drittel des Backofens 12 bis 15 Minuten lang backen, bzw. bis die Brotkrumen goldbraun sind und der Saft in der Form brodelt. Sofort als Hauptgericht oder auch als Vorgericht auftragen.

## *Cavoli in Agrodolce*

KOHL, SÜSS-SAUER

Für 4 bis 6 Personen

3 EL Olivenöl
½ Tasse feingeschnittene Zwiebelscheiben
750 g Weißkohl, in ½ cm dünne Streifen gehobelt (etwa 8 Tassen)
3 große, abgezogene, entkernte und grobgehackte Tomaten
2 EL Weinessig
2 TL Salz
Frisch gemahlener schwarzer Pfeffer
1 EL Zucker

Das Olivenöl in einer schweren, 25 bis 30 cm großen Pfanne erhitzen, die Zwiebeln hinzufügen und sie bei mäßiger Hitze und unter dauerndem Rühren 2 bis 3 Minuten lang braten. Wenn sie glasig, aber noch nicht braun sind, den Kohl, die Tomaten, den Essig, Salz und eine Prise gemahlenen Pfeffer hineingeben. Unbedeckt unter häufigem Rühren etwa 20 Minuten leicht kochen lassen, bzw. bis der Kohl weich ist. Dann den Zucker in den Kohl rühren und noch eine bis zwei Minuten weiterschmoren lassen. In einer vorgewärmten Schüssel entweder als Beigabe zu einem Fleisch- oder Fischgericht oder einzeln vor dem Hauptgericht servieren.

# II

# *Die moderne Küche*

Oliven, Fisch, Schinken, *grissini*, Wurst und dazu rohes und gekochtes Gemüse sind hier zu einem *antipasto* vereint. Die Zusammenstellung eines solchen Vorgerichts bleibt der Phantasie und der Jahreszeit überlassen. Nur zwei der auf dem Bilde links gezeigten *antipasti* erfordern eine Zubereitung, die *caponata (Doppelschüssel, oberste Reihe)* und die marinierten Pilze *(unten, zweites Schälchen von links)*.

Für viele Nicht-Italiener ist die italienische Küche gleichbedeutend mit *pasta,* die entweder als Spaghetti, Makkaroni oder Nudeln serviert wird; außerhalb Italiens sind diese mehligen Worte zum Symbol für das gesamte Speiserepertoire der Nation geworden. In Wirklichkeit ist das italienische Menü lebendig und interessant: Es reicht von gehaltvollen, magenwärmenden Suppen und betörenden *antipasti* (Hors d'œuvre) über delikat und raffiniert zubereitete Fleisch-, Fisch- und Geflügelgerichte bis zu einer Unmenge von köstlichen Käsen, Kuchen und Speiseeis.

Die *pasta* ist keineswegs überall in Italien gleich, und es läßt sich nach der Art ihrer Zubereitung sogar das ganze Land von Norden nach Süden in zwei ganz unterschiedliche kulinarische Gebiete aufteilen *(Karte, S. 35)*. Der Norden ist das Land der *pasta bolognese,* der platten Bologneser Nudeln, die oft frisch im Haus und meistens mit Eiern hergestellt werden. Der Süden ist die Heimat der *pasta napoletana*, der neapolitanischen Makkaroni, die meist fabrikmäßig in Röhrchen und oft ohne Eier hergestellt werden. Man kauft sie im Laden in getrockneter Form, in der man sie aufbewahren kann.

Ohne Zweifel würden die meisten Nicht-Italiener, die auf Anhieb die verschiedenen *pasta*-Arten nennen sollten, Makkaroni, Spaghetti, Ravioli und vielleicht und nach einigem Zögern Vermicelli aufzählen. Das sind aber nur wenige aus einer langen Liste, die unter anderem folgende Spielarten umfaßt: *agnolotti, amorini, anolini, bucatini, cannelloni, capellini, cappelletti, cavatelli, cavatoni rigati, conchiglie, ditali, ditalini, farfalle, farfallette, fedelini, fettucce, fettuccelle, fettuccine, frittelle, fusilli, lasagne, lasagne verdi, lingue di passero, linguine, lumache, maccheroncelli, mafalde, malfatti, manicotti, margherite, maruzzelle, mezzani, mostaccioli, mostaccioli rigati, nevi di Firenze, occhi di lupo, pappardelle, passatelli, pasta reale, pastine, penne, pennoni, perciatelli, ricciolini, rigati, rigatoni, spaghettini, spiedini, stelline, stivaletti, tagliarini, tagliatelle, tagliolini, tonnarelli, tonnellini, tortelli, tortellini, tortelloni, trenette, tripolini, tubettini, tufoli, tufoli rigati* und *zite*.

Diese Skala enthüllt fast soviel über die italienische Sprache und ihren Geist wie über die verschiedenen Sorten von *pasta*. Viele Bezeichnungen sind unübersetzbare, oft aus dem Lokaldialekt stammende Spitznamen, die Form, Ursprung oder Füllung der vielen Arten beschreiben. Zu denen, die sich übertragen lassen, gehören *amorini* (kleine Putten), *agnolotti* („fette Lämmchen" – mit Fleisch gefüllte Rollen aus *pasta*), *cannelloni* („große Röhren"), *conchiglie* (Muschelschalen), *farfalle* (Schmetterlinge), *fusilli* (Spindeln), *lingue di passero* (Sperlingszungen), *mostaccioli rigati* (kleine, geriefelte Schnurrbärte), *ricciolini* (Löckchen), *stivaletti* (Stiefelchen) und *vermicelli* (Würmchen).

Dieser Katalog berücksichtigt keine der Teigvariationen der *gnocchi*, *pasta*-ähnlicher „Nockerln", die aus Maismehl, Weizengrieß, Kartoffeln, Mehl oder aus Mischungen davon zubereitet werden. Auch fehlen die verschiedenartigen Ergebnisse, die auf unterschiedliche Arten des Kochens zurückzuführen sind, und die schier endlose Reihe von Saucen, die man mit den verschiedenen *pasta*-Sorten kombinieren kann. Die Bilder auf den Seiten 39 bis 45 verdeutlichen, daß die Menge und Verschiedenartigkeit der *pasta* auf ganz einfache Vorstufen zurückgeht.

Aber genauso wie *pasta* alles andere als ein simples Gericht ist, läßt sich auch die gesamte Küche Italiens keineswegs als einfach bezeichnen. Sie ist zwar nicht schwer zu meistern, aber ihre Möglichkeiten sind unerschöpflich. Ein Teil dieser Vielfalt hat geographische Gründe, denn der Apennin, der sich quer durch das Land und die Halbinsel hinunterzieht, bewirkt eine gewisse Isolierung der einzelnen Gebiete. Ein anderer Grund liegt in den politischen Verhältnissen, denn die Halbinsel zerfiel bis vor einem Jahrhundert in viele einzelne und häufig miteinander verfeindete Staaten, von denen jeder seine eigene kulturelle und kulinarische Tradition besaß. Wirtschaftlich wie auch gastronomisch gesehen, zerfällt das Land in den fruchtbaren, dicht besiedelten, industrialisierten und wohlhabenden Norden und den trockenen, spärlich bevölkerten und seit alten Zeiten armen Süden. Deshalb kocht man im Norden häufig mit Butter, während man im Süden fast stets Olivenöl verwendet.

Zu dieser Nord-Süd-Spaltung kommen außerdem noch die Unterschiede der 20 Regionen Italiens, die den früheren unabhängigen Staaten ungefähr entsprechen. Zwar sind die Grenzen im Laufe der Zeit vielfach geändert worden, aber die Regionen neigen zu einem eigensinnigen Individualismus. Obwohl der Norden zum Beispiel als „Butterland" bekannt ist, enthält er ein geographisches Dreieck,

## *Regionale Unterschiede: Ein Schlüssel zur italienischen Küche*

Jede Region Italiens hat ihre eigene Geschichte und ihre speziellen Arten der Speisezubereitung. Diese verschiedenen Methoden sorgen für eine außerordentliche Abwechslung. Größer noch als diese regionalen Abweichungen ist der grundlegende Unterschied zwischen Norden und Süden. Im wohlhabenden Norden, wie auf der Karte rechts dargestellt, wird hauptsächlich mit Butter gekocht. Flache, gewöhnlich mit Eiern zubereitete Nudeln sind die beliebtesten Teigwaren. Im ärmeren Süden verwendet man billigere Zutaten – Olivenöl statt Butter und trockene, röhrenförmige Teigwaren wie Spaghetti und Makkaroni –, auch sind die Speisen deftiger und kräftiger gewürzt.

SCHWEIZ
ÖSTERREICH
Internationale Grenzen
Regionale Grenzen
Regionale Hauptstädte
Berge
Mont Blanc
Matterhorn
Aosta
AOSTA-TAL
Lago Maggiore
Luganer See
Comer See
LOMBARDEI
Mailand
Etsch
TRENTINO-TIROLER-ETSCHLAND
Trient
DOLOMITEN
FRIAUL-JULISCH-VENETIEN
Udine
Tagliamento
Piave
UNGARN
FRANKREICH
Turin
Po
PIEMONT
Tessin
Gardasee
Oglio
VENETIEN
Triest
Golf von Triest
Venedig
Golf von Venedig
LIGURIEN
Genua
Golf von Genua
Monaco
Taro
EMILIA ROMAGNA
Bologna
Ligurisches
Meer
Arno
Florenz
Rubikon
SAN MARINO
TOSKANA
Ancona
JUGOSLAWIEN
Elba
Lago di Trasimeno
Perugia
Tiber
DIE MARKEN
UMBRIEN
Lago di Bolseno
Korsika
L'Aquila
Pescara
Adriatisches
Meer
Rom
LATIUM
ABRUZZEN
Straße von Bonifacio
Liri
MOLISE
Campobasso
SARDINIEN
Golf von Gaeta
Volturno
Neapel
Vesuv
Ischia
Golf von Neapel
Ofanto
Bari
KAMPANIEN
Capri
Golf von Salerno
APULIEN
Potenza
Basento
BASILICATA
Straße von Otranto
Tirso
Monti del Gennargentu
Flumendosa
Tyrrhenisches
Meer
Golf von Tarent
Cagliari
KALABRIEN
Stromboli
Lipari
Ionisches
Meer
Reggio di Calabria
Straße von Messina
Palermo
Ätna
Simeto
SIZILIEN
Salso
Mittelländisches Meer
Gegenden, in denen hauptsächlich mit Butter gekocht wird
Gegenden, in denen hauptsächlich mit Olivenöl gekocht wird
Gegenden, in denen man gewöhnlich bandförmige pasta ißt
Gegenden, in denen man gewöhnlich röhrenförmige pasta ißt

in dem die Verwendung verschiedener Fettsorten die Küche der drei angrenzenden Provinzen bestimmt hat. In der Lombardei im Nordwesten bevorzugt man Butter, in der südlich gelegenen Toskana Olivenöl; in der Emilia-Romagna, die dazwischen liegt, kocht man mit Schweineschmalz. In Bologna, der Hauptstadt dieser Provinz, die in der Mitte liegt, werden alle drei Sorten verwendet, obwohl man beim Braten das Schweinefett des eigenen Gebietes bevorzugt.

Selbst heute noch bekommt man als Resultat aller dieser ausgeprägten örtlichen Unterschiede manche Gerichte, die man im Ausland einfach „italienisch" nennt, oft nur in einer einzigen Stadt und nirgendwo sonst. So kann ein Besucher allerlei Mißverständnisse erleben. Ich selbst habe im Laufe meiner eigenen Italienreisen häufig Reisebüros, Mitglieder der Italienischen Kochakademie, Journalisten und andere Sachverständige gebeten, mir die besten Restaurants ihrer Gebiete zu nennen, damit ich sie ausprobieren kann. Und jedesmal wurde mir geraten, nicht in bestimmte berühmte und oft ausgezeichnete Restaurants zu gehen. Warum? „Dort gehen zu viele Touristen hin. Sie sind heute international geworden."

Zuerst glaubte ich, dies bedeutete, daß die Restaurants, wie so viele erfolgreiche Lokale außerhalb Frankreichs, dem französischen Einfluß erlegen seien. Aber als ich ein paarmal entgegen diesem Rat ein „internationales" Restaurant ausprobierte, entdeckte ich, daß man dort zwar das eine oder andere Gericht der französischen *haute cuisine* bekommen konnte, die übrige Speisekarte aber absolut italienisch war. Was meine Ratgeber mit der Bezeichnung „international" gemeint hatten, war, daß man sich dort nicht mehr nur auf die regionale Küche beschränkte. Ein Restaurant, das Gerichte aus Rom, Genua oder Sizilien serviert, gilt bei den Einwohnern von Bologna als international. Umgekehrt gilt ein Restaurant in Bologna, das Mailänder, venezianische oder florentinische Speisen anbietet, nicht als international, denn die Gerichte aus den nahegelegenen Städten gehören heute mit zur Bologneser Küche.

Ein Grund, warum so viele Ausländer immer noch die italienische Küche für ziemlich gleichförmig halten, liegt darin, daß die italienischen Restaurants im Ausland vorwiegend neapolitanisch sind; aus der armen Gegend um Neapel sind die meisten Menschen ausgewandert.

Ganz allgemein kann man sagen, daß Bologna die Küche des Nordens, Neapel aber die des Südens beherrscht. Und doch gibt es Regionen, die weder in die eine noch in die andere Richtung passen. Dazu gehört Latium, dessen Zentrum Rom ist. Als geschichtlicher Mittelpunkt der römisch-katholischen Kirche hat Rom jahrhundertelang nicht nur die kulturellen Strömungen aus ganz Italien, sondern auch von anderen Völkern aufgenommen, und seine Küche spiegelt dies wider. Florenz nimmt ebenfalls eine Sonderstellung ein, die auf seine kulturelle Vorherrschaft während der Renaissance zurückzuführen ist. Auch Sizilien und Sardinien sind vor allem durch ihre Abhängigkeit vom Meer als Sonderfälle zu betrachten.

Das Meer spendet in der Tat, wenn man von der italienischen *pasta* absieht, die für das Land am meisten charakteristische Nahrung. Jede italienische Provinz mit einer Meeresküste hat eine eigene, köstliche Variante von Fischsuppe entwickelt – und die meisten Provinzen liegen an der See. Vom Tyrrhenischen bis zum Adriatischen Meer fangen die Italiener jährlich über 350000 Tonnen Fisch einschließlich Meerbarbe, Seezunge, Seebarsch, Zahnbrasse, Umberfisch, Anschovis, Sardine, Makrele, Thunfisch und Aal. Das Meer liefert ebenfalls eine Unmenge von Schalen- und Krustentieren: Austern, Muscheln, Miesmuscheln, Langusten, Krabben, Panzerkrebse und die berühmten *scampi,* nahe Verwandte der Krabbe, die außerhalb der italienischen Gewässer kein Äquivalent haben. Schließlich gibt es eine Sorte Meerestiere, die man in manchen Ländern für ungenießbar und zu ausgefallen hält: Kalmar, Kuttelfisch und Polyp.

Wenn auch *pasta* und Fisch die Haupterzeugnisse Italiens sein mögen, so sind doch Gemüse und Obst die größten Schätze des Landes. Warum sie in Italien so hervorragend schmecken, bleibt ein Rätsel. Hier bereitet man zum Beispiel aus Spinat, einem in anderen Ländern recht faden Gemüse, ein königliches Gericht. Der Spargel zergeht auf der Zunge. Die italienische Tomate, die am besten im einfachen Salat schmeckt, hat so viel mehr Aroma als ihr kleinerer gelber Vorfahr aus Amerika, daß man den Nachkommen über den Atlantik zurück in die Neue Welt exportiert hat.

Für die hohe Qualität der Gemüse und des Obstes werden eine Anzahl von Gründen verantwortlich gemacht: Meeresdünste, die Salz und andere Mineralien landeinwärts tragen und für den Geschmack der Gemüse das bewirken, was sie angeblich an anderen Küsten bei den Farben und Düften der Blumen oder dem Geschmack des Lammfleisches tun; die Anwendung natürlicher statt künstlicher Düngemittel; die Beschaffenheit von Klima und Boden; und schließlich das „know how“, die geschickte italienische Hand.

Italiens Talent, Eßbares schmackhafter zu machen, hat das Land in ein Kräuterparadies verwandelt. In keiner italienischen Küche fehlen Bündel von frischer oder getrockneter Petersilie, von Basilikum, wildem Majoran, Thymian, Rosmarin, Salbei, Estragon, Lorbeerblättern, Oregano, Minze, Myrte und Borretsch. Fenchelsamen und Wacholderbeeren sind ebenfalls beliebt. Zusammen mit den Gewürzen – einschließlich Nelken, Koriander und besonders Safran – sowie der Verwendung von Stangensellerie, Zwiebeln, Schalotten, Knoblauch, Zitronensaft, Essig und Oliven als Aromaspender steht dem italienischen Koch eine große Auswahl an Möglichkeiten zur Verfügung, die Gerichte zu nuancieren.

Auf dieser Liste verdient die Olive besondere Beachtung. Es ist durchaus möglich, daß das beste Olivenöl der Welt aus Italien kommt – neben weniger guten Sorten. Feinschmecker behaupten, das feinste Öl stamme aus Lucca in der Toskana, andere wollen den Preis dem Produkt aus Sassari auf Sardinien zuerkennen.

Ein weiteres Erzeugnis des italienischen Bodens, das besondere Erwähnung verdient, ist der Reis. Er ist ein wichtiges italienisches Nahrungsmittel und spielt auch eine ebenso bedeutende Rolle in der italienischen Landwirtschaft. Italien erzeugt mehr Reis als irgendein anderes europäisches Land, und die Durchschnittsproduktion im Jahr – pro Hektar fast 50 Zentner – kann kein anderes Land der Welt aufweisen.

Im 12. Jahrhundert kannten zwar einige wenige wohlhabende Italiener den Reis, aber erst im 16. Jahrhundert, als die italienischen Bauern die Methoden seines Anbaus beherrschten, wurde er erfolgreich kultiviert. Gegen Ende des 18. Jahrhunderts war der im Norden von Piemont wachsende Reis allen anderen Sorten derart überlegen und wurde so sorgfältig gehütet, daß die Ausfuhr von Saatkörnern unter Strafe stand. Doch im Jahre 1787 wurden Reiskörner von keinem Geringeren als Thomas Jefferson aus dem Lande geschmuggelt, der sich überzeugen wollte, wie sie auf amerikanischem Boden gediehen (er bekam ihnen gut). Der Reis bleibt bei der italienischen Art des Reiskochens körnig: die Italiener finden, daß man in den meisten übrigen Ländern den Reis zu weich kocht – dasselbe gilt übrigens auch für Spaghetti und Gemüse.

Wiederum behaupten viele Ausländer, man lasse in Italien das Fleisch zu lange kochen. Dies hat vielleicht seinen Grund darin, daß die Italiener normalerweise nicht zu den großen Fleischverbrauchern gehören; noch heute gilt ein Mensch, der täglich Fleisch ißt, für wohlhabend. Manchmal heißt es sogar, in Italien *gäbe* es gar kein gutes Fleisch, aber das ist eine „Ente“: italienisches Schweine- und Kalbfleisch sind unübertrefflich, und das italienische Rindfleisch ist ebenfalls vorzüglich.

Wie die alten Römer ziehen die meisten Italiener von heute das Kalbfleisch dem Rindfleisch vor. Jedoch sind auch hierüber – wie bei so vielen anderen Dingen – die Meinungen des Landes geteilt. Nördlich von Florenz heißt Kalbfleisch *vitello* oder Kälbchen, südlich von Florenz *vitella* oder Färse. Im Norden, und besonders in der Po-Ebene, werden die Kühe einzig und allein für die Milchproduktion gezüchtet, und nur die Stiere werden geschlachtet. Im Süden jedoch geben die Kühe nur wenig Milch, und man zieht sie hauptsächlich für die Feldarbeit auf.

Außer Kalbfleisch gibt es in Italien noch viele andere Fleischsorten. Zu den beliebtesten gehören die verschiedenen Arten der Schweinefleischverarbeitung. Weltberühmt ist Parma-Schinken, der in der Bergluft trockengereift wird. Bologna ist das Zentrum eines sehr produktiven Gebietes der Wurstherstellung. Was in angelsächsischen Ländern als „boloney" (oder richtiger „bologna") gilt, ähnelt der duftenden, fein gewürzten italienischen Mortadella, die fast ebenso bekannt ist wie Salami, die in vielerlei Gestalt aus vielen Teilen Italiens kommt.

In Italien findet man Wurst stets in Begleitung von Käse; oft besteht ein höchst sättigendes Mittagessen, besonders für die Landarbeiter, aus Brot, Wurst, Käse und Wein. In Italien gibt es zwar nicht ganz so viele Käsesorten wie in Frankreich, aber es kann trotzdem mit einer respektablen und höchst unterschiedlichen Auswahl aufwarten; zwei der bekanntesten Käse sind Parmesan und Bel Paese. Selbst auf einem kleinen sizilianischen Markt habe ich über 20 Käsesorten angetroffen; die meisten stammten aus der Umgegend.

Auf keinem italienischen Markt – einerlei, ob das Angebot in den offenen, altmodischen Basaren oder in den geschlossenen Supermärkten erfolgt – braucht der Käufer lange nach den verschiedenen Geflügelsorten zu suchen. Enten und Gänse, Hühner (welche die Italiener auf viele Arten zubereiten) sowie jene Einwanderer, die Puter, sind überall zu haben. Außerhalb der Schonzeit gibt es auch viel Wild (und in Sardinien, dem Jagdrevier der Wilddiebe, auch während der Schonzeit). Winzige Vögel, einschließlich der Ammern, Lerchen und anderen Singvögel, werden in Italien wegen ihres Wohlgeschmacks und ihres zarten Fleisches geschätzt, besonders wenn sie am Spieß gebraten sind. Kaninchen und manchmal auch der strengere Hase stehen überall auf der Speisekarte. In den einsameren Gegenden gibt es größeres Wild – den Hirsch, das Wildschwein und in Sardinien auch *muflone,* die wilden Bergschafe.

Einen der vielen Genüsse eines italienischen Marktes bietet der Eisverkäufer feil, der in der Regel seine Ware zum sofortigen Verzehr abgibt. Italienisches Eis ist wahrscheinlich das beste der Welt. Es gibt zwei Hauptsorten – *gelati,* das dem auf einer Milchbasis hergestellten Schokoladen- oder Vanille-Eis ähnelt, und *granita,* ein köstlicher leichter Scherbett aus pudrigem Eis und Zuckersaft mit einem starken Kaffee-, Zitronen- oder Erdbeeraroma. Die Bedeutung der italienischen Eisherstellung bezeugen die Namen, unter denen viele Sorten in der ganzen Welt serviert werden – Neapolitanereis, *biscuit tortoni, spumoni, cassata* –, wobei man die letzte Sorte nicht mit dem berühmten sizilianischen Kuchen verwechseln darf *(Seite 192)*.

Aus dieser Vielzahl an Nahrungsmitteln bereitet sogar die wohlhabende italienische Durchschnittsfamilie in der Regel nur ein recht einfaches Mittagessen. Es ist die Hauptmahlzeit und wird zu Hause eingenommen. Zu Beginn gibt es *pasta* oder Suppe. (Mancher Italiener wird einfach *pasta* sagen, denn für ihn ist Suppe oft identisch mit *pasta* – das heißt, sie enthält Nudeln. Er nennt sie dann *pastina in brodo,* Brühe mit Nudeln, im Gegensatz zu *pasta asciutta,* dem trockenen Nudelgericht.)

Die Suppe *(minestra)* ist in der italienischen Küche sehr wichtig, und jede Provinz hat ihre eigenen Spielarten. Manche Italiener be-

Ein Druck mit dem Nudelholz preßt den Teig durch die Drähte.

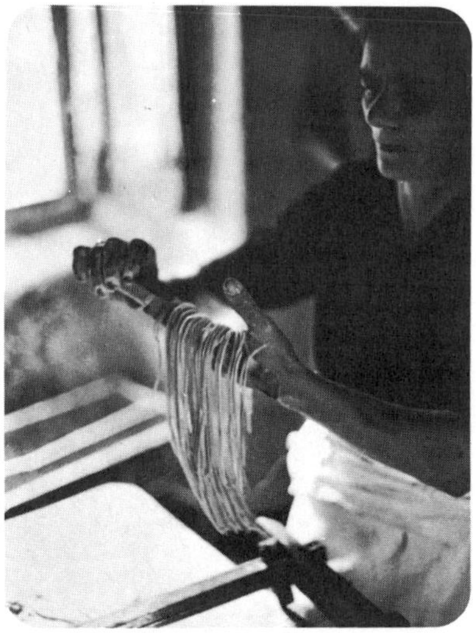

Die Nudeln werden meist sofort nach dem Kochen gegessen.

Die italienischen Köche haben zum Ausformen ihres Nudelteigs für die verschiedenen *pasta*-Sorten viele Utensilien ersonnen. Eines der ältesten, das aus der Zeit vor der Massenproduktion stammt, ist die *chitarra,* ein dicht mit nebeneinanderliegenden Drähten bespannter Holzrahmen. Es ist die italienische Bezeichnung für Gitarre. Preßt man Teigstreifen durch die engen Drähte, so werden sie in lange, dünne Nudeln verwandelt, die man *maccheroni alla chitarra* nennt.

hampten, *minestra* bedeute nicht einfach Suppe, sondern den ersten Gang einer Mahlzeit, einerlei, woraus er bestehe; doch dann wird das Wort umgangssprachlich und nicht ganz korrekt verwendet. Unter den *minestre* bilden die *minestroni* – Gemüsesuppen mit Nudel-Einlage – eine besondere Klasse. Sie sind gehaltvoll, herzhaft und nahrhaft. Ein guter *minestrone* kann eine ganze Mahlzeit ersetzen *(Seite 48)*.

Bei einem typisch italienischen Essen folgt die Suppe auf ein Hauptgericht aus Fleisch oder Fisch, mit dem oder nach dem Wurzel- oder Blattgemüse serviert wird. Wenn dieser Gang aus einem Salat besteht, sind Tomaten oder anderes Gemüse mit dabei; er ist nicht, wie in Frankreich, einfach ein angemachter Kopfsalat. Bei den ärmeren Familien fehlt manchmal der Hauptgang; dann dient eine reiche Portion *pasta* zur Linderung, wenn nicht gar zur Befriedigung des Appetits.

In diesem Fall gibt es die *pasta* gewöhnlich mit einer Sauce, die ein wenig von dem ahnen läßt, was ein Hauptgang vielleicht enthalten hätte – kleine Fleischstückchen oder winzige Muscheln. Als Nachtisch folgen dann Käse oder Obst oder beides. Aufwendige Süßspeisen leistet man sich meist nur bei festlichen Gelegenheiten oder im Restaurant.

Die Auswahl an italienischen Speisen ist gewiß groß, aber nicht ganz so umfangreich wie in Frankreich. Es gibt zwar weniger Höhepunkte, andererseits aber auch weniger tiefe Enttäuschungen, die man manchmal bei schlecht zubereiteten französischen Gerichten erleben kann. Ungenießbares läßt sich in der italienischen Küche kaum produzieren. Doch wenn man sich Mühe gibt, kann man in Italien

In einer Fabrik in Fara San Martino in Mittelitalien prüft ein Arbeiter eine Spaghetti-Maschine *(unten links)*. Der durch kleine Löcher oben an der Maschine gepreßte Teig bildet lange Stränge, die auf den Gestellen rechts angeordnet und dann in Öfen getrocknet werden.

ganz hervorragende und einmalige Leistungen aufspüren. Sie werden vielleicht seltener hervorgebracht, weil das durchschnittliche Essen bereits so befriedigend ist. Den meisten Italienern genügt eigentlich dieser Durchschnitt, und daher verlangen sie auch keine Wunder, regen sich aber auch weniger darüber auf, wenn tatsächlich einmal ein Wunder produziert werden sollte.

Die italienische Küche entspricht vor allem den Anforderungen unserer sich stets verändernden Welt. Sie ist anspruchslos und preiswert, und durch diese Eigenschaften kann sie sich den Preiserhöhungen, anderen Arbeitszeiten und dem immer schnelleren Tempo unserer Zeit anpassen.

Aber die italienische Küche wehrt sich auch gegen gewisse Veränderungen. Ein italienischer Hotelbesitzer, der seinen Gästen auch heute noch bemerkenswert gute Mahlzeiten vorsetzt, klagte einmal über die neuen Tendenzen in der Landwirtschaft: „Alles verliert seinen Geschmack. Es ist heute so gut wie unmöglich, ein schmackhaftes Huhn aufzutreiben. Das kommt davon, daß man sie mit Antibiotika füttert und mit Hormonen vollstopft. Genauso ist es mit dem Fleisch. Ja sogar mit dem Gemüse – wahrscheinlich ist der Kunstdünger daran schuld.“

Ich habe diesen Verlust an Geschmack und Aroma selbst festgestellt, jedoch in Italien weniger als irgendwo sonst. In einigen wesentlichen Punkten hält man es in Italien weiterhin mit den unmodernen Methoden. Ich persönlich hoffe, daß der Fortschritt – falls dies der richtige Ausdruck ist – hier noch ein wenig auf sich warten lassen wird.

## *Pasta im Überfluß*

Daß Italiener gern viel *pasta* essen, ist kein Geheimnis; erstaunlich sind jedoch die vielen Variationen, die sie aus einem an sich sehr einfachen Teig bereiten. Auf den beiden folgenden Seiten sind 42 verschiedene Arten von *pasta* abgebildet, deren Namen unter den folgenden Nummern verzeichnet sind. Da sich manchmal die Namen ändern, sollte man sich beim Einkauf durch Augenschein versichern, daß man die richtige Sorte bekommt.

PASTA FÜR SUPPEN

1. Conchigliette
2. Anellini
3. Nocchette
4. Acini di Pepe
5. Semini di Melo

PASTA ZUM KOCHEN

6. Fettuccine
7. Fettuccine Verdi
8. Fusilli
9. Capellini
10. Fedelini
11. Spaghetti
12. Spaghettini
13. Zite
14. Mezzani
15. Perciatelli
16. Perciatelloni
17. Lasagnette
18. Lingue di Passero
19. Mafaldine
20. Mafalde
21. Zitoni

PASTA ZUM BACKEN

22. Lasagne
23. Gelockte Lasagne
24. Lasagne Verdi
25. Occhi di Lupo
26. Conchiglie
27. Penne
28. Grosso Rigato
29. Pennini
30. Cappelletti
31. Spiedini
32. Ellbogen-Makkaroni
33. Ruote (Rädchen)
34. Tortiglioni (Spiralen)
35. Gramigna Rigata
36. Farfalle

PASTA ZUM FÜLLEN

37. Lumache
38. Agnolotti
39. Manicotti
40. Cannelloni
41. Ravioli
42. Tortellini

1
2
3
4
5
6
7
8
9
10
11
12
13
14
15
16
17
18
19
20
21

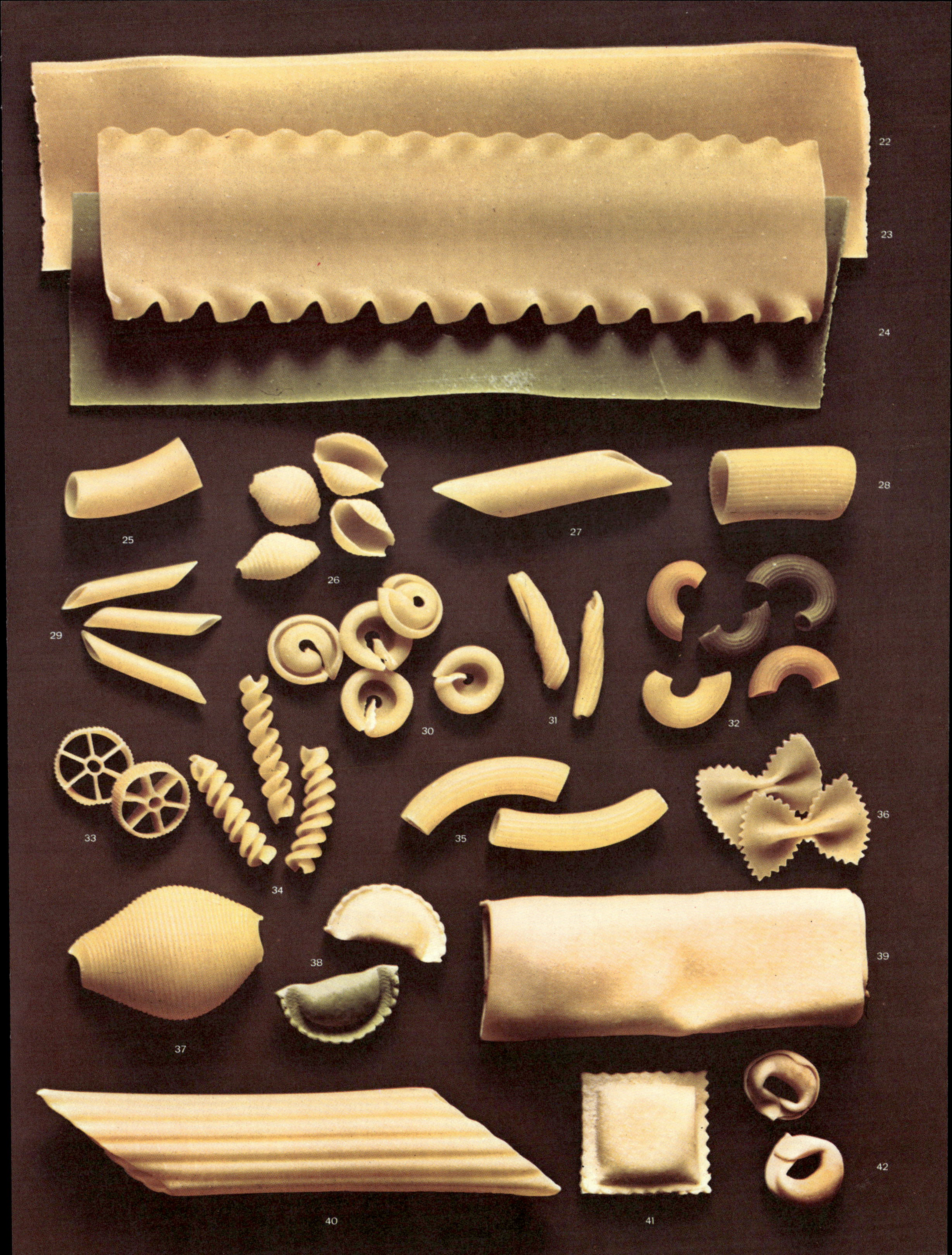
22
23
24
25
26
27
28
29
30
31
32
33
34
35
36
37
38
39
40
41
42

# KAPITEL II REZEPTE

Für etwa 3/4 Pfund *pasta*

1 1/2 Tassen ungesiebtes Mehl (Typ 405)
1 Ei
1 Eiweiß
1 EL Olivenöl
1 TL Salz
Ein paar Tropfen Wasser

## *Pasta con Uova*

SELBSTGEMACHTE EIERNUDELN

*Dieses Rezept beschreibt die manuelle oder maschinelle Herstellung des Grundteiges für Eiernudeln. Nach ihm lassen sich* cannelloni, tortellini, ravioli, tagliarini, fettuccine, tagliatelle *und* lasagne *herstellen.*

Das Mehl in eine große Rührschüssel oder auf ein Teigbrett häufen, in die Mitte des Mehls eine Vertiefung drücken und das Ei, Eiweiß, Öl und Salz hineingeben. Mit einer Gabel oder mit den Fingern so lange mischen, bis sich aus dem Teig ein grober Ball formen läßt. Trockenes, noch übriggebliebenes Mehl mit ein paar Tropfen Wasser anfeuchten und hineinverarbeiten.

HANDGEMACHTE PASTA: Den Teig auf einem bemehlten Brett kneten. Wenn der Teig klebrig scheint, ein wenig Mehl hineinverarbeiten. Nach etwa 10 Minuten sollte er glatt, glänzend und elastisch sein. In Pergamentpapier wickeln und 10 Minuten ruhen lassen.

Den Teig in zwei Bälle teilen. 1 Ball auf ein bemehltes Brett oder Teigtuch tun und mit der Hand zu einem etwa 2 1/2 cm dicken Rechteck abflachen. Die Oberfläche leicht mit Mehl bestäuben. Dann beginnt man mit einem schweren Nudelholz an dem einen Ende des Rechtecks und rollt es der Länge nach vom Körper weg bis auf etwa 2 1/2 cm von der Kante aus. Dann den Teig kreuzweise drehen und der Breite nach auswalzen. Man dreht und rollt den Teig so lange, bis er papierdünn ist. Sollte er kleben, den Teig vorsichtig anheben und Mehl darunter stäuben.

Um *cannelloni, tortellini* und Ravioli zu machen, befolgt man die entsprechenden Schneideanweisungen *(Seite 62, 99 und 130)*. Um *tagliarini, fettuccine, tagliatelle* und *lasagne* zu bereiten, den Teig leicht mit Mehl bestäuben und etwa 10 Minuten ruhen lassen. Sodann den Teig zu einer Biskuitrolle formen. Die Rolle mit einem langen scharfen Messer in gleichbreite Streifen schneiden – 3 mm für *tagliarini,* 6 mm für *fettuccine* oder *tagliatelle* und 3 1/4 bis 4 1/2 cm breit für *lasagne.* Die Streifen ausbreiten und auf Pergamentpapier legen. Die zweite Hälfte des Teiges auf die gleiche Weise behandeln.

WENN EINE PASTA-MASCHINE den Teig knetet und ausrollt: Jeweils etwa ein Drittel des Teiges abnehmen, die glatten Rollen der *pasta*-Maschine so weit wie möglich voneinander entfernt einstellen und den Teig durchgeben. Diesen Streifen 4 oder 5 weitere Male ausrollen, wobei die unebenen Ränder untergefaltet werden und der Teig leicht mit Mehl bestäubt wird, falls er sich klebrig anfühlt. Wenn der Teig glatt, glänzend und elastisch ist, dann ist er genügend geknetet. Zum Ausrollen stellt man die Maschine auf die zweite Kerbe ein und gibt den Teig bei näher aneinandergesetzten Rollen durch die Maschine. Dann die Maschine auf die dritte Kerbe einstellen und den Teig dünner ausrollen. Diesen Vorgang bei immer enger werdender Einstellung so lange wiederholen, bis der Teig etwa 1 1/2 mm dünn ist.

Um *tagliarini* zu machen, muß der Teig durch die engen Klingen der *pasta*-Maschine gegeben werden; bei *fettuccine* oder *tagliatelle* führt man ihn durch die breiten Klingen. Für *lasagne* muß der Teig zu einer Biskuitrolle geformt und mit der Hand in 3 1/4 bis 4 1/2 cm breite Streifen geschnitten werden.

Selbstgemachte Eiernudeln können sofort gekocht oder in einer Plastikhülle fest eingeschlagen bis zu 24 Stunden im Kühlschrank aufbewahrt werden. In 6 bis 8 l sprudelndem Salzwasser 5 bis 10 Minuten kochen, bzw. bis sie gerade gar *(al dente)* sind. Prüfen, indem man eine Nudel herausnimmt und probiert.

1 Bei selbstgemachter *pasta* schlägt man ein Ei in die Vertiefung, die man in einen Berg Mehl gemacht hat.

2 Man tut Eiweiß, Öl und Salz hinzu, wobei die Vertiefung mit dem Mehl aufgefüllt wird.

3 Das Mehl hochnehmen und kneten, tropfenweise Wasser hinzufügen, falls die Masse zu trocken ist.

4 Nach 10 Minuten Kneten wird der Teig glatt, glänzend und elastisch. Er wird in zwei Hälften geteilt.

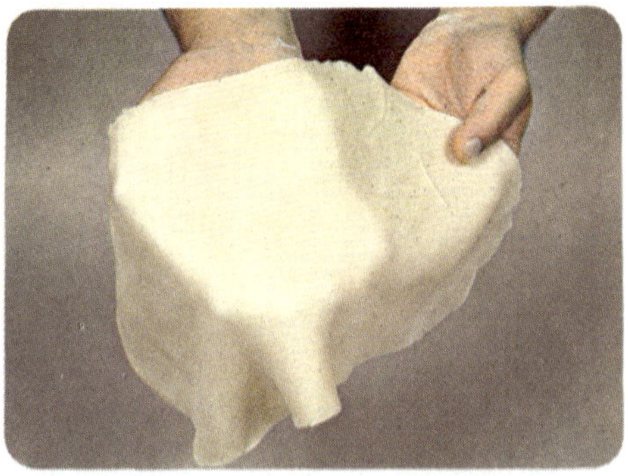

5 Man macht den Grundteig fertig, indem man jeden Teil mit Mehl bestäubt und papierdünn ausrollt.

6 Um aus dem Teig *fettuccine* zu machen, formt man aus jedem der dünnen Blätter zylindrische Rollen.

7 Jetzt wird die gerollte *pasta* in 6 mm breite Scheiben geschnitten und möglichst schnell zu *fettuccine*-Streifen auseinandergezogen.

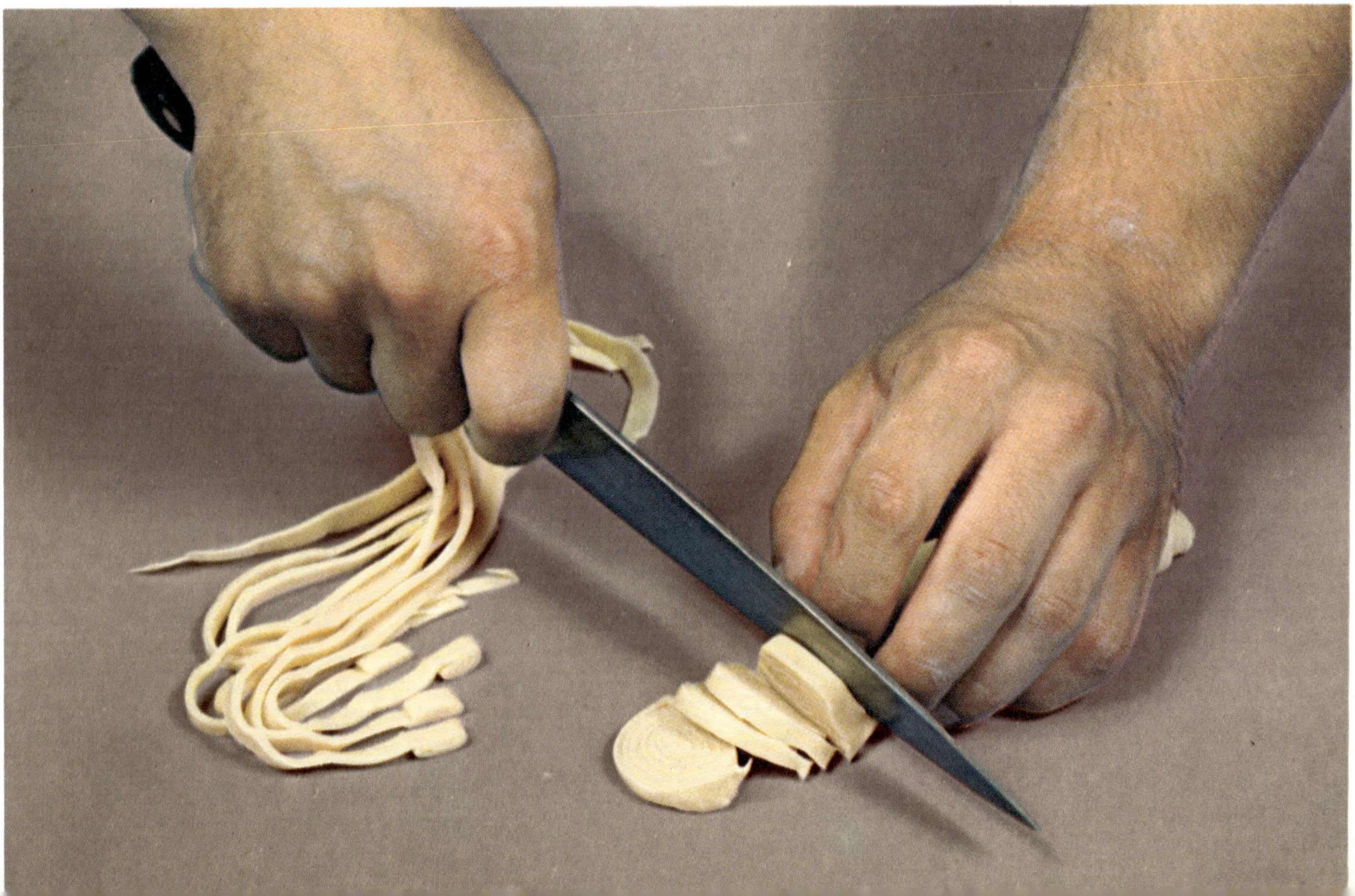

*Fettuccine al burro* sind leicht zuzubereiten. Mit Butter, Sahne und Käse ist dieses Nudelgericht ein Gaumen- und Augenschmaus.

Für 4 Personen

8 EL (etwa 125 g) nicht zu harte Butter
1/4 Tasse süße Sahne
1/2 Tasse frisch geriebener italienischer Parmesan
6–8 l Wasser
1 EL Salz
500 g *fettuccine,* selbstgemacht *(Seite 44)* oder aus der Packung
1 echte weiße Trüffel aus der Dose, blättrig geschnitten oder feingehackt (nach Belieben)
Frisch geriebener italienischer Parmesan zum Nachstreuen

## *Fettuccine al Burro*

EIERNUDELN MIT BUTTER UND KÄSE

In einer Schüssel die Butter mit einem Holzlöffel schaumig rühren. Die Sahne nach und nach unterziehen und eßlöffelweise 1/2 Tasse geriebenen Käse mit der Butter und Sahne vermengen. Die Schüssel zudecken und beiseitestellen – in den Kühlschrank, falls die Sauce nicht sofort verwendet wird. Eisgekühlte Sauce muß erst wieder Zimmertemperatur erlangt haben, bevor man sie mit den *fettuccine* vermengt.

Während die *fettuccine* kochen, eine große Servierschüssel oder Kasserolle in einen auf 175° erwärmten Backofen setzen. Wasser und Salz in einem großen Suppentopf oder Kessel zu sprudelndem Kochen bringen. Die *fettuccine* nach und nach hineingeben und vorsichtig mit einer hölzernen Gabel umrühren, damit die Teigstreifen nicht aneinander oder am Boden des Topfes kleben bleiben. Bei starker Hitze und gelegentlichem Umrühren 5 bis 8 Minuten kochen lassen, bzw. bis die *pasta* gar ist. (Abschmecken; sie sollte weich aber *al dente* sein, das heißt, den Zähnen einen leichten Widerstand bietend). Sofort die *fettuccine* durch ein Sieb gießen und dabei die Bänder mit zwei Gabeln hochheben, damit das Wasser gut ablaufen kann. Unverzüglich in die heiße Servierschüssel tun.

Die sahnig gerührte Butter-Käse-Mischung hinzufügen und tüchtig mit den *fettuccine* vermengen, bis jeder Streifen gut überzogen ist. Abschmecken und reichlich mit Salz und Pfeffer würzen. Nach Wunsch die feingeschnittene Trüffel untermischen. Die *fettuccine* sofort servieren. Den restlichen Parmesan in einer anderen Schale reichen.

## *Salsa di Pomodori*

TOMATENSAUCE

Für etwa $1^1/_2$ Tassen

2 EL Olivenöl
$^1/_2$ Tasse feingehackte Zwiebeln
2 Tassen italienische Dosentomaten, grobgehackt, aber nicht abgetropft
3 EL Tomatenmark
1 EL feingehacktes frisches Basilikum oder 1 TL getrocknetes Basilikum
1 TL Zucker
$^1/_2$ TL Salz
Frisch gemahlener schwarzer Pfeffer

In einem 2 bis 3 l fassenden Emaille- oder rostfreien Kochtopf das Olivenöl erhitzen, bis sich ein leichter Rauch bildet. Die Zwiebeln hineintun und bei mäßiger Hitze 7 bis 8 Minuten dünsten, bzw. bis sie weich, aber nicht gebräunt sind. Die Tomaten, das Tomatenmark, Basilikum, Zucker, Salz und eine Prise Pfeffer hinzufügen. Bei schwacher Hitze und nicht ganz zugedecktem Topf etwa 40 Minuten leise weiterkochen lassen. Gelegentlich umrühren.

Die Sauce durch ein feines Sieb (oder ein elektrisches Küchengerät) in eine Schüssel oder einen Topf passieren. Abschmecken und heiß auftragen.

## *Scaloppine al Marsala*

KALBSSCHNITZEL IN MARSALA

Für 4 Personen

750 g Kalbsschnitzel, $1^1/_2$ cm dick geschnitten und auf $^1/_2$ cm breitgeklopft
Salz
Frisch gemahlener schwarzer Pfeffer
Mehl
2 EL Butter
3 EL Olivenöl
$^1/_2$ Tasse trockener Marsala
$^1/_2$ Tasse Hühner- oder Rinderbouillon, frisch, aus der Dose, aus einem Würfel oder Instant-Brühe
2 EL Butter

Die Schnitzel salzen und pfeffern, dann in Mehl wenden und das überschüssige Mehl gut abschütteln. In einer schweren Stielpfanne von 25 bis 30 cm Durchmesser 2 EL Butter mit 3 EL Öl mäßig erhitzen. Wenn der Schaum sich gelegt hat, je 3 bis 4 Schnitzel in die Pfanne geben und etwa 3 Minuten auf jeder Seite bräunen. Danach auf einen Teller tun.

Das Fett bis auf eine dünne Schicht aus der Pfanne abgießen, den Marsala und $^1/_4$ Tasse Hühner- oder Rinderbouillon hinzugeben und die Flüssigkeit etwa 1–2 Minuten bei großer Hitze stark kochen lassen. Den Saucenfond von den Seiten und dem Boden der Pfanne abkratzen und untermengen. Das Kalbfleisch wieder zurück in die Pfanne geben und bei schwacher Hitze 10 bis 15 Minuten schmoren und das Fleisch gelegentlich mit den Bratensäften begießen.

Zum Anrichten die Schnitzel auf eine vorgewärmte Platte tun. $^1/_4$ Tasse Bouillon zu der in der Pfanne verbliebenen Sauce hinzufügen, kurz aufkochen lassen und mit dem Bratenfond vermengen. Wenn die Sauce beträchtlich eingekocht und sirupartig ist, abschmecken und eventuell nachwürzen. Die Pfanne von der Kochstelle nehmen, 2 EL weiche Butter hineinrühren und die Sauce über die Schnitzel gießen.

## *Funghi Marinati*

MARINIERTE CHAMPIGNONS

Für etwa 2 Tassen

$^2/_3$ Tasse Olivenöl
$^1/_2$ Tasse Wasser
Saft von 2 Zitronen
1 Lorbeerblatt
2 Knoblauchzehen, mit der Messerklinge zerdrückt
6 Pfefferkörner
$^1/_2$ TL Salz
500 g kleine ganze Champignons, frisch

Die Mischung aus $^2/_3$ Tasse Olivenöl, $^1/_2$ Tasse Wasser, dem Saft von 2 Zitronen, dem Lorbeerblatt, den zerdrückten Knoblauchzehen, den Pfefferkörnern und dem Salz in einer emaillierten oder rostfreien Stielpfanne von 25 bis 30 cm Durchmesser bei mäßiger Hitze zum Kochen bringen. Die Temperatur reduzieren, die Pfanne zudecken und 15 Minuten schwach kochen lassen. Diese Marinade durch ein feines Sieb passieren und zurück in die Pfanne geben; bei schwacher Hitze leicht kochen. Die Pilze in die Marinade geben, gelegentlich umwenden und 5 Minuten ziehen lassen.

Die Pilze in der Marinade erkalten lassen. Entweder bei Zimmertemperatur servieren oder nach dem Erkalten in den Kühlschrank tun und kalt anrichten. (Im Kühlschrank halten sich die Pilze mindestens 2 Tage.) Vor dem Anrichten die Pilze mit einem Schaumlöffel aus der Marinade heben, sie sorgfältig abtropfen lassen und auf einer Anrichteplatte oder Schüssel als Teil des *antipasto* servieren.

## *Polpette alla Casalinga*

FLEISCHKLÖSSCHEN

Für 4 bis 6 Personen

- 2 Scheiben Weißbrot, in kleine Stücke zerpflückt
- 1/2 Tasse Milch
- 1 Ei, leicht geschlagen
- 500 g Fehlrippe (Roastbeefteil) zweimal durchgedreht
- 125 g *salsiccia* oder Schweinehack
- 6 EL frisch geriebener italienischer Parmesan
- 2 EL feingehackte, möglichst glattblättrige Petersilie
- 1 EL Olivenöl
- 2 TL feingehackter Knoblauch
- 1 TL geriebene Zitronenschale (von ungespritzten Zitronen)
- 1/4 TL gemahlener Nelkenpfeffer (Piment)
- 1 TL Salz
- Frisch gemahlener schwarzer Pfeffer
- Oliven- oder Pflanzenöl
- Tomatensauce *(Seite 47)* oder Tomaten- und Knoblauchsauce *(Seite 175)*

Die Stücke Brot in 1/2 Tasse Milch 5 Minuten lang einweichen, dann gut ausdrücken und die Milch abgießen. In einer großen Rührschüssel das eingeweichte Brot, das leicht geschlagene Ei, 500 g durchgedrehtes Rindfleisch, 125 g mildes italienisches Wurstfleisch (*salsiccia*, bzw. Schweinehack), geriebenen Parmesan, feingehackte Petersilie, 1 EL Olivenöl, Knoblauch, Zitronenschale, Nelkenpfeffer und eine Prise schwarzen Pfeffer miteinander vermengen. Die Mischung tüchtig mit beiden Händen kneten oder mit einem Holzlöffel rühren, bis alle Zutaten gut miteinander gemischt sind.

Aus der Mischung kleine Klößchen von etwa 3 1/2 cm Durchmesser formen. Die Klöße nebeneinander auf ein Tablett oder Backblech legen, mit Plastikfolie zudecken und mindestens 1 Stunde im Kühlschrank ruhen lassen.

1/4 Tasse Oliven- oder Pflanzenöl in einer schweren Pfanne von 25 bis 30 cm Durchmesser so lange erhitzen, bis sich ein leichter Rauch bildet. Die Klößchen zu je 5 oder 6 Stück bei mäßiger Hitze braten, wobei die Pfanne dauernd geschüttelt werden muß, damit die Klöße in Bewegung bleiben und ihre runde Form behalten. Nach 8 bis 10 Minuten sollten sie außen gebräunt und innen völlig durchgebraten sein. Falls das Oliven- oder Pflanzenöl verbraucht ist, mehr hinzufügen. Heiß mit Tomatensauce *(Seite 47)* oder Tomaten- und Knoblauchsauce *(Seite 175)* anrichten.

## *Minestrone*

GEMÜSESUPPE

Für 8 Personen

- 1/2 Tasse getrocknete weiße Bohnen
- 4 EL Butter
- 1 Tasse frische grüne enthülste Erbsen (etwa 500 g mit Hülsen)
- 1 Tasse ungeschälte, aber gebürstete Zucchini (etwa 250 g)
- 1 Tasse in Würfel geschnittene Mohrrüben
- 1 Tasse in Würfel geschnittene Kartoffeln
- 1/3 Tasse dünngeschnittener Stangensellerie
- 50 g in Würfel geschnittener Schinkenspeck
- 2 EL feingeschnittene Zwiebeln
- 1/2 Tasse feingehackter Porree
- 2 Tassen abgetropfte, geschälte italienische Tomaten aus der Dose, grobgehackt
- 2 l Hühnerbouillon, frisch, aus der Dose oder aus Würfeln
- 1 Lorbeerblatt und 2 Petersiliensträußchen, zusammengebunden
- 1 TL Salz
- Frisch gemahlener schwarzer Pfeffer
- 1/2 Tasse einfacher ungekochter Reis

GARNIERUNG

- 1 EL feingeschnittenes Basilikum oder 1 TL getrocknetes, zerkrümeltes Basilikum
- 1 EL feingehackte frische Petersilie
- 1/2 TL feingehackter Knoblauch
- 1/2 Tasse frisch geriebener Parmesan

1 l Wasser in einer 3 bis 4 l fassenden Kasserolle zum Kochen bringen. Die 1/2 Tasse weiße Bohnen hinzufügen und 2 Minuten kurz aufkochen lassen. Die Kasserolle von der Kochstelle nehmen und die Bohnen ohne umzurühren 1 Stunde im Wasser einweichen lassen. Dann die Kasserolle zurück auf die Kochstelle geben und die Bohnen bei schwacher Hitze unbedeckt etwa 1 bis 1 1/2 Stunden kochen, bis sie gerade weich sind. Die Bohnen gut abtropfen lassen und in einer Schüssel beiseite stellen.

Die Butter bei mäßiger Hitze in einer schweren Pfanne von 25 bis 30 cm Durchmesser zerlassen. Wenn sich der Schaum gelegt hat, die grünen Erbsen, Zucchini, Mohrrüben, Kartoffeln und den Stangensellerie hineintun. Bei ständigem Rühren mit einem Holzlöffel 2 bis 3 Minuten braten, bzw. bis alles leicht mit Butter überzogen, jedoch nicht gebräunt ist. Beiseite stellen.

Die Schinkenspeckwürfel in einem 6 bis 8 l fassenden Suppentopf oder Kessel bei mäßiger Hitze und häufigem Umrühren auslassen. Wenn die Würfel knusprig und braun sind, mit einem Schaumlöffel herausnehmen und auf Küchenkrepp abtropfen lassen. Die Zwiebeln und den Porree (oder falls Porree nicht erhältlich ist, eine weitere halbe Tasse Zwiebeln) in das in der Kasserolle verbliebene Fett geben und unter dauerndem Umrühren etwa 7 bis 8 Minuten kochen, bzw. bis das Gemüse weich und leicht gebräunt ist. Die grobgehackten Tomaten, das Gemüse aus der Pfanne, die Hühnerbouillon, das Lorbeerblatt und die Petersiliensträußchen, Salz und eine Prise Pfeffer hineinrühren. Die Suppe bei großer Hitze zum Kochen bringen und bei reduzierter Temperatur und nicht ganz zugedeckt 25 Minuten leise garen lassen.

Das Lorbeerblatt und die Petersilie entfernen, den Reis, die weißen Bohnen und die Schinkenspeckwürfel hinzufügen und 15 bis 20 Minuten weiterkochen lassen, bzw. bis der Reis gar ist. Die Suppe, falls nötig, mit Salz und Pfeffer abschmecken. Mit der Garnierung bestreut anrichten. Dazu eine Schale geriebenen Parmesan reichen.

## *Fritto Misto*

SCHWIMMEND GEBACKENE KALBSBRIESCHEN, HUHN UND GEMÜSE

Für 6 Personen

AUSBACKTEIG
- 1 Tasse Weizenmehl, vor dem Abmessen gesiebt
- 3/4 Tasse warmes Wasser
- 3 EL Pflanzenöl
- 1/2 TL Salz
- 1 Eiweiß
- 1 Paar Kalbsbrieschen (Kalbsmilch)
- Wasser
- 1 EL Zitronensaft oder Essig
- Salz
- 1 ganze Hühnerbrust, ohne Knochen
- 1 kleiner Blumenkohl
- 500 g Auberginen
- 500 g Zucchini
- 1 Dose Artischockenherzen,
- Pflanzenöl oder Backfett zum Ausbacken in der Friteuse
- Zitronenviertel

Das Mehl, das warme Wasser, 3 EL Öl und 1/2 TL Salz in einer geräumigen Schüssel leicht, aber stetig verrühren, bis die Zutaten mehr oder weniger sahnig sind. Nicht schlagen oder zu lange rühren. Am besten den Teig beiseite stellen und bei Zimmertemperatur etwa 2 Stunden ruhen lassen; notfalls gleich verwenden. Das 1 Eiweiß mit einem Schneebesen so lange schlagen, bis es steif ist, erst ganz zuletzt mit dem Teig vermischen.

Die Kalbsbrieschen 1 Stunde lang in mehrfach erneuertem kaltem Wasser einweichen, sie dann in einen 2–3 l fassenden Topf tun, 1 l frisches Wasser zugießen, 1 EL Zitronensaft oder Essig und 1 TL Salz hineingeben. Bei mäßiger Hitze zum Kochen bringen, die Temperatur reduzieren und die Brieschen unbedeckt 15 Minuten ziehen lassen. Abgießen und sofort zum Abkühlen in kaltes Wasser tun. Nach ein paar Minuten nochmals abtropfen lassen und mit Küchenkrepp gut abtrocknen. Soviel wie möglich von der Membrane entfernen, ohne die Brieschen zu zerreißen. Die beiden Teile von der Mittelröhre abtrennen und die Röhre entfernen. Die Brieschen in 2 1/2 cm große Würfel schneiden.

Die Haut von der Hühnerbrust entfernen und das Fleisch in etwa 5 cm lange und 1 1/4 cm breite Streifen schneiden. Den Blumenkohl in kleine Röschen teilen, die Röschen in einen Kochtopf mit 2 bis 3 l kochendem Salzwasser geben und 3 Minuten stark kochen lassen. In kaltes Wasser tun und abtropfen lassen. Die Auberginen und Zucchini schälen und in 1 1/4 cm breite Streifen schneiden; mit 2 EL Salz schütteln, um sie zu entwässern und dann in einem Sieb zum Abtropfen beiseite stellen. Die Artischockenherzen abtrocknen und in 4 Teile schneiden.

Etwa 250 g Backfett oder 2 Tassen Öl in einer Friteuse auf 175° erhitzen. (Falls kein Fett-Thermometer benutzt wird, einen Brotwürfel in das heiße Fett tun; wenn er innerhalb von 1 Minute goldbraun ist, ist die gewünschte Fett-Temperatur erreicht.) Inzwischen den Backofen auf 125° vorwärmen und zwei große, flache Backformen oder -bleche mit Küchenkrepp belegen. Die Auberginen- und Zucchinistreifen mit Küchenkrepp abtrocknen und sie mit den Brieschenwürfeln, Hühnerbruststreifen, Blumenkohlröschen und geviertelten Artischockenherzen griffbereit hinstellen.

Die Brieschen, das Huhn und die Gemüse nacheinander in schwimmendem Fett ausbacken: jeweils 5 bis 6 Stück in den Teig tauchen, mit dem man gerade das steifgeschlagene Eiweiß vermengt hat. Wenn die Stücke überzogen sind, sie nacheinander mit Hilfe einer Zange oder eines Schaumlöffels herausheben, einen Augenblick über der Schüssel halten, um den überschüssigen Ausbackteig gut abtropfen zu lassen; dann in die Friteuse geben. In schwimmendem Fett etwa 5 bis 6 Minuten ausbacken, wobei die Stücke ein- oder zweimal gewendet werden, oder bis der Teig goldbraun ist. Mit der Zange die gebräunten Stücke auf die mit Küchenkrepp ausgelegte Backform legen und in den vorgewärmten Ofen tun. Gleichermaßen mit den nächsten Stücken verfahren. Wenn alle Stücke gebraten und abgetropft sind, den *fritto misto* auf einer mit einer Serviette belegten Servierschüssel anordnen und mit Zitronenvierteln garnieren.

## *Insalata di Funghi Crudi*

SALAT AUS ROHEN CHAMPIGNONS

Für 4 Personen

- 250 g frische, blättrig geschnittene Champignons
- 2 TL Zitronensaft
- 1/4 Tasse feingeschnittener Porree
- 3 EL Olivenöl
- 1/2 TL Salz

In einer Salatschüssel die Pilze in dem Zitronensaft wenden, bis die Scheiben leicht angefeuchtet sind. Den Porree sowie Öl und Salz hinzufügen und nochmals mischen. Vor dem Servieren den Salat kalt stellen.

Für 6 bis 8 Personen

Ein gut 1,5 kg wiegender, knochenloser, fest verschnürter Kalbsbraten
3 ungerollte Anschovisfilets, in 2 1/2 cm lange Stücke geschnitten
1 bis 2 Knoblauchzehen, in dünne Streifen geschnitten
1 l Hühnerbouillon, frisch, aus der Dose oder aus Würfeln
2 Tassen trockener Weißwein
2 Tassen Wasser
2 Zwiebeln, geviertelt
2 Mohrrüben, geschnitten
3 Stangen Sellerie, geschnitten
2 Lorbeerblätter
6 Sträußchen Petersilie
10 ganze Pfefferkörner

THUNFISCHSAUCE

3/4 Tasse Olivenöl
1 Eigelb
1 kleine Dose Thunfisch (etwa 100 g), möglichst italienischer Thunfisch in Olivenöl
4 ungerollte Anschovisfilets, abgetropft und 10 Minuten gewässert, dann in kleine Stücke geschnitten
2 EL Zitronensaft
1/4 Tasse süße Sahne
1/4 bis 1/2 Tasse der abgekühlten, durchgesiebten Kalbfleischbrühe *(von oben)*
2 EL Kapern, gründlich gewaschen und abgetropft
Salz
Weißer Pfeffer

GARNIERUNG

2 EL frisch gehackte, möglichst glattblättrige Petersilie
2 in Scheiben geschnittene Zitronen
2 EL Kapern
12 schwarze, entsteinte Oliven, möglichst italienische oder griechische

## *Vitello Tonnato*

KALTES GESCHMORTES KALBFLEISCH MIT THUNFISCHSAUCE

Mit einem kleinen scharfen Messer den Braten einschneiden und in die Schnitte je ein 2 1/2 cm langes Stück Anschovis und ein Stückchen Knoblauch pressen. Den Kalbsbraten in einem großen Topf blanchieren, indem man ihn mit kaltem Wasser bedeckt und 1 Minute bei großer Hitze kochen läßt. Das Wasser abgießen.

Das Kalbfleisch in einen schweren Topf oder eine Kasserolle geben, die gerade groß genug ist, um es bequem zu fassen. Hühnerbouillon, Wein, Wasser, Zwiebeln, Mohrrüben, Stangensellerie, Lorbeerblätter, Petersilie und Pfefferkörner hinzufügen. Falls die Flüssigkeit das Fleisch nicht ganz bedeckt, mit mehr Brühe oder Wasser auffüllen. Zum Kochen bringen, dann die Hitze reduzieren und das Kalbfleisch langsam und nicht ganz zugedeckt ungefähr 1 Stunde 40 Minuten schwach kochen lassen, bzw. bis das Kalbfleisch weich ist, wenn man mit der Spitze eines scharfen Messers hineinsticht. Die Kasserolle von der Kochstelle nehmen und das Kalbfleisch in der Brühe abkühlen lassen. Etwa 1/2 Tasse Brühe abschöpfen, durch ein feines Sieb gießen und in einer Tasse beiseite stellen.

Inzwischen wird die Thunfischsauce vorbereitet. Bei einem elektrischen Rührgerät braucht man nur das Olivenöl, Eigelb, den Thunfisch, die 4 Anschovisfilets und den Zitronensaft in den Mixbecher zu tun und bei hoher Geschwindigkeit höchstens 10 Sekunden zu verquirlen, bzw. bis die Mischung püriert ist. Dann in einer kleinen Rührschüssel nach und nach mit der Sahne vermengen. Von der abgekühlten durchgegossenen Kalbfleischbrühe nach und nach je 2 EL hinzufügen, bis die Sauce die Beschaffenheit von süßer Sahne annimmt. Wahrscheinlich genügen 4 EL Kochbrühe. Die Kapern hineinrühren. Die Sauce abschmecken und würzen.

Wenn kein Küchengerät verwendet wird, den Thunfisch und die Anschovis mit dem Messer zerkleinern; dann werden sie mit dem Rücken eines Holzlöffels durch ein feines Sieb in eine kleine Schüssel passiert. In einer weiteren kleinen Schüssel das Eigelb mit einem Schneebesen, einem Handrührgerät oder einem elektrischen Rührstab 1 bis 2 Minuten schlagen. Das Püree und den Zitronensaft mit dem Eigelb vermischen, dann unter fortgesetztem Rühren das Öl teelöffelweise hineintun. Nachdem 1/4 Tasse Öl verbraucht ist, sollte die Sauce sehr dickflüssig und glatt sein. Die restliche 1/2 Tasse Olivenöl eßlöffelweise und unter ständigem Rühren hinzufügen. Dann die Sahne und so viel erkaltete Brühe hinzutun, bis die Sauce die Konsistenz der süßen Sahne hat. Kapern daruntermischen und abschmecken.

Wenn das Fleisch abgekühlt ist, den Braten auf ein Tranchierbrett geben. Die Fleischbrühe durchsieben und zum Gebrauch für Suppen und Saucen in den Kühlschrank stellen. Das Kalbfleisch von allem Fett und Knorpel befreien und in dünne, gleichmäßige Scheiben schneiden. Den Boden einer großen Servierschüssel oder einer Backform mit einer dünnen Schicht Thunfischsauce bestreichen und die Fleischscheiben in der Sauce nebeneinander anordnen. Die restliche Sauce darübergießen und mit einem Spachtel glattstreichen, damit jede Scheibe überzogen ist. Die Schüssel mit Plastikfolie zudecken und den *vitello tonnato* mindestens 2 bis 3 Stunden im Kühlschrank lassen, am besten über Nacht oder wenn möglich noch länger.

Etwa 1 Stunde vor dem Anrichten das Fleisch aus dem Kühlschrank nehmen, damit es wieder Zimmertemperatur erlangt. Die Scheiben so sorgfältig wie möglich leicht überlappend im Kreis auf einer großen Anrichteschüssel anordnen. Mit einem Löffel alle Sauce darübergeben. Kalbfleisch und Sauce mit der gehackten Petersilie bestreuen und die Servierplatte mit Zitronenscheiben, Kapern und schwarzen Oliven garnieren. Andere Garnierungsvorschläge sind Porree-Ringe, Tomatenscheiben oder hartgekochte, geviertelte Eier.

Dieses elegante Kalbfleischgericht in Thunfischsauce, *vitello tonnato,* wird nicht selten als Vorspeise serviert, kann aber auch ein Hauptgericht sein.

## *Scaloppine al Limone*

GEBRATENE KALBSSCHNITZEL MIT ZITRONE

Für 4 Personen

750 g Kalbsschnitzel, 1 cm dick und auf etwa ½ cm flachgeklopft
Salz
Frisch gemahlener schwarzer Pfeffer
Mehl
4 EL Butter
3 EL Olivenöl
¾ Tasse Rinderbouillon, frisch oder notfalls aus Brühwürfeln
6 papierdünn geschnittene Zitronenscheiben (von ungespritzten Zitronen)
1 EL Zitronensaft

Die Schnitzel salzen und pfeffern, dann in Mehl wälzen und das überflüssige Mehl abschütteln. In einer schweren Stielpfanne von 25 bis 30 cm Durchmesser 2 EL Butter mit 3 EL Öl bei mäßiger Hitze zerlassen. Wenn der Schaum sich gelegt hat, je 4 oder 5 Schnitzel hineingeben und etwa 2 Minuten auf jeder Seite braten, bzw. bis sie goldbraun sind. Mit einer Zange auf einen Teller legen. Nun fast alles Fett aus der Pfanne bis auf eine dünne Schicht auf dem Boden abgießen. ½ Tasse Rinderbouillon hinzufügen und 1 bis 2 Minuten unter dauerndem Rühren rasch aufkochen lassen, wobei der an der Pfannenseite und dem Pfannenboden haftende Bratenfond abgekratzt und unter die Sauce gemengt wird. Das Kalbfleisch zurück in die Pfanne tun und darauf die Zitronenscheiben anordnen. Die Pfanne zudecken und die Schnitzel bei schwacher Hitze 10 bis 15 Minuten schmoren lassen, bzw. bis das Fleisch beim Hineinstechen mit einem spitzen, scharfen Messer weich ist.

Zum Servieren werden die Schnitzel auf eine vorgewärmte Anrichteplatte getan und mit den Zitronenscheiben umgeben. Die ¼ Tasse der restlichen Rinderbouillon zu dem Saft in die Pfanne tun und rasch kochen, bis die Brühe sirupartig ist. Den Zitronensaft hinzufügen und unter Umrühren 1 Minute kochen. Die Pfanne von der Kochstelle nehmen, 2 EL weiche Butter hineinrühren und die Sauce über die Schnitzel geben.

# III

# *Rom und Umgebung*

Rom hat viele elegante Restaurants von internationalem Charakter. Wenn man jedoch die herzhafte Küche der Römer selbst erproben will, sollte man eine der bescheidenen Gaststätten, wie die links abgebildete, in der Nähe des Portico di Ottavia wählen. Die Spezialität dort sind gebratene Artischocken.

Früher oder später – und für die meisten Besucher ist es früher – führen alle kulinarischen Straßen Italiens nach Rom. Und wie es sich für eine Hauptstadt gehört, gelingt es Rom nicht nur, den gesamten Charakter der Nation vom Norden bis zum Süden, sondern auch die Raffinessen der internationalen Küche in sich zu vereinigen.

Aber worauf Rom mit seiner Umgebung besonders stolz sein kann, das ist die eigene Küche – einfach, herzhaft, kräftig und ausgezeichnet durch die Erzeugnisse und Spezialitäten seines Bezirks Latium wie die der benachbarten Landschaften Umbrien und der Marken. Wenn es ein Charakteristikum gibt, das allen echten Gerichten *alla romana* gemeinsam ist, dann die robuste Einfachheit, die sich am schmackhaftesten in regionalen Lieblingsspeisen wie *porchetta* entfaltet: Ein ganzes geröstetes Spanferkel mit einer Füllung aus Kräutern. Im Gegensatz dazu erscheinen viele außerhalb Italiens servierte und *alla romana* genannte Speisen viel zu kompliziert und überladen.

Wohl am farbigsten sind die mit Weihnachten verbundenen Feste der Stadt, die für viele Römer in der Nacht vom 23. zum 24. Dezember in der riesigen Großhandelsmarkthalle in der Via Ostiense beginnen, wo sie direkt bei den Großhändlern einkaufen können. (Das Ganze bekommt einen offiziellen Anstrich, wenn um 2 Uhr nachts der Bürgermeister erscheint und ein paar passende Festworte spricht.) In Rom als *cottio* bekannt (von dem lateinischen Wort für „den Preis angeben"), ist dies ein fröhlicher, lärmender, die ganze Nacht dauernder Einkaufsbummel, in dessen Verlauf die meisten Bürger der Stadt Weihnachtsdelikatessen einkaufen, und zwar besonders lebende Aale. Am Weihnachtstag besteht der *piatto di resistenza* höchstwahrscheinlich aus gebratenem Kapaun mit einer Füllung aus Brotkrumen, Würstchen, Innereien und geriebenem *pecorino*-Käse. Im Verlauf des neuen Jahres begehen die Römer andere Feste und

Feiertage, die ihre besonderen Gerichte haben. Am St.-Josephs-Tag, dem 19. März, werden gewöhnlich *bignè,* kleine, in schwimmendem Fett ausgebackene Beignets gereicht, während die *maritozzi quaresimali,* leichte Kuchenbrötchen mit Pinienkernen, Orangeat und Sultaninen, in der Fastenzeit gegessen werden. Zu Ostern fährt dann die Familie nach der Messe aufs Land und tut sich an einem ganzen, am Spieß gebratenen Lamm gütlich. In der Johannisnacht, am 24. Juni, essen römische Familien in der Regel Schnecken, die langsam mit Knoblauch, Anschovis, Tomaten, frischer Minze und Pfeffer geschmort worden sind.

Im Juli brutzeln die Freiluftgrills eine saftige *porchetta* (gebratenes Ferkel), und zwar besonders während der eine Woche dauernden *festa di Noantri* („Fest der Übrigen"), die die Bewohner des römischen Stadtteils Trastevere auf dem anderen Tiberufer für sich selbst erfunden haben. In den klaren, milden Frühherbsttagen folgen die regionalen Winzerfeste, von denen das erste am letzten Sonntag im September in Genzano, 25 Kilometer außerhalb Roms an der Via Appia und 500 Meter hoch in den Hügeln, stattfindet. Wiederum ist *porchetta* das bei dieser Gelegenheit servierte und mit Wein hinuntergespülte Gericht. Eine Woche später, am ersten Sonntag im Oktober, verlagert sich die Szene nach Marino, 20 Kilometer südöstlich der Hauptstadt. Hier stammt die Füllung für die *porchetta* aus der nahegelegenen Stadt Ariccia, die ängstlich ihr Rezept hütet.

Zwischen den Ferien- und Festtagen ißt man in der Gegend um Rom nicht ganz so üppig, aber trotzdem bleibt die Küche sowohl zu Hause wie im Restaurant nahrhaft. In den großen, international ausgerichteten *ristoranti* ist das Essen wahrscheinlich weniger typisch römisch. Wenn man die echte römische Küche genießen will, muß man in die bescheideneren *trattorie* oder Wirtshäuser gehen, wo die Speisen und die Bedienung intimeren Charakter haben. Im Stadtteil Trastevere, ganze Welten entfernt von der eleganten Via Veneto, gibt es eine Unmenge *trattorie* – von denen übrigens viele über einen Garten verfügen, wo man bei gutem Wetter im Freien essen kann. In den *osterie,* Schenken, ist es oft noch ungezwungener; man kann vom Gastzimmer direkt in die Küche sehen.

Die meisten Römer kümmern sich nicht viel um die kulinarische Zweiteilung Italiens in Nord und Süd – sie wissen, ihre Küche umfaßt beide Richtungen. Ein Beispiel hierfür sind die *gnocchi,* ein Gericht, das man weder dem Norden noch dem Süden zuordnen kann. *Gnocchi* (österreichisch „Nockerln") gibt es in vielerlei Gestalt und an vielen Orten, doch man liebt sie besonders in Rom, wo sie aus Mehl und ohne die anderswo üblichen Kartoffeln zubereitet werden. Das Gericht sieht teigig und nichtssagend aus, woraus sich der mundartliche Gebrauch des Singulars *gnocco* als Bezeichnung für einen „Einfaltspinsel" oder „Tölpel" erklären läßt. Aber die „Nockerln" schmecken viel besser, als sie aussehen *(Seite 67)*.

Die Römer haben auch eigene Varianten der nördlichen wie südlichen *pasta* entwickelt. Berühmt sind ihre *cannelloni,* auf nördliche Art aus dünnem, selbstgemachtem Nudelteig geschnittene Rechtecke, die mit einer Fleischfarce gefüllt und eingerollt werden. Ein anderes Lieblingsgericht sind *fettuccine al burro* *(Seite 46)*, Eierbandnudeln wie im Norden die *tagliatelle.* In ihrer nahrhaften Einfachheit sind diese *fettuccine* typisch römisch: am besten schmecken sie mit einem ordentlichen Stück Butter *(al burro),* dem der Gast soviel geriebenen Parmesan hinzufügen kann, wie er nur will.

Die südlichen *pasta*-Gerichte aus Makkaroni und Spaghetti sind ebenfalls in Rom beliebt. *Maccheroni alla ciociara* („nach Bauernart") werden mit einer Sauce serviert, die fetten Speck, Schinken und Wurst enthält; *spaghetti a cacio e pepe* werden mit Käse *(cacio)* und Pfeffer *(pepe)* angerichtet. Jedes *pasta*-Gericht *alla carrettiera* („nach Fuhrmannsart") enthält Thunfisch und Pilze; *alla prestinara* („nach Bäckerart“) bedeutet mit Knoblauch und Öl zubereitet; *all'arrabbiata* bedeutet „rabiat“ – mit scharfen roten Chilies-Schoten. Ein *pasta*-Gericht, das mit gepökeltem Schweinebauch und Eiern zubereitet wird, ist *spaghetti alla carbonara (Rezeptbuch)*.

Die auf die *pasta*-Vorgerichte folgenden Gänge der römischen Speisekarte sind zahl- und abwechslungsreich. Von den Fleischgerichten ist nach dem Spanferkel vielleicht *abbacchio* als wichtigstes zu nennen: Milchlamm, das noch nie Gras gefressen hat und als ganzes Tier in einem Ofen oder im Freien am Spieß gebraten wird. Man kann es auf verschiedene Weise würzen, doch ist Rosmarin ein wesentlicher Bestandteil. Sehr beliebt ist die Zubereitung von *abbacchio* im Ofen *alla cacciatora* mit einer Anschovissauce, die außer Rosmarin auch noch Olivenöl, Essig und Knoblauch enthält *(Rezeptbuch)*.

Weitere Milchlammgerichte der Römer sind *costolette a scottadito*, „verbrannte-Finger-Koteletts“, weil sie auf einem Grill oder in einer flachen Pfanne gebraten und dann – so will es jedenfalls der Brauch – sehr schnell mit dem Finger umgewendet werden. *Abbacchio brodettato (Seite 65)* sind kleine Stücke Lamm, die in einer Sauce aus Eigelb mit Zitronensaft geschmort werden.

Als typisch römisch gelten auch die *saltimbocca* genannten kleinen Kalbsschnitzel, die mit Schinkenscheiben belegt, mit Salbei gewürzt, in Butter gebraten und in Weißwein geschmort werden.

Zu den ältesten und authentischsten römischen Gerichten gehören *carciofi alla giudea*, Artischocken auf jüdische Art, wie sie im ehemaligen jüdischen Getto zubereitet wurden. Noch heute heißt es, sie schmeckten am besten in den Restaurants des einstigen Gettos. Man nimmt dazu zarte junge Artischocken, die in schwimmendem Olivenöl gebacken und während des Kochens flachgeklopft werden, so daß sie auf dem Teller die Form von Rosen annehmen. Ein anderes ausgezeichnetes Artischockengericht sind die echt römischen *carciofi al tegame alla romana:* hier werden die gekochten Artischocken mit Brotkrumen gefüllt, mit Knoblauch, Essig und Minze gewürzt und gebacken *(Rezeptbuch)*.

Hier noch eine Auswahl von römischen Spezialitäten, die nach der Speisenfolge eines römischen Menüs angeordnet sind. Bei den typischsten ist die Seitenzahl des Rezeptbuchs angegeben:

SUPPE: *Stracciatella* (wörtlich „Fetzchen“), ein flüssiger, aus Eiern, Mehl und geriebenem Parmesan bestehender Teig, der in die kochende Brühe gegeben wird. Das Ei gerinnt in der Suppe zu kleinen Flöckchen (im Rezeptbuch wird eine Variante aufgeführt).

FISCH: *Filetti di baccalà*, dünne Streifen von eingesalzenem Kabeljau, in Teig gewälzt und in Olivenöl gebraten.

ZWISCHENGERICHTE: *Crostini alla provatura*, Brotscheiben mit *provatura*-Käse, der im Backofen schmilzt und das Brot bedeckt. Oder *supplì al telefono*, schwimmend ausgebackene, mit *mozzarella*-Käse gefüllte Reiskroketten; sie erhielten ihren Namen („Telefondraht-Kroketten“), weil der geschmolzene Käse lange „Drähte“ zieht, wenn man ihn mit der Gabel vom Teller nimmt *(Seite 64)*.

FLEISCH: *Pajata di vitello*, römischer Dialektausdruck für Kalb-Innereien, mit *pecorino*-Käsescheiben und *rigatoni* (dicken, gerillten Makkaroni). Nur auf wenige Fremde dürfte ein Lammskopf anziehend wirken, doch in Rom schätzt man *testicciuola di abbacchio* hoch. Er wird mit einer Mischung aus Brotkrumen, Knoblauch und Petersilie gewürzt, gut mit Olivenöl begossen und im Ofen gebacken. Das gleiche gilt für *coda alla vaccinara* oder geschmorten Ochsenschwanz *(Seite 67)*.

GEMÜSE: *Broccoli* (Blumenkohl), der mit zum Besten gehört, was um die Gegend von Rom herum wächst, wird wahrscheinlich auf dem Tisch als *broccoli alla romana* erscheinen, das heißt in Weißwein und Olivenöl geschmort und mit Knoblauch gewürzt *(Rezeptbuch)*. Andere bemerkenswerte Gemüsegerichte sind *pomodori con riso*, mit Reis gefüllte Tomaten; *cipolline in agrodolce*, winzige Schalotten in süß-

In Rom und seiner Umgebung gibt es alles, was man sich zum guten Essen und Trinken nur wünschen kann. Auf den nahen Hügeln wächst der berühmte Frascati. Von der latinischen Küste und aus dem Golf von Gaeta kommen Hummer und Krabben; die Sabiner Berge liefern pikante Käse und feine Saucen. Umbrien hat Schinken, Wurst, Trüffeln, ausgezeichnetes Gemüse und hervorragendes Konfekt. In den Marken werden schmackhafte Fischsuppen jeder Art zubereitet.

saurer Sauce; *fagioli con le cotiche,* weiße Bohnen, die bei niedriger Hitze mit dicken Stücken Schweineschwarte gekocht werden; und *fave al guanciale,* Saubohnen, die mit Zwiebeln und fettem Speck oder Schweinebacke *(guanciale)* gedämpft werden. Frische grüne Erbsen kann man auf dieselbe Art als *piselli al guanciale* zubereiten oder aber als *piselli al prosciutto* mit Stückchen vom *prosciutto*-Schinken *(Rezeptbuch)* auf den Tisch bringen. *Finocchio* (Fenchel) wird häufig als Salat mit *pinzimonio,* einer Salattunke aus dem reinsten Olivenöl, das erhältlich ist (aus den Sabiner Bergen oder aus Tivoli), und mit Pfeffer und Salz angerichtet. *Funghi arrostiti* sind mit Olivenöl, Knoblauch und Petersilie gegrillte Pilze.

NACHSPEISEN: Außer den Desserts an Fest- und Feiertagen wie *bignè* und *maritozzi quaresimali* gibt es römische Spezialitäten wie *biscottini con le mandorle* (trockene Plätzchen aus Mehl, Eiern und gerösteten Mandeln) und *zuppa inglese.* Trotz des Namens („englische Suppe") handelt es sich um ein durchaus italienisches Gericht, und zwar um eine Art Dessert-Kuchen, der verschiedene Cremeschichten enthält und mit Rum getränkt ist.

Die heutigen Bewohner Roms veranstalten gern Picknicks zu beiden Seiten der Via Appia, der ältesten und berühmtesten großen Ausfallstraße des alten Rom. Diese Familie hat sich unter einem Baum in der Nähe eines aus dem Mittelalter stammenden Turmes niedergelassen.

Es ist natürlich kein Wunder, daß Rom die anderen Teile seiner Heimatprovinz überschattet, aber im Latina-Bezirk von Latium rühmt man sich ebenfalls mindestens zweier bemerkenswerter Spezialitäten. *Aragosta con maionese* bedeutet eine Mayonnaise aus den frischen Langusten der Pontinischen Inseln vor Latina, wo die Tiere in Unterwasserbehältern herumschwimmen, bis sie auf den Markt kommen. Ebenso köstlich schmecken *mazzancuogni,* etwas größere Vettern der venezianischen *scampi*. Diese beiden Sorten von Krustentieren leben ausschließlich im Golf von Gaeta und in den Gewässern bei Venedig.

Der nördliche Teil von Latium, die Gegend von Rieti, ist das Sabiner Land und die Heimat jener von den Römern der Frühzeit „geraubten" Sabinerinnen. Die Römer brauchten damals dringend Ehefrauen und haben deshalb wohl kaum wirkliche Gewalt angewendet. In einer Geschichte heißt es sogar, die Sabinerinnen hätten ihnen das Versprechen abgenommen, daß sie als Entschädigung für ihre Entführung von aller Küchenarbeit frei sein sollten, aber die heutige Sabiner Küche – dort selbst als „Hausmannskost, bekömmlich,

Beim *Noantri*-Fest, das alljährlich im Arbeiterviertel Trastevere stattfindet, führt ein junger Römer vor, wie man Spaghetti ißt: man nimmt sie auf die Gabel und führt sie schnell zum Munde. Man darf die Spaghetti auch mit oder ohne Hilfe eines Löffels um die Gabel wickeln.

schmackhaft und ohne Firlefanz" beschrieben – spricht dagegen, daß die Sabinerinnen, wenn sie auch widerstrebende Ehefrauen gewesen sein mögen, lange dem Kochherd ferngeblieben sind.

Im Sabiner Gebiet werden vorwiegend Milchprodukte erzeugt, und der Käse ist dort ausgezeichnet. Die Dörfer Accumoli und Vallecupola sind für ihren *pecorino* berühmt, einen festen, scharfen Käse, den man nicht nur reibt, sondern auch zum Brot ißt. Der *pecorino* blickt auf eine lange Geschichte zurück und wird seit frührömischer Zeit nicht etwa aus Kuhmilch, sondern aus nicht entrahmter Schafsmilch zubereitet, die man mit einem Labferment gerinnen läßt, das aus der Labmagenhaut von Milchlämmern gewonnen wird.

Die Sabiner Stadt Amatrice hat ihren Namen einer Spaghettisauce, *amatriciana,* gegeben, die auch als römische Spezialität bekannt ist. In Amatrice wird die Sauce gewöhnlich mit *bucatini,* einer Spaghetti-Sorte, serviert. Sie besteht aus Tomaten, Zwiebeln und in Schweineschmalz gekochtem Räucherspeck und wird mit dem scharfen, geriebenen *pecorino*-Käse serviert.

Noch eine andere Sabiner Stadt wurde durch eine Spezialität bekannt – Antrodoco: dort ißt man *stracci,* kleine Scheibchen aus papierdünnem Teig. Sie werden aufeinandergeschichtet und mit einer Füllung aus Fleisch, passiertem Gemüse und geriebenem Käse versehen; man serviert sie sehr heiß, im eigenen Saft, und bestreut sie mit weiterem Käse.

In Fara in Sabina bezieht sich eine Inschrift an der Mauer einer Villa auf *crustulum,* einen in Öl getränkten Fladen, den die Stadtverwaltung des alten Rom bei wichtigen weltlichen oder religiösen Festtagen im Dezember und Januar an die Bevölkerung verteilte. Noch heute wird in diesen Monaten, wenn das Olivenöl besonders leicht und frisch ist, der unmittelbare Nachfahre des *crustulum,* ein *bruschetta* genannter, einfacher flacher Fladen serviert. Er ist mit dem neuen Olivenöl durchtränkt, das noch das ein wenig scharfe Aroma der frisch gepreßten Früchte hat, zu dem manchmal ein Hauch von Knoblauch kommt. Weitere saisonbedingte Sabiner Gerichte sind *nociata,* eine Weihnachtsleckerei aus Honig und gemahlenen Walnüssen in Rautenform, und die derbe *pizza pasquale,* ein kleiner, aus Eiern, *ricotta*-Käse und Honig bestehender Osterkuchen. (Pizza bedeutet ursprünglich nur einen Fladen oder Kuchen und nicht den bekannten neapolitanischen Teigboden mit Käse und Tomaten.)

In Latium wachsen viele Weine zum Herunterspülen aller dieser guten lokalen Spezialitäten. Am bekanntesten sind die Castelli-Romani-Weine, so genannt nach den von Burgen gekrönten Dörfern um Rom, die sich an die Hügel und Abhänge der Albaner Berge schmiegen – erloschene Vulkane, deren Boden sich besonders gut für den Weinbau eignet. Die Weine sind meist weiß und sehr herb. Der berühmteste von ihnen ist der Frascati, jener trockene, in die charakteristischen trichterförmigen Flaschen abgefüllte Wein mit dem klaren Geschmack.

Zwei weitere Weine aus der Provinz Latina sind schon seit der Zeit der alten Römer bekannt und wurden bereits von Horaz gepriesen: der Falerner, der als trockener Weißwein oder auch als Rotwein abgefüllt wird, und der rote Cecubo (lateinisch *caecubum*), den Tiberius und Nero tranken.

In der Gegend von Viterbo ist man auf einen Wein stolz, der Est! Est! Est! heißt und aus Montefiascone kommt; viele halten ihn für den besten Wein Italiens. Ich fürchte jedoch, daß er auf Grund einer 800 Jahre alten Geschichte, die man zur Erklärung seines Namens erzählt, überbewertet wird (heutzutage zieht man einen herben Wein vor, und Est! Est! Est! ist ausgesprochen süß). Im 12. Jahrhundert soll ein deutscher Prälat, Johann Fugger, ein berühmter Weinkenner, von Augsburg nach Rom gereist sein und seinen Mundschenk vorausgeschickt haben, damit dieser den jeweiligen Wein der Gegend probiere. Er hatte ihm befohlen, mit Kreide das Wort *Est!* („Es ist") auf die Türen der Wirtshäuser und Schenken zu malen, wo der Wein gut war. Als der Prälat Montefiascone erreichte, fand er auf die Tür eines Wirtshauses ein dreimaliges *Est! Est!! Est!!!* geschrieben. Er kehrte hier ein und fand seinen Mundschenk in einem Zustand seligen Rausches dort vor. Der Prälat aber übertraf ihn noch: Er trank so viel von diesem Wein, daß er auf der Stelle tot umfiel und in der Stadt begraben wurde; das Wirthaus aber und der Wein heißen heute noch Est! Est! Est!

Ein letztes freundliches Wort für die Getränke aus Latium: Man sollte nicht Sambuca, den klaren, nach Anis schmeckenden Likör übersehen, der in Rom nach dem Essen sehr gern getrunken wird. Auf zünftige Weise genießt man ihn *con la mosca,* „mit einer Fliege". Die „Fliege" ist eine Kaffeebohne (oder mehrere) im Glas, eine pikante Beigabe, die man während des Nippens zerkaut. Diese Kombination ist höchst angenehm – die bittere Kaffeebohne verträgt sich ausgezeichnet mit der Süße des Likörs.

Apropos Süße: Aus Perugia, der Hauptstadt Umbriens nördlich von Rom, kommt das beste italienische Konfekt, ja vielleicht das beste, das es überhaupt gibt. Aber Perugia hat noch andere, ebenso berühmte Spezialitäten: *torcolo,* ein in Olivenöl getränktes, gebackenes Kuchenbrötchen, das man traditionsgemäß zu Weihnachten, Neujahr und zum Fest des hl. Konstantin – am 29. Januar – ißt, und *porchetta perugina,* die scharf gewürzte Spanferkelzubereitung dieser Provinz.

In der Tat ist Umbrien besonders für sein Schweinefleisch berühmt. Vor allem sind die mit Eicheln gemästeten Schweine von

Norcia zu erwähnen, und zwar besonders wegen der Vielfalt und hohen Qualität der von ihnen stammenden Schinken, Würste und Räucherwaren. Norcia ist für seine Schweinefleischverarbeitung so berühmt, daß ein Römer, der von einem *norcino* spricht, damit keinen Bürger von Norcia meint, sondern einen Schweineschlachter. Weitere Erzeugnisse der Stadt Norcia sind eine große Auswahl frischer und geräucherter Wurstarten und *mazzafegati,* Schweineleberwurst, die mit Knoblauch, Pfeffer und Piniennüssen zubereitet wird. Das Endprodukt wird mit Fenchel parfümiert und hat einen nußartigen, würzigen Geschmack.

In Umbrien und besonders im Tibertal gedeihen viele Gemüsesorten. Der Stangensellerie von Trevi, den man in Tomatensauce dünstet, ist besonders beliebt. Die Spezialität von Cannara sind Zwiebeln. Umbrische Pilze – Steinpilze, Honigschwamm und Eierpilze – wachsen im Schatten der Buchen- und Kastanienwäldchen. Zu den bescheideneren umbrischen Gerichten zählt *cardi alla perugina,* eine eßbare Distel, die in Olivenöl, Zitronensaft und gehackter Petersilie mariniert und dann mit einem Teig umgeben gebraten wird.

Weit exotischer sind die herrlichen schwarzen Trüffeln aus Umbrien, die im Geschmack voller als die französischen sind. *Spaghetti al tartufo*, Spaghetti mit Trüffeln, sind ein ganz besonderer Genuß. Als ich sie in Perugia aß, waren die Trüffeln feingehackt und am Tage zuvor in einer Mischung aus Olivenöl, Knoblauch, und Anschovispaste mariniert worden. Auf diese Weise schmeckten sie wie besonders feine Hühnerleber.

Norcia ist wegen seiner Küche so berühmt, daß von dort auch die angeblich besten umbrischen Trüffeln stammen sollen. Tatsache ist jedoch, daß es in Spoleto genauso gute Trüffeln gibt und man dort behauptet, sie seien hier noch früher als in Norcia entdeckt worden. In jedem Falle schätzten die alten Römer die Trüffeln aus Spoleto besonders hoch. Selbst die Franzosen, die über eigene Trüffeln verfügen, importieren viele von dort.

Andere Nahrungsmittel der Provinz sind Süßwasserfische aus den Seen Piediluco und Trasimeno. Eine Spezialität des Lago di Trasimeno ist die Plötze – *lasca* –, welche die Bürger von Perugia seit dem 16. Jahrhundert zum Andenken an Papst Pius V. ihrem Bischof als Präsent schicken. In diesem See gibt es auch Forellen und Flußbarsche sowie Meeräschen und Aale.

Die Weine Umbriens sind wohlschmeckende, ehrliche Tafelweine ohne besonderes Kennzeichen. Man macht so wenig Aufhebens von ihnen, daß manche nicht einmal einen Namen haben. Als ich einmal in der mittelalterlichen, sehenswerten, von einer dreifachen Mauer umgebenen Stadt Todi aß, brachte man mir einen anonymen Rotwein in einer Karaffe.

Er war warm und leicht spritzig. Als ich mich jedoch nach seinem Namen erkundigte, erklärte man mir, er hätte keinen. „Der wächst gleich außerhalb der Mauern", sagte der Kellner. Diesem namenlosen Gewächs war ein Rotwein sehr ähnlich, den ich vorher in Perugia probiert hatte. Er war halb-süß und samtig und hieß Montefiascone, aber ich kann ihn auf keiner Weinliste finden. Zusammen mit diesen Weinen servierte man mir ein Gericht, das ich ebenfalls nirgendwo verzeichnet finde – eine Verbindung von Kalbslende und Leber.

Ein umbrischer Wein allerdings hat einen berühmten Namen – Orvieto. Er ist vorwiegend als Weißwein bekannt und war ursprünglich süß; im Mittelalter, als man die lieblichen Weine höher als herbe schätzte, war Orvieto das Lieblingsgetränk der Päpste. Noch heute wird ein süßer Orvieto gekeltert, aber der beliebteste ist trocken und wird in bauchige Flaschen mit Strohhüllen abgefüllt. Er ist blaßgelb und hat einen zarten Geschmack, der angenehm intensiv wird, wenn er durch die Kehle rinnt.

Die Päpste des Mittelalters, die in Rom ihren Orvieto tranken, wurden – zumindest zeitweilig – vor eifersüchtigen Rivalen im Nordosten durch Vorposten in den Marken oder Grenzgebieten abgeschirmt. Dieses Gebiet bildete fast tausend Jahre lang die Grenze des Kirchenstaates. Im 9. Jahrhundert bestanden die „Marken" aus den drei Bezirken Ancona, Fermo und Camerino, aber im 13. Jahrhundert wurden sie von Papst Innozenz III. zusammengeschlossen. Heute umfassen die Marken die vier Bezirke Ancona, Ascoli Piceno, Macerata und Pesaro-Urbino.

Ein typisches Gericht der Marken ist *brodetto marchigiano,* eine Fischsuppe, die besonders in Ancona beliebt ist. Auch haben die Einwohner der Stadt ein spezielles Rezept für die Kabeljauzubereitung: *stoccafisso in potacchio,* gedörrter Kabeljau, den man mit Zwiebeln, Tomaten, Olivenöl, Pfeffer, Petersilie, Rosmarin, passierten Anschovis und – ganz zuletzt – ein wenig Butter und einem Schuß Weißwein langsam gar dünstet.

In Ascoli Piceno ist Spanferkel derart beliebt, daß früher einmal die Stadtväter in einigen Städten – so in Fermo – satzungsgemäß verpflichtet waren, *porchetta* gratis an die Bevölkerung zu verteilen, wenn prominente Besucher erwartet wurden. Ganz ausgezeichnet sind die Gemüse von Ascoli Piceno, und die Bewohner der Gegend behaupten, man könne nirgendwo sonst so schmackhafte *olive ripiene* bekommen, gefüllte Oliven, die paniert und gebraten werden. Die Bewohner von Piceno meinen, es gäbe natürlich überall Oliven, aber nirgendwo seien sie so besonders groß und fleischig wie hier. Auch sind die Schnecken aus Piceno besonders beliebt, weil sie mit dem einheimischen Fenchel zubereitet werden.

Die Städte der Provinz Ascoli Piceno haben alle ihre besondere Spezialität: Offida seine *funghetti,* Kuchen, die wie Pilze geformt sind; Montegiorgio seine *caciunitti,* eine Süßspeise, die aus kleinen, mit Schokolade gefüllten Ravioli besteht. Auch Fermo ist stolz auf seine Süßigkeiten, zu denen *casarecal,* eine Art Kuchenbrötchen, und *ciambelle col mosto cotto,* kleine, mit Zucker bestreute, krapfenartig aussehende Kuchen gehören.

Die berühmteste Spezialität des Distriktes Pesaro-Urbino ist die legendäre Sauce des Herzogs von Urbino. Im 15. Jahrhundert hatte die Stadt Urbino durch die Macht der herrschenden Familie, der Montefeltro, einen gewissen Ruhm erlangt. Aber Macht ist meist unpopulär, und so fürchtete Federigo da Montefeltro, ein urbinischer Herzog des 15. Jahrhunderts, vergiftet zu werden. Deshalb befahl er, ihm alle seine Gerichte ungewürzt zu servieren, weil es dann schwieriger war, Gift hineinzumischen. Aber der Herzog, der genauso gern gewürztes Essen aß wie jeder andere Aristokrat, hatte seine eigene Privatsauce – die von einem zuverlässigen Bedienten am Tisch selbst aus geheimgehaltenen Ingredienzen zubereitet und erst dann über die Speisen getan wurde, wenn diese für ungefährlich erklärt worden waren. Vor ein paar Jahren stieß der Dramatiker Paolo Sereno bei seinen Studien zu einem historischen Stück zufällig auf das Rezept für diese verschollene Sauce, probierte sie aus und fand sie mit Fleischgerichten so vorzüglich, daß er sich entschloß, sie fabrikmäßig in großem Stil herzustellen.

Die Zutaten sind noch heute geheim, doch weiß man, daß Honig dazugehört. Die Sauce wird in Flaschen verkauft, auf deren Etikett ein Porträt des Herzogs prangt – und zwar im Profil, das um so auffälliger und bemerkenswerter ist, weil die herzogliche Nase abrupt in einer Vertiefung unterhalb der Augen endet. Diese Verunstaltung hatte er sich selbst beigebracht, und sie war das Resultat einer anderen Besorgnis des Herzogs. Auf einer Falkenjagd hatte er sein rechtes Auge eingebüßt, und seitdem fürchtete er, man könnte ihn auf seiner blinden Seite erdolchen. Und so hatte er sich das Nasenbein entfernen lassen, um seinem linken Auge ein größeres Blickfeld zu geben.

# KAPITEL III REZEPTE

Für 6 bis 8 Personen

PASTA
*Pasta*-Teig *(Seite 44)*
6 bis 8 l Wasser
1 EL Salz

FÜLLUNG
2 EL Olivenöl
1/4 Tasse feingehackte Zwiebeln
1 TL feingehackter Knoblauch
1 300-g-Paket tiefgefrorener, passierter Spinat, aufgetaut, völlig abgetropft und ausgedrückt (etwa 3/4 Tasse) oder 375 g frischer Spinat, gekocht, abgetropft, ausgedrückt und feingehackt
2 EL Butter
500 g mageres, zweimal durchgedrehtes Rindfleisch oder 1 Tasse feingehacktes, übriggebliebenes Rindfleisch
2 Hühnerlebern
5 EL frisch geriebener Parmesan
2 EL süße Sahne
2 Eier, leicht geschlagen
1/2 TL Oregano, zerkrümelt
Salz
Frisch gemahlener schwarzer Pfeffer

BÉCHAMELSAUCE
4 EL Butter
4 EL Mehl
1 Tasse Milch
1 Tasse süße Sahne
1 TL Salz
1/8 TL weißer Pfeffer

BELAG
3 Tassen Tomatensauce (die doppelte Menge wie im Rezept auf *S. 47)*
4 EL frisch geriebener Parmesan
2 EL Butter, in kleinen Stücken

## *Cannelloni*

TEIGROLLEN MIT FLEISCHFARCE IN TOMATEN-BÉCHAMELSAUCE

PASTA: Die *pasta* wird auf einem mehlbestreuten Brett oder Tuch papierdünn ausgerollt und dann in 36 Vierecke, 5 mal 7 1/2 cm groß, geschnitten. In einem großen Suppentopf oder Kessel wird das Salzwasser bei großer Hitze zu sprudelndem Kochen gebracht. Die *pasta*-Vierecke werden in das Wasser gegeben und vorsichtig mit einer Holzgabel oder einem Holzlöffel ein paar Augenblicke umgerührt, damit sie nicht aneinander oder am Topf festkleben. Dann muß das Wasser wieder aufkochen und die *pasta* bei großer Hitze und unter gelegentlichem Umrühren 5 Minuten sieden, bzw. bis sie gar, aber nicht weich ist. Abtropfen, leicht abkühlen lassen und dann die *pasta*-Vierecke nebeneinander zum Trocknen ausbreiten.

FÜLLUNG: Das Olivenöl in einer emaillierten oder aus rostfreiem Stahl bestehenden Stielpfanne von 20 bis 25 cm Durchmesser erhitzen. Die Zwiebeln und den Knoblauch hineintun und bei mäßiger Hitze und unter häufigem Umrühren 7 bis 8 Minuten braten, bis sie weich, aber nicht braun sind. Den Spinat hineingeben und unter dauerndem Rühren weitere 3 bis 4 Minuten kochen lassen. Wenn die ganze Flüssigkeit eingekocht ist und der Spinat sich leicht am Boden der Pfanne festsetzt, in eine Rührschüssel umfüllen. In der Pfanne 1 EL Butter zergehen lassen und das Rinderhack leicht bräunen, wobei man ununterbrochen rühren muß, um Klümpchen zu vermeiden. Zu der Spinat- und Zwiebelmischung tun. 1 weiteren EL Butter in der Pfanne zergehen lassen und die Lebern unter häufigem Wenden 3 oder 4 Minuten braten, bis sie hellbraun, aber innen noch rosa sind. Grob hacken und mit 5 EL geriebenem Parmesan, Sahne, Eiern und dem Oregano zu der Mischung in der Schüssel geben und vermengen. Mit Salz und Pfeffer abschmecken.

BÉCHAMELSAUCE FÜR CANNELLONI: In einem schweren, 2 bis 3 l fassenden Kochtopf und bei mäßiger Hitze die Butter zergehen lassen. Den Topf von der Kochstelle nehmen und das Mehl hineinrühren. Dann Milch und Sahne auf einmal hineingießen und dauernd mit dem Schneebesen schlagen, bis sich das Mehl teilweise aufgelöst hat. Den Topf wieder stark erhitzen und den Inhalt bei dauerndem Rühren mit dem Schneebesen kochen lassen. Wenn die Sauce aufkocht und glatt ist, die Hitze reduzieren. 2 bis 3 Minuten lang unter weiterem Rühren langsam kochen lassen, bzw. bis die Sauce dickflüssig ist. Von der Kochstelle nehmen und mit Salz und weißem Pfeffer abschmecken.

FÜLLEN UND BACKEN DER CANNELLONI: Den Backofen auf 175° vorwärmen. Etwa 1 EL der Füllung auf das unterste Drittel jedes *pasta*-Vierecks tun und diese zusammenrollen. Mit einer dünnen Schicht Tomatensauce die Böden von zwei 25 mal 35 cm großen feuerfesten flachen Formen bedecken und die *cannelloni* nebeneinander in die Tomatensauce legen. Die Béchamelsauce darübergießen und mit einem Löffel die restliche Tomatensauce über das Ganze verteilen. 4 EL geriebenen Käse darüberstreuen und mit 2 EL Butterflöckchen belegen. Die *cannelloni* auf dem mittleren Backrost 20 Minuten backen, bzw. bis der Käse geschmolzen ist und die Sauce brodelt. Die Backformen 30 Sekunden unter einen heißen Grill schieben, um die Kruste zu bräunen. Die *cannelloni* in der Backform anrichten.

ANMERKUNG: Die *pasta* kann gekocht bis zu 2 Tagen im Kühlschrank aufgehoben werden. Sie läßt sich variieren, indem man die obige Reihenfolge umkehrt: die *cannelloni* auf die dünne Schicht Tomatensauce legen, mit der übrigen Tomatensauce bedecken und die Béchamelsauce darübergießen. Mit Käse bestreuen, Butterflöckchen daraufgeben und backen.

*Cannelloni*-Röllchen werden in eine lange Kasserolle gelegt, dann mit Béchamel- und Tomatensauce übergossen. So vorbereitet *(oben)* und mit Parmesan bestreut, ist die *pasta* backfertig; das Endprodukt *(unten)* gehört fürwahr zu den herzhaftesten italienischen Spezialitäten.

Für 4 bis 6 Personen

2 Eier
2 Tassen frischer oder übriggebliebener *risotto (Seite 144)*
100 g *mozzarella*-Käse, in 1 cm große Würfel geschnitten (etwa 1 Tasse)
3/4 Tasse trockene Semmelbrösel
Pflanzenöl oder Backfett zum Ausbacken

## *Supplì al Telefono*

SCHWIMMEND AUSGEBACKENE REISKROKETTEN MIT KÄSE

Die Eier werden mit einer Gabel leicht durchgeschlagen. Dann wird der *risotto* hinzugefügt und vorsichtig vermengt, wobei man darauf achten muß, daß die Reiskörner nicht zerdrückt werden. 1 EL dieser Mischung mit einem Löffel abnehmen, einen Würfel *mozzarella* in die Mitte geben und mit einem zweiten Löffel *risotto* zudecken. Die beiden Löffel zusammenpressen oder mit der Hand eine Krokette formen. Den Ball in Bröseln wälzen und auf Pergamentpapier tun. Auf gleiche Weise die übrigen Kroketten formen. Sie lassen sich sofort braten, doch ist es besser, wenn sie 30 Minuten im Kühlschrank ruhen.

Das Öl in einer Friteuse auf 175° erhitzen. Den Backofen auf 125° vorwärmen, eine große Backform mit Küchenpapier auslegen und in den Ofen tun. Die Kroketten zu je 4 oder 5 in der Friteuse 5 Minuten lang braten, bzw. bis sie goldbraun sind und der Käse geschmolzen ist. Zum Abtropfen in die Backform geben. Sie sollten nicht länger als 10 Minuten im Ofen warmgehalten werden.

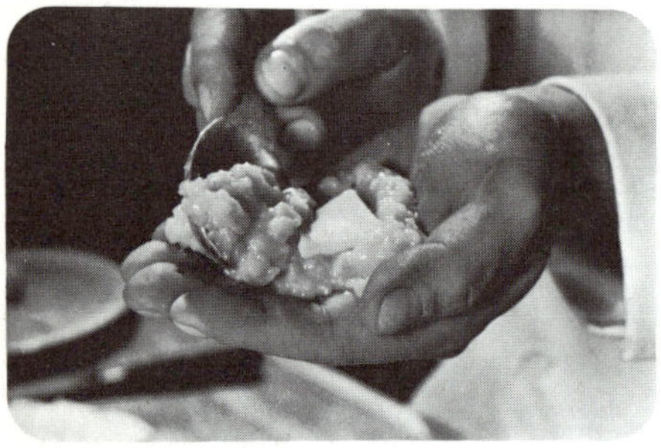

Einen EL gekochten Reis nehmen, Käse hinzufügen, wieder mit Reis bedecken.

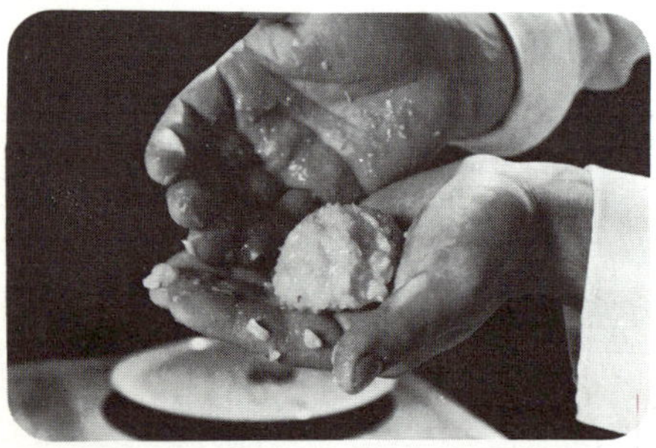

Eine Krokette formen; der Käse muß ganz bedeckt sein.

Die Krokette in Semmelbröseln wälzen und braten. Der Käse sollte den „Telefondrähten“ ähneln, die aus der Krokette rechts gezogen werden.

## *Abbacchio Brodettato*

GESCHMORTES LAMM MIT EIER- UND ZITRONENSAUCE

Für 6 Personen

50 g frischer, gewürfelter Schweinespeck (etwa 1/2 Tasse)
1 kg Lammschulter (ohne Knochen), in 3 cm große Würfel geschnitten
1/2 TL Salz
Frisch gemahlener schwarzer Pfeffer
3 EL Mehl
1/2 TL feingehackter Knoblauch
1/2 Tasse trockener Weißwein
3 Tassen Rinderbouillon, frisch oder aus einem Würfel
1 Lorbeerblatt
2 Eigelb
1 EL Zitronensaft
2 EL frische gehackte Petersilie

Den Backofen auf 250° vorwärmen. Die Schweinespeckwürfel bei großer Hitze in einer schweren Bratpfanne von 25–30 cm Durchmesser unter häufigem Rühren auslassen, bis sie braun und knusprig sind. Mit dem Schaumlöffel herausnehmen. In dem in der Pfanne verbliebenen Fett die Lammfleischwürfel zu je 5 Portionen bräunen. Wenn sie auf allen Seiten goldbraun sind, in eine schwere, 2 1/2 bis 3 l fassende feuerfeste Kasserolle tun. Dann alles Fett bis auf eine dünne Schicht abgießen und die Pfanne bis zum Gebrauch beiseite stellen.

Das Lammfleisch mit Salz und ein wenig Pfeffer bestreuen, das Mehl hinzugeben und das Fleisch mit einem Holzlöffel so lange in dem Mehl wälzen, bis die Stücke so gleichmäßig wie möglich mit den Gewürzen und dem Mehl bedeckt sind. Die Kasserolle in das obere Drittel des Backofens geben und das Lamm unbedeckt 10 Minuten bräunen, bzw. bis das Mehl, in dem sie gewälzt wurden, aufgesogen ist und die Stücke eine leichte Kruste haben. Die Stücke 2- oder 3mal wenden. Die Kasserolle aus dem Ofen herausnehmen und die Hitze auf 175° reduzieren.

In dem in der Pfanne verbliebenen Fett den Knoblauch bei mäßiger Hitze braten und 1 Minute umrühren. Den Wein hineingießen und rasch kochen lassen, bis er auf 1/4 Tasse reduziert ist. Den Bratenfond vom Boden und von den Seiten der Pfanne abkratzen und untermengen. Die Brühe hineinrühren und zum Kochen bringen, dann den ganzen Pfanneninhalt über die Lammwürfel in der Kasserolle gießen. Auf dem Herd die Kasserolle zum Kochen bringen. Dann das Lorbeerblatt hinzufügen, die Kasserolle zudecken und auf dem mittleren Rost des Backofens 1 1/2 Stunde schmoren lassen, bzw. bis das Lamm weich ist, wenn man mit der Spitze eines scharfen Messers die Probe macht. Mit einem Schaumlöffel das Lammfleisch in eine tiefe, erwärmte Servierschüssel tun. Zum Warmhalten mit Alufolie bedecken.

Die in der Kasserolle befindliche Brühe durch ein feines Sieb in einen kleinen Topf passieren. Die Brühe kurze Zeit stehenlassen, dann das Fett von der Oberfläche abschöpfen. In einer kleinen Schale die Eigelb und den Zitronensaft mit dem Schneebesen verrühren und 2 EL der heißen Brühe hinzutun. Unter dauerndem Rühren 2 weitere EL Brühe hinzufügen und die nun angewärmte Mischung von Eigelb und Zitronensaft mit der im Kochtopf verbliebenen Brühe vermengen. Bei mäßiger Hitze diese Sauce zum Sieden bringen, dauernd umrühren und 30 Sekunden kochen lassen. Abschmecken und würzen. Die Sauce über das Lamm gießen, mit Petersilie bestreuen und anrichten.

## *Piselli al Prosciutto*

GESCHMORTE GRÜNE ERBSEN MIT PROSCIUTTO

Für 4 Personen

2 EL Butter
1/4 Tasse feingehackte Zwiebeln
2 Tassen frische grüne Erbsen (etwa 1 kg in der Schale)
1/4 Tasse Hühnerbouillon, frisch, aus der Dose oder aus einem Würfel
50 g *prosciutto,* in dünne, 2 1/2 mal 1/2 cm lange Streifen geschnitten (etwa 1/4 Tasse)
Salz
Frisch gemahlener schwarzer Pfeffer

In einem schweren, 1 bis 2 l fassenden Kochtopf bei mäßiger Hitze die 2 EL Butter zergehen lassen und die feingehackten Zwiebeln bei häufigem Rühren 7 bis 8 Minuten braten, bis sie weich, aber nicht braun sind. Dann die grünen Erbsen und die Hühnerbouillon hineinrühren, zudecken und 15 bis 20 Minuten gardünsten. Wenn die Erbsen weich sind, die Streifen *prosciutto* hinzufügen und unbedeckt bei häufigem Umrühren etwa 2 weitere Minuten auf dem Feuer lassen, bis alle Flüssigkeit eingekocht ist. Abschmecken und würzen.

ANMERKUNG: Man kann auch ein 300-g-Paket tiefgekühlte Erbsen anstelle der frischen verwenden. Dazu müssen jedoch die Erbsen völlig aufgetaut und ohne Flüssigkeit zu den Zwiebeln gegeben werden. Die Erbsen unbedeckt und unter häufigem Rühren etwa 5 Minuten kochen, dann den *prosciutto* hineintun, durchwärmen und anrichten.

Wenn ein Löffel von selbst in dem Grieß stehenbleibt, ist der Brei dick genug.

Den *gnocchi*-Teig ½ cm dick verteilen, im Kühlschrank erkalten lassen, mit einer Ausstechform Plätzchen von 3 cm Durchmesser ausstechen.

Butter über die *gnocchi* träufeln, mit Käse bestreuen und bei 225° knusprig und goldbraun backen. Man muß sie sofort, solange das ganze Gericht noch brutzelt und Blasen wirft, auftragen.

## *Gnocchi alla Romana*

GEBACKENE GRIESSNOCKERLN MIT BUTTER UND KÄSE

Für 4 bis 6 Personen

- 3 Tassen Milch
- $1^1/_2$ TL Salz
- Eine Prise geriebene Muskatnuß
- Frisch gemahlener schwarzer Pfeffer
- $^3/_4$ Tassen Grieß- oder Weizenmehl
- 2 Eier
- 1 Tasse frisch geriebener Parmesan
- 4 EL zerlassene Butter

Ein großes Backblech mit Butter einreiben und beiseite stellen. In einem schweren, 2 bis 3 l fassenden Kochtopf Milch, Salz, Muskatnuß und etwas Pfeffer bei mäßiger Hitze zum Kochen bringen. Das Grieß- oder Weizenmehl nach und nach unter dauerndem Rühren mit einem Holzlöffel hineingeben, damit die Milch ununterbrochen weiterkochen kann. Weiterkochen und rühren, bis der Grieß oder das Weizenmehl so dick geworden sind, daß der Löffel von selbst in der Mitte des Topfes steht. Den Topf von der Kochstelle nehmen.

Die Eier mit einer Gabel schlagen, $^3/_4$ Tasse frisch geriebenen Parmesan hinzufügen und die Mischung in den Grießbrei rühren. Wenn die Zutaten gut miteinander vermengt sind, die Mischung mit einem Löffel auf das gebutterte Backblech streichen. Mit einem Metallspachtel oder Messer, die von Zeit zu Zeit in heißes Wasser getaucht werden, damit der Grieß nicht anklebt, die Masse glattstreichen und in einer Dicke von $^1/_2$ cm auf das Blech verteilen. Mindestens eine Stunde im Kühlschrank ruhen lassen, bzw. so lange, bis der Grieß fest ist.

Den Backofen auf 225° vorwärmen und eine feuerfeste 20 bis 25 cm große Backform mit Butter einfetten. Mit einer Ausstechform von 3 cm Durchmesser aus dem Grieß runde Plätzchen ausstechen. (Oder mit einem scharfen Messer Dreiecksformen herausschneiden). In die Backform legen, die zerlassene Butter darüberträufeln und die Plätzchen mit der restlichen $^1/_4$ Tasse Käse bestreuen. Die *gnocchi* auf dem mittleren Ofenrost 15 Minuten backen, bzw. bis sie knusprig und goldbraun sind; wenn sie gebräunt werden sollen, 30 Sekunden unter den Grill schieben. Die *gnocchi* sofort heiß servieren.

## *Coda alla Vaccinara*

GESCHMORTER OCHSENSCHWANZ MIT STANGENSELLERIE

Für 6 Personen

- 1,5 kg Ochsenschwanz, in etwa 3 cm lange Stücke zerhackt
- Salz
- Frisch gemahlener schwarzer Pfeffer
- Mehl
- 3 EL Olivenöl
- 1 Tasse feingehackte Zwiebeln
- 1 TL feingehackter Knoblauch
- $^1/_2$ Tasse trockener Rotwein
- 1 Tasse Rinderbouillon, frisch oder aus einem Brühwürfel
- $1^1/_2$ Tassen italienische Dosentomaten, abgetropft und grobgehackt
- 1 EL Tomatenmark
- 4 Gewürznelken
- 2 Tassen Wasser
- 1 Kopf Stangensellerie, in 2 mal $^1/_2$ cm dünne Streifen geschnitten (etwa 1 Tasse)

Den Backofen auf 115° vorwärmen. Die Ochsenschwanzstücke mit Salz und frisch gemahlenem Pfeffer würzen, in Mehl wälzen und alles überflüssige Mehl abschütteln. In einer schweren Pfanne von 25 bis 30 cm Durchmesser die 3 EL Olivenöl erhitzen, bis sich ein leichter Rauch bildet. Die Ochsenschwanzstücke bei großer Hitze zu je 5 bis 6 Stück anbraten und mit einer Zange umwenden, bis sie auf allen Seiten gut gebräunt sind.

Die Ochsenschwanzstücke in eine feuerfeste, 3 bis 4 l fassende Kasserolle tun. Das meiste Bratfett aus der Pfanne abgießen und nur eine dünne Schicht auf dem Boden lassen. Die feingeschnittenen Zwiebeln und den Knoblauch bei mäßiger Hitze 8 bis 10 Minuten unter häufigem Rühren in der Pfanne braten, bzw. bis sie weich und leicht gebräunt sind. Den Rotwein hineingießen und bei großer Hitze und unter dauerndem Umrühren fast völlig einkochen lassen. Sodann die Rinderbouillon hineinrühren, 1 bis 2 Minuten kochen lassen, dann den ganzen Pfanneninhalt über die Ochsenschwanzstücke gießen. Die abgetropften Tomaten, das Tomatenmark und die Nelken hinzufügen. Die Kasserolle über großer Hitze zum Kochen bringen und auf den mittleren Bratenrost tun, wobei die Temperatur, falls nötig, reduziert werden muß, damit das Gericht nur leise weiterschmort.

Inzwischen werden die Selleriestreifen in 2 Tassen kochendem Wasser 5 Minuten gedämpft. Abtropfen lassen und beiseite stellen. Wenn der Ochsenschwanz $3^1/_2$ Stunden geschmort hat, vorsichtig den blanchierten Sellerie hineinrühren. Die Kasserolle wieder zudecken und weitere 30 Minuten kochen. Von der Sauce soviel Fett wie möglich abschöpfen. Die Ochsenschwanzstücke werden direkt in der Kasserolle angerichtet.

# IV

# *Florenz und die Toskana*

Giottos Glockenturm und der Dom von Santa Maria del Fiore beherrschen die toskanische Silhouette, die hier durch ein Fenster in der Festung Belvedere, der alten Bastion von Florenz, sichtbar ist. Auf dem Tisch befinden sich ebenfalls vertraute florentinische Dinge – weiße Bohnen in einer Weinflasche, Olivenöl und Knoblauch, die Hauptbestandteile des beliebten Gerichts dieser Stadt, der *fagioli nel fiasco*.

Die Toskana, das „Knie" des italienischen Stiefels zwischen Genua und Rom, gilt als das Herzland der Nation, als die Gegend, in der sich die Sprache am reinsten, die Traditionen am stärksten und die Kultur am lebendigsten erhalten haben. Ebenso soll es auch das Gebiet sein, in dem die Küche am wenigsten durch andere Einflüsse „verdorben" ist. In der Tat haben die besten der toskanischen Gerichte alle ein gemeinsames Merkmal, ein schlichtes Vermeiden aller unnötigen Komplikationen. Man achtet genauestens darauf, nur Zutaten von allerbester Qualität zu verwenden und sie mit einem Minimum an Saucen und Gewürzen zuzubereiten. Es ist eine echte Hausmannskost, bekömmlich und ohne Anspruch auf mondänes Gepräge, aber vielleicht ist das die einzige, die höchste Kultur.

In der Mitte dieses kulinarischen Herzstücks liegt Florenz; die ganze Toskana wird von ihrer strahlenden Hauptstadt beherrscht. Selbst außerhalb Italiens ist die Bezeichnung *alla fiorentina* (florentinisch) berühmt – sie kann aber auch einfach bedeuten, daß Spinat in dem Rezept eine wie auch immer geartete Rolle spielt. In Frankreich braucht man nur Spinat in einem Gericht zu verwenden, und schon wird es für einen Franzosen „florentinisch". Von 29 im *Larousse Gastronomique,* jener gastronomischen Enzyklopädie, als florentinisch erwähnten Gerichten enthalten 27 Spinat. Aber in drei willkürlich herausgegriffenen italienischen Kochbüchern fand ich nur ein Rezept als florentinisch bezeichnet, das Spinat enthielt. *Alla fiorentina* bedeutet daher für einen Italiener nur die Art, wie in Florenz diese oder jene Speise zubereitet wird, einerlei, ob mit oder ohne Spinat.

Das zeigt sich deutlich, wenn man ein paar florentinische Gerichte miteinander vergleicht. Eines der einfachsten und besten Rezepte ist *trippa alla fiorentina,* Kaldaunen, die in Hühner- oder Rinderbouillon mit Kräutern und Gemüsen geschmort und mit geriebenem Parmesan serviert werden *(Rezeptbuch)*. Ein anderes ist *arista alla fiorentina,* Schweinsrücken, der mit Knoblauch, Nelken und Rosmarin langsam geröstet wird. Gut sind auch *pollo alla diavola,* Hühnerviertel, die mit einer pikanten Buttersauce begossen und auf einem Rost gebraten werden *(Seite 80)*, und das florentinische, einem Omelett nicht unähnliche Gericht *tortino di carciofi.* Hierzu teilt man zarte Artischockenböden in vier Teile, mischt sie mit Eiern und kocht sie *(Seite 81)*.

Die echte toskanische Küche lernt man am besten in den kleinen Gasthöfen kennen, ähnlich wie in Rom in einer *trattoria,* und nicht in den Restaurants der großen Städte. Diese *taverne caratteristiche* lohnen einen Besuch, und zwar besonders, wenn ihr Name mit dem Wort *buca* (eigentlich „Loch“) anfängt. Eine *buca* ist gewöhnlich sehr klein und befindet sich in einem Keller wie die Buca di San Francesco in Arezzo, aber die Bezeichnung ist zugleich ein Wortspiel: *bocca* auf italienisch heißt Mund; und was dort serviert wird, mundet dem Wirt, der häufig seine eigenen, bestimmten und oft sehr speziellen Vorstellungen von der Zubereitung gewisser Gerichte hat. In einer *buca* gibt es nur eine *table d'hôte,* im buchstäblichsten Sinne eine Tafel des Wirts, und keine Speisekarte; der Gast wird eingeladen, das zu verzehren, was ihm der Wirt zu servieren beliebt.

Ob man sie nun in einer *buca,* einem *ristorante* oder in einem Privathaus einnimmt, die drei traditionellen Spezialitäten der Toskana sind Rindfleisch, Bohnen und Chianti. Die älteste, größte und schwerste Rinderrasse der Welt ist wahrscheinlich die Chianina der Toskana. Ihre Zucht reicht viele Jahrhunderte zurück; aus ihr stammten auch die Tiere, die im alten Rom von den Priestern den Göttern geopfert wurden. „Kein Wunder, daß unser Schlachtvieh das beste Rindfleisch gibt“, erklärte ein Preisrichter während einer Landwirtschaftsausstellung ziemlich respektlos. „Die Priester sind zu allen Zeiten Schlemmer gewesen.“ In vorchristlicher Zeit, als die Priester die Opfer vollzogen, muß die Freßsucht fast eine Berufskrankheit gewesen sein: die Götter bekamen von den Opfertieren die Eingeweide, die verbrannt wurden; aber die armen Priester mußten sich mit den bescheidenen Resten der riesigen Mengen frisch eingeschlachteten Rindfleisches begnügen.

Die Chianina-Rinder sind nicht nur wegen ihres großen Gewichtes, sondern auch wegen ihres schnellen Wachstums berühmt. Ein einjähriger Bulle wiegt oft schon über 10 Zentner; ein zweijähriger häufig mehr als das Doppelte. Auf dem 500 Morgen großen Gut der Contessa Marinetta di Frassineto im Chiana-Tal südlich von Arezzo sah ich einen preisgekrönten vierjährigen Bullen, der fast 40 Zentner wog. Chianina-Ochsen werden gewöhnlich in einem Alter geschlachtet, das in manchen Ländern ungewöhnlich früh erscheint – mit 15 bis 17 Monaten. In den meisten Fällen dürfte bei einer derartig frühen Schlachtung ein Fleisch gewonnen werden, das weder Rind- noch Kalbcharakter hätte. Weil die Chianina-Rinder jedoch besonders schnell wachsen, gleicht ihr Fleisch nicht dem eines Kalbs. Es wird *vitellone* genannt und ist durchaus rotes Fleisch, so gut wie fettlos und mit einem ungewöhnlich hohen Anteil an Filet und Steak. Ein Chianina-Beefsteak, das man in Florenz vorgesetzt bekommt, schmeckt ganz vortrefflich, wenn auch eine Anzahl Florentiner mit dem ihnen eigenen Widerspruchsgeist Rindfleisch vorziehen, das nicht aus der Toskana stammt. Aber woher es auch kommt, es erscheint auf der Speisekarte entweder als *bistecca alla fiorentina (Seite 80)* oder als *costata* (Rippenstück) *alla fiorentina.* Eine über Holzkohle gegrillte und mit Olivenöl, Salz und Pfeffer gewürzte *costata* gilt vielen als das Beste vom Besten, was man in Florenz essen kann.

Die Toskaner lieben aber nicht nur ihr Rindfleisch, sondern auch weiße Bohnen. Andere Italiener nennen sie deshalb *mangiafagioli* (Bohnenfresser), und das bedeutet nicht unbedingt ein Kompliment, denn Bohnen gelten als ausgesprochene Bauernnahrung. Aber diese

Das beste italienische Rindfleisch liefern Tiere wie dieser Bulle aus dem toskanischen Chiana-Tal. Die Zartheit ihres Fleisches kannte man schon in frühester Zeit, und auch die alten Römer schätzten es sehr.

in allen Gesellschaftsschichten der Toskana vorhandene Vorliebe geht bis ins 16. Jahrhundert zurück: schon der florentinische Herzog Alessandro de' Medici machte die *fagioli* populär, gleich nachdem sie aus der Neuen Welt nach Europa eingeführt worden waren.

Bohnen erscheinen auf der toskanischen Speisekarte fast überall, nur nicht als Nachspeise, und sie werden praktisch mit jedem anderen Nahrungsmittel kombiniert. So gibt es Bohnensuppe – *zuppa di fagioli* –; *minestrone di fagioli,* in der Tomaten und Stangensellerie zu den Bohnen kommen; ebenso *riso e fagioli,* Reis mit Bohnen, und auch eine *pasta*-Suppe, *zuppa di fagioli con la pasta (Seite 83),* in der Spaghetti in die Bohnensuppe getan werden. Als Fischgang sind Bohnen mit Thunfisch, *fagioli toscanelli con tonno (Seite 80)* beliebt. Florentiner Beefsteak wird häufig mit Bohnen oder *piselli* (Petits-Pois) als Gemüsebeigabe serviert. *Ribollita,* Reste des Sonntagsessens, werden am Montag aufgewärmt – und mit weißen Bohnen serviert.

Andere Bohnengerichte kommen als *antipasti,* als Zwischengerichte oder als einzelne Gemüsegänge auf den Tisch. *Fagioli nel fiasco,* um eines der originelleren zu nennen, sind nicht etwa ein Bohnen-„Fiasko", es handelt sich vielmehr um weiße Bohnen, die in einer leeren Chianti-Flasche gekocht werden, um soviel wie möglich von ihrem Geschmack und Aroma zu bewahren, die sich beim Kochen der Hülsenfrüchte in einem offenen Gefäß mit dem Dampf verflüchtigen. Sie werden kalt und mit einer ungekochten Marinade aus Öl, Salz, Pfeffer und ein wenig Zitronensaft angerichtet.

Fast jedem Nicht-Italiener ist von allen italienischen Weinen der Chianti in seiner charakteristischen, praktischen Flasche ein Begriff. Aber nicht alle als Chianti angebotenen Weine sind echte Chiantis. Ihr eigentliches Wachstumsgebiet umfaßt die Gegend von Florenz und Siena; ihre Grenzen sind gesetzlich festgelegt, und nur ein Wein aus dieser Region darf sich *Chianti classico* nennen. Die Weinbauern versuchen, sich vor Nachahmungen zu schützen, indem sie am Hals jeder Flasche ein mit einem Markenzeichen versehenes Siegel mit der Seriennummer und dem aus dem Mittelalter stammenden Emblem der Chianti-Liga anbringen: einen schwarzen Hahn in hellroter Umrahmung auf goldenem Hintergrund.

Chianti-Exporteure, deren Wein aus der Nähe des gesetzmäßig festgelegten Gebiets stammt, haben flugs ein Siegel entworfen, das fast genauso aussieht. Ein solcher Wein muß keineswegs minderwertig oder gefälscht sein. So ist der Chianti aus Arezzo zum Beispiel sehr gut. Solche Weine heißen *tipo Chianti,* ein Chianti-Typ. Wenn man jedoch einen Wein vorgesetzt bekommt, der nicht aus der Toskana stammt, dann darf man mit Recht ein gewisses Mißtrauen hegen, bis er seine etwaige Qualität beim Trinken erweist.

Einer der besten klassischen Chiantis ist der Chianti Brolio. Dieser Wein ist nach dem toskanischen Schloß Brolio benannt, in dessen Weingärten die Trauben wachsen. Sie liegen in den Bergen zwischen Florenz und Siena und sind auf den nächsten Seiten abgebildet.

Außer dem Chianti erzeugt die Toskana viele andere gute Weine. In der Tat gilt Siena als Weinmetropole Italiens. Dort hat die italienische Winzer-Akademie ihren Sitz, und in den Kellern des Medici-Schlosses gibt es eine ständige Ausstellung italienischer Weine. Hier werden kräftige Weine für den Fleischgang und leichte Sorten zu den Fischgerichten angeboten. Ein Moscato von der Insel Elba, deren Boden sehr eisen- und phosphathaltig ist, nährt und belebt zugleich. Ein Moscatello aus Montalcino hat einen recht geringen Alkoholgehalt und ist sehr bekömmlich, man gibt ihn sogar den Kindern zu trinken. Und natürlich findet man überall den einfachen *vino santo toscano,* den jeder Bauer dieser Provinz aus den in seiner Nachbarschaft wachsenden Reben keltert. Die Bauern wachen eifersüchtig über ihre besten Jahrgänge und kredenzen sie nur bei wichtigen Anlässen oder als Zeichen der Ehrung für einen besonders bevorzugten Gast.

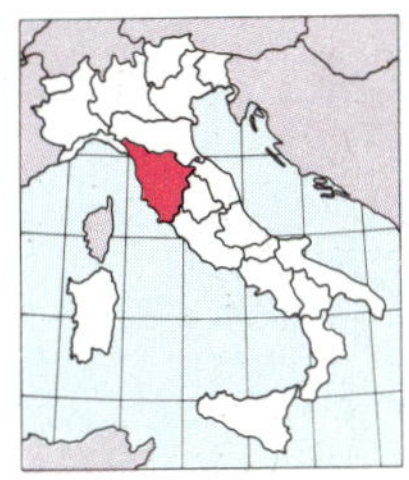

In der Toskana und ihrer Schatzkammer Florenz wird einfach und kräftig gegessen und viel Chianti getrunken, dieser herzhafte, auf den Hügeln zwischen Florenz und Siena wachsende Wein. Aus dem Chiana-Tal kommen die weltberühmten Beefsteaks sowie riesige Melonen und gutes Wildbret. Arezzo bietet Schinken und Forellen aus dem Casentino. In Lucca wird das beste Olivenöl Italiens erzeugt.

*Fortsetzung Seite 78*

Der Autor *(rechts unten)* speist mit der Familie Ricasoli zu Mittag im Schloß Brolio, das seit dem Jahre 1141 in ihrem Besitz ist.

# *Die Chiantis von Brolio*

In den Weingärten des Schlosses Brolio, des Adelssitzes der Familie Ricasoli, wachsen einige der feinsten und berühmtesten klassischen Chiantis. In Brolio hat man seit dem Jahre 1000 Weine kultiviert, aber die Barone von Ricasoli beschäftigten sich mehr mit den Fehden zwischen dem benachbarten Florenz und Siena als mit der Veredelung ihrer Reben. Doch seit diese Kämpfe im 16. Jahrhundert beendet wurden, haben sich die Chianti-Weine von Brolio eines hohen Ansehens erfreut. Unter den hier produzierten Spitzenweinen befinden sich Castello di Meleto, ein leichter rubinfarbener Rotwein; Brolio Bianco, ein klarer trockener Weißwein; Brolio Vin Santo, ein schwerer Weißwein aus getrockneten Trauben, der in Eichenfässern heranreift, und Castello di Brolio, ein dunkler Rotwein, dessen beste Jahrgänge als Brolio Riserva abgefüllt werden. Brolio-Weine gehören zu den wenigen, in der Gutskellerei selbst abgefüllten Weinen.

In der Brolio-Weinkellerei prüfen Baron Bettino Ricasoli *(links)* und sein Verwaltungsdirektor das Bukett und Aroma eines Brolio-Rotweins.

In einem Lagerraum liegen die mit Strohgeflecht umgebenen Brolio-Flaschen; viele haben statt der Birnen- eine Lyraform.

Nächste Seite: Arbeiter laden Trauben auf einen Karren.

# *Eine Auswahl von Weinen*

In Italien werden Hunderte verschiedener Weine produziert, von denen man viele sehr gute Sorten ins Ausland exportiert, wo sie fast überall zu erschwinglichen Preisen zu haben sind. Die hier abgebildeten Flaschen, deren Inhalt von herben bis zu süßen Weinen reicht und von den Reben des Nordens, der Mitte und des Südens stammt, vermitteln einen Eindruck von der außerordentlichen Vielfalt dieser Weine. Die numerierten Erläuterungen entsprechen den Zahlen in der Abbildung auf der rechten Seite.

1 BARDOLINO, ein leichter Rotwein mit einem trockenen, würzigen, angenehm bitteren Aroma, wird an den Ufern des Gardasees in der Nähe von Verona gekeltert.

2 RAVELLO ROSATO ist ein delikater, süßer Rosé aus der Gegend von Salerno, dessen fruchtiges Aroma höchst erfrischend ist.

3 VERDICCHIO DEI CASTELLI DI JESI, der in den Marken Mittelitaliens wächst, ist ein trockener Weißwein mit einem leicht bitteren Aroma. Er ist ein Tischwein und paßt besonders gut zu Fisch.

4 FREISA, ein piemontesischer Rotwein, besitzt eine gewisse Härte oder Steinigkeit (ein Wort, das die Weinprüfer für einen leicht „scheuernden" Geschmack geprägt haben, der jedoch weder sauer noch streng ist), die seinen fruchtigen Geschmack nur noch erfrischender macht.

5 FRASCATI, der Tafelwein Roms, ist unberechenbar. Er kann sehr gut sein oder aber sehr enttäuschen, darf aber nie teuer sein. Er ist trocken oder auch lieblich, von goldener Farbe, und wenn er gut ist, schmeckt er abgerundet und erfrischend.

6 ORVIETO, ein umbrischer Wein, ist angenehm fruchtig. Er wird gewöhnlich zum Nachtisch serviert und kann sowohl trocken als auch lieblich sein.

7 GRIGNOLINO, der aus der Gegend von Piemont kommt, ist einer der feineren italienischen Rotweine. Sein angenehmer nußartiger Geschmack paßt gut zu Rind- und anderen Fleischgerichten.

8 VALPOLICELLA, ein dunkler, ausgereifter Rotwein aus Verona, kann zu den feierlichsten Gelegenheiten serviert werden. Mit feinen Gerichten wird er nicht auf Kriegsfuß stehen, hat aber genug Charakter, um sich bei scharf gewürzten Speisen zu behaupten.

9 BARBARESCO, ein Rotwein aus der Gegend von Turin, ist schwer und sehr steinig. Er paßt ausgezeichnet zu exquisiten Bratengerichten.

10 BAROLO, der Spitzenwein unter den roten Piemontesern, ist ölig und schwer und hat einen hohen Alkoholgehalt. Er muß drei Winter alt sein, und die besseren Jahrgänge sollten acht Jahre lagern.

11 BROLIO, ein feiner *Chianti classico,* versteckt unter einem vertrauten Geschmack ein vollblütiges, subtiles Aroma. Er wird in den als *zona classica* bekannten Gebieten der Toskana kultiviert.

12 SOAVE, der aus der Gegend von Verona stammt, gilt bei manchen Kennern als der beste italienische Weißwein. Er ist mild und leicht, aber sein Aroma und sein Bukett sind so charakteristisch, daß ihn niemand vergißt, der ihn einmal getrunken hat.

13 EST! EST! EST! („Es ist! Es ist! Es ist!"), ungeachtet der Authentizität der 800 Jahre alten Anekdote *(Seite 59),* die seinen lustigen Namen erklärt, wird noch immer in Montefiascone bei Rom gekeltert. Er ist ein angenehmer Wein, von dem es eine etwas herbe wie auch eine liebliche Variante gibt.

14 CHIANTI ist der Name, den man gewöhnlich mit dem klassischen Wein aus der Toskana verbindet, aber dieser frische, fruchtige Tropfen entstammt einer benachbarten Anbaugegend und ist deshalb kein *Chianti classico.*

1
2
3
4
5
6
7
8
9
10
11
12
13
14
BOLLA
1962
BOLLA
BARDOLINO
RUFFINO
1964
Freisa
1961
Barbaresco
BROLIO
CASA VINICOLA
BARONE RICASOLI
1962
SOAVE BOLLA
FRATELLI BOLLA
BARSOTTINI
CHIANTI
CASA VINICOLA BOCCACCIO
S.A. LUIGI BIGI
FRATELLI CELLA

Florenz beherrscht seine eigene Provinz so sehr, daß es fast alle Nachbarorte überschattet. Und doch macht ihm Arezzo, eine uralte Stadt mit einer selbständigen, bis in die Zeit der Etrusker zurückreichenden Geschichte, im Kulinarischen Konkurrenz. „Produziert ein gut genährter Menschenschlag mehr Genies als andere?" fragt der dort ansässige Verfasser eines Kochbuchs. „Die Reihe berühmter Männer aus Arezzo scheint es zu bestätigen." In der Tat gab es während des Mittelalters und der Renaissance eine beachtliche Reihe von Genies aus Arezzo, darunter Guido von Arezzo, den Erfinder der Tonleiter, den Dichter Petrarca und den Satiriker Aretino. Der Maler Piero della Francesca, dessen Fresken aus dem 15. Jahrhundert hohen Ruhm erlangten, wurde in der Nähe von Sansepolcro geboren, und Michelangelo, der größte aller italienischen Bildhauer und Maler, stammte aus der kleinen Stadt Caprese, die rund 20 Kilometer von Arezzo entfernt liegt.

In dem von Flußtälern begrenzten und von bewaldeten Hügeln gekrönten Gebiet wachsen die Zutaten für eine deftige Küche. Die Gegend um das Casentino-Tal, das der Arno durchfließt und das sich zwischen zwei bewaldeten Hügelketten dahinzieht, ist wegen ihrer kleinen, saftigen Arezzo-Schinken, der delikaten Forellen und besonders der schmackhaften Kastanien und Walnüsse berühmt. Aus dem Arno-Tal kommen ausgezeichnete Hühner, und im Chiana-Tal wachsen riesige Melonen. Auch für Wildbret ist dies eine gute Gegend; ein Hase, der mindestens zwei Tage abgehangen ist, liefert das Fleisch und die Tunke für eine in der Arezzo-Region typische *lasagne*-Zubereitung, *pappardelle al sugo di lepre*.

Eine solche Tunke kann – wie jede andere – durch Olivenöl aus Lucca, dem feinsten Öl Italiens, nur gewinnen. Es ist deshalb nicht verwunderlich, daß man in Lucca am besten im Spätsommer oder Frühherbst ißt, wenn die Oliven gepreßt werden und frisches, neues Öl zur Verfügung steht. Dies ist auch die Zeit des Schweineschlachtens; auf der Speisekarte erscheinen viele Gerichte aus Schweinefleisch, und die Hausfrauen bereiten *biroldo* zu, eine mit Kräutern gewürzte Blutwurst. Gleichzeitig ist die Jagdsaison angebrochen, und man sammelt Kastanien, die als Püree mit dem Wildbret oder in Form von Kastanienmehl bei Süßspeisen verwandt werden.

Von 1162 bis 1847 war Lucca ein unabhängiger Staat, und die Staatsarchive gehen bis zum Jahre 790 zurück. Viele Jahrhunderte lang scheinen die Einwohner eine Schwäche für Süßigkeiten gehabt zu haben. Eine der örtlichen Spezialitäten ist *buccellato,* ein ringförmiger Kuchen aus Mehl, Zucker, Vanille, Rosinen und Anis-Samen, zu dem Erdbeeren gehören, die vorher in gezuckerten Wein gelegt worden sind. Eine weitere beliebte Süßspeise in Lucca, aber auch in anderen toskanischen Regionen (einschließlich Massa-Carrara), nennt man *cenci* (wörtlich „Fetzen"). *Cenci alla fiorentina (Seite 83)* sind Teigstreifen, die zu Knoten oder Schleifen geschürzt und in schwimmendem Fett ausgebacken werden. Sie eignen sich ausgezeichnet für eine Kindergesellschaft, denn sie sind ebenso festlich und köstlich wie ihre entfernten deutschen Vettern, die Mutzen, die man zu Ostern am Rhein und in Hessen backt.

In den Küstengegenden dieses Gebietes macht sich der Einfluß des Meeres bemerkbar, aber er überwiegt nicht. In Grosseto, südlich von Florenz, spielen Fischfang und Jagd eine gleich große Rolle, eine Tatsache, die sich aus einer Liste von 58 Spezialitäten ergibt, die von den ansässigen Gastronomen zusammengestellt wurde. Davon erscheinen zwanzig als Fischgerichte und Fischsuppen, 15 unter der Rubrik Wild.

Eine der erlesensten Delikatessen von Grosseto ist ein besonders schmackhafter, fetter Aal, *capitone* genannt; zu Weihnachten geht fast der gesamte Fang an die römischen oder neapolitanischen Märkte und stellt dort das traditionelle Essen am Heiligen Abend. Die Region von

Grosseto zieht sich beträchtlich landeinwärts, und deshalb schließen ihre Spezialitäten eine ziemlich große Menge Wildbret ein, und zwar nicht nur Geflügel und Kaninchen, sondern auch Rotwild und sogar Wildschwein.

Pisa, das zehn Kilometer landeinwärts liegt, wird oft nicht als Küstenstadt betrachtet. Und doch war es im Mittelalter, als der Arno von der Küste flußaufwärts bis zur Stadt schiffbar war, eine der größten Seemächte. Noch heute steht in Pisa an den Ufern des Arno die bezaubernde Kirche von Santa Maria della Spina, die im Jahre 1230 von frommen Bürgern als Gotteshaus für Seeleute erbaut wurde. Der Fluß, dessen Delta heute verschlammt ist, liefert die größte Delikatesse von Pisa, *le cee*. Dieses merkwürdige Wort, das eher französisch als italienisch klingt, ist eine Dialektform des „klassischen" Italienisch, in dem es *cieche* geschrieben wird. Man versteht darunter die jungen, noch blinden Aale des Arno, die in Öl gebraten und mit Salbei und Pfeffer gewürzt werden.

Eine der besten Fischsuppen im Bereich des ganzen Mittelmeers führt ihren Namen auf Livorno zurück – gleichfalls eine Stadt der Toskana, die noch heute einen sehr geschäftigen Hafen hat. Die Suppe heißt *cacciucco alla livornese* *(Seite 81)* und enthält verschiedene Fischsorten, Weißwein und eine gaumenkitzelnde Auswahl an Gewürzen. Sie ist der Marseiller *bouillabaisse* durchaus ebenbürtig, mit der sie eine mediterrane Familienähnlichkeit hat. Zu den Fischsorten in einer *cacciucco* können Heilbutt, Dorsch oder Makrelen gehören, und Feinschmecker bestehen darauf, daß zumindest einige Schalentiere mit dabei sein müssen.

Zu Livorno gehört auch die Insel Elba, der erste Verbannungsort Napoleons, wo er 10 Monate vor seiner Rückkehr nach Frankreich und seiner Niederlage bei Waterloo zubrachte. Auf Elba läßt sich gut jagen, und außerhalb der Schonzeit bietet Wildbret eine Abwechslung zu den das ganze Jahr über offerierten Fischgerichten, die den mit scharfen Zähnen bewaffneten, weißfleischigen Zahnbrassen und die *polpi* genannten Polypen einschließen. Die Speisekarte mag sich ändern, aber die Frische der Speisen auf Elba nie: kein Inselbewohner würde je daran denken, einen Fisch zu kaufen, der nicht mehr wirklich lebendig ist.

Livorno hat, wie andere Teile Italiens, vor allem stets die Engländer angezogen. Der schottische Romancier Tobias George Smollett lebte und starb hier, und im Jahre 1819 schrieb Percy Bysshe Shelley in seiner Villa bei Livorno ein tragisches Epos, *Cenci* (über die Ermordung des verruchten Grafen Francesco Cenci von Rom durch seine Frau und Tochter). Shelley machte sich nicht viel aus Essen und war überdies Vegetarier. Daher dürfte er die so zahlreich angebotenen Früchte des Meeres kaum gewürdigt oder etwa gar genossen haben.

Viel enthusiastischer – und wählerischer – war der cholerische englische Autor Walter Savage Landor, der fast 30 Jahre in Florenz als Mitglied der englisch sprechenden Kolonie lebte, zu der auch Robert und Elizabeth Barrett Browning und der amerikanische Bildhauer William Wetmore Story gehörten. Landor bemühte sich um den Anbau und die Veredelung seines eigenen Weins und war ein begeisterter Gärtner, der sein Gemüse selber zog. Auch liebte er Blumen – und zwar so sehr, daß er nicht erlaubte, sie zu pflücken. Eines Tages jedoch kollidierten seine Leidenschaft für Blumen und seine Liebe für gutes Essen, und sein Jähzorn wirkte nicht gerade lindernd dabei. Als ihm sein Koch ein Gericht vorsetzte, das er für schlecht zubereitet hielt, packte er den armen Mann voller Zorn beim Kragen und warf ihn aus dem Fenster. Sowie der Körper auf den Boden schlug, rief Landor schreckerfüllt: „Mein Gott, wie konnte ich es nur vergessen – unser schönstes Tulpenbeet ist genau unter diesem Fenster!"

# KAPITEL IV REZEPTE

Für 4 Personen

8 EL (etwa 125 g) zerlassene Butter
2 EL Olivenöl
1/4 TL zerstoßene getrocknete Chillies
1/4 Tasse feingehackte Zwiebeln
2 EL feingehackte, möglichst glattblättrige Petersilie
1/2 TL feingehackter Knoblauch
Ein 1 bis 1,5 kg schweres und in 4 Teile zerlegtes junges Huhn
1 TL Salz
Zitronenviertel

## *Pollo alla Diavola*

PIKANTES GEGRILLTES HÜHNCHEN

Den Bratofen vorwärmen. In einer kleinen Schüssel die zerlassene Butter, das Öl und die zerstoßenen Chillies-Schoten, und in einer zweiten Schüssel gehackte Zwiebeln, Petersilie und Knoblauch mischen. 4 TL der Butter- und Öl-Mischung zu der Petersilie-Zwiebel-Mischung tun, zu einer Paste verrühren und beiseite stellen.

Die Hühnerviertel schnell unter fließendem Wasser kalt waschen und mit Küchenkrepp abtrocknen, dann auf beiden Seiten mit der restlichen Butter-und-Öl-Mischung bepinseln und leicht salzen. Die Viertel mit der Haut nach unten auf dem Rost der Grillpfanne etwa 10 cm von der Heizquelle entfernt grillen. Nach 5 Minuten das Huhn mit der restlichen Butter-und-Öl-Mischung begießen und weitere 5 Minuten grillen. Das Huhn wieder begießen und mit der Haut nach oben auf den Rost legen. Weitere 10 bis 15 Minuten grillen, wobei das Hühnerfleisch alle 5 Minuten mit dem in der Pfanne befindlichen Bratensaft begossen wird. Der Saft muß klar heraustreten, wenn man mit der Spitze eines scharfen Messers in einen Hühnerschenkel sticht. Mit einem Metallspachtel auf jedes Viertel die Zwiebel- und Petersilienpaste streichen (fest andrücken) und weitere 3 bis 4 Minuten grillen, bzw. bis der Belag leicht gebräunt ist. Dann auf eine vorgewärmte Servierschüssel legen und den Bratensaft darübergießen. Mit Zitronenvierteln garnieren.

Für 4 Personen

3/4 Tasse Olivenöl
1/4 Tasse Weinessig
2 EL feingehackte frische, möglichst glattblättrige Petersilie
1/2 TL feingehackter Knoblauch
1/2 TL getrocknetes Oregano
Ein 1–1,5 kg wiegendes Lendensteak (Filetstück, 2 1/2 cm dick geschnitten)
Salz

## *Bistecca alla Fiorentina*

MARINIERTES GEGRILLTES STEAK

Man wählt eine flache, feuerfeste Form, in der das Steak bequem Platz hat. Darin werden Olivenöl, Essig, Petersilie, Knoblauch und Oregano vermischt. Das Steak in diese Marinade legen und so lange darin wenden, bis das Fleisch gut damit bedeckt ist. Das Steak muß bei Zimmertemperatur mindestens 4 Stunden in der Marinade liegen.

Die Grillvorrichtung so heiß wie möglich vorwärmen und das Fleisch aus der feuerfesten Form nehmen. Die Marinade weggießen. Das Steak mit Papiertüchern abtrocknen und 8 cm von der Heizquelle entfernt etwa 4 Minuten auf jeder Seite grillen, bzw. bis es dem Geschmack entsprechend durchgebraten ist. (Man kann es mit dem Finger prüfen: wenn das Fleisch leicht nachgibt und sich weder weich noch fest anfühlt, ist es innen leicht rosa). Auf eine vorgewärmte Schüssel legen und vor dem Aufschneiden salzen.

Für 4 bis 6 Personen

4 Tassen konservierte *cannellini* oder andere weiße Bohnen (1/1 Dose)
1/4 Tasse Olivenöl
1 EL Zitronensaft
1/2 TL Salz
Frisch gemahlener schwarzer Pfeffer
1/4 Tasse feingehackte Schalotten
2 EL feingehackte frische, möglichst glattblättrige Petersilie
1 Dose Thunfisch von 200 g, möglichst italienischer, in Olivenöl

## *Fagioli Toscanelli con Tonno*

SALAT AUS WEISSEN BOHNEN MIT THUNFISCH

Wenn konservierte Bohnen genommen werden, sie in einem Sieb abtropfen lassen, mit kaltem Wasser überspülen, wieder abtropfen lassen und zum Trocknen auf saugfähigen Küchenkrepp legen, ehe sie in die Servierschüssel kommen. Wenn getrocknete Bohnen verwandt werden, sie mit Wasser in einen 3 bis 4 l fassenden Topf schütten und zum Kochen bringen. 2 Minuten bei großer Hitze kochen, dann von der Kochstelle nehmen und 1 Stunde quellen lassen. Im selben Wasser bei niedriger Hitze 1 bis 1 1/2 Stunden weichschmoren. Abtropfen und erkalten lassen.

Den Zitronensaft, Salz und Pfeffer miteinander vermischen und über die Bohnen gießen. Schalotten und Petersilie hinzufügen und vermengen. Die Bohnen auf eine Servierplatte tun, den Thunfisch in Stücke teilen und darauf anordnen. Dieser Salat kann als Vorgericht oder als Teil eines *antipasto* serviert werden.

## *Cacciucco alla Livornese*

LIVORNER FISCHEINTOPF

Für 6 Personen

2 frische, 500 g schwere Hummer
$^1/_4$ Tasse Olivenöl
$^1/_2$ Tasse feingehackte Zwiebeln
1 TL feingehackter Knoblauch
$^1/_2$ TL zerriebene getrocknete Salbeiblätter
$^1/_2$ Tasse trockener Weißwein
2 EL Tomatenmark, in 1 Tasse Wasser aufgelöst
$^1/_2$ Tasse frische oder konservierte Muschelbrühe
2 Lorbeerblätter
1 TL Salz
250 g Tintenfisch (nach Belieben), in $1^1/_2$ cm breite Ringe geschnitten
Je 250 g von zwei verschiedenen Sorten festem weißen Fisch – z. B. Heilbutt, Kabeljau, Scholle, Makrele, Schellfisch, Pollack, Steinbutt, Seewolf oder Rotbarsch – in 5 cm große Portionsstücke geschnitten
250 g ganze Pilger- oder in Scheiben geschnittene Meerkammuscheln (Scallops) aus der Tiefkühltruhe oder aus Dosen
2 EL feingehackte, möglichst glattblättrige frische Petersilie
1 EL frisch geriebene Zitronenschale (von ungespritzten Zitronen)

KNOBLAUCHTOAST
6 bis 12 etwa 3 cm dicke Scheiben Meterbrot
2 bis 4 EL Olivenöl
1 bis 2 TL feingehackter Knoblauch

Die Hummer einzeln mit dem Rücken auf ein Holzbrett legen und die ganzen Schwanzteile abschneiden. Diese in der Mitte der Länge nach halbieren. Dann die großen Scheren vom Körper schneiden und die Gelenke von den Scheren trennen. Die flache Unterseite der Scheren durch einen kräftigen Schlag mit dem Messer aufbrechen, damit das Fleisch sich später besser herausholen läßt. Die Fühler abschneiden, den Körper der Länge nach halbieren. Den gallertartigen Beutel (oder Magen) beim Kopf und den langen, damit verbundenen Darm entfernen. Dann die grünlich-braune Hummerleber und den schwarzen, kaviarähnlichen Rogen (falls vorhanden) entfernen und beiseite tun.

Das Olivenöl in einem schweren, 4 bis 6 l fassenden Topf oder in einer feuerfesten Kasserolle erhitzen. Die Zwiebeln hinzufügen und bei mäßiger Hitze und unter häufigem Umrühren 8 bis 10 Minuten, bzw. bis sie leicht gebräunt sind, schmoren. Knoblauch und Salbei hineintun und unter Umrühren 1 weitere Minute auf kleiner Flamme lassen. Den Wein dazugießen und bei großer Hitze unter dauerndem Rühren einkochen, bis er auf etwa $^1/_4$ Tasse reduziert ist, dann das Tomatenmark und Wasser sowie die Muschelbrühe, Lorbeerblätter und das Salz hinzufügen. Die Hitze reduzieren und die Sauce halb bedeckt 10 Minuten am Siedepunkt halten.

Dann den Tintenfisch in die Sauce tun, zudecken und 10 Minuten kochen. Danach den Hummer hinzufügen und weitere 5 Minuten auf dem Feuer lassen. Den festen weißen Fisch in die Sauce geben, zudecken, weitere 5 Minuten warten und zum Schluß das Kammmuschelfleisch hineintun und zugedeckt wiederum 5 Minuten kochen. Mit einem großen Schaumlöffel den garen Fisch und die Schalentiere herausnehmen und auf einer erwärmten Platte so dekorativ wie möglich anrichten. Die Hummerleber und den Rogen durch ein feines Sieb streichen und in die heiße Sauce rühren. Einen Augenblick leicht kochen lassen, abschmecken, dann die Sauce mit einem Löffel über den Fisch und die Schalentiere verteilen, gehackte Petersilie und geriebene Zitronenschale über das Ganze streuen. Um das Gericht den Knoblauchtoast arrangieren.

KNOBLAUCHTOAST: Den Backofen auf 160° vorwärmen. Die Brotscheiben auf ein leicht geöltes Backblech legen und 15 Minuten auf dem mittleren Rost im Ofen backen. Öl und Knoblauch verrühren und beide Seiten der Brotscheiben leicht mit der Mischung bepinseln. Dann die Scheiben umdrehen und weitere 15 Minuten backen, bzw. bis sie leicht gebräunt sind.

## *Tortino di Carciofi*

GEBACKENES OMELETT MIT ARTISCHOCKENBÖDEN

Für 4 Personen

4 Eier
$^1/_2$ TL Salz
2 EL Olivenöl
1 Tasse Artischockenböden aus der Dose, der Länge nach geviertelt

Den Ofen auf 200° vorwärmen. In einer kleinen Schüssel die Eier und das Salz mit einem Schneebesen oder Handrührgerät so lange schlagen, bis sie schaumig und gut vermischt sind. Beiseite stellen. Das Olivenöl in einer emaillierten oder rostfreien Pfanne von 20 bis 25 cm Durchmesser erhitzen. Die Artischockenböden hineintun und über mäßiger Hitze unter häufigem Umrühren 5 Minuten braten, bzw. bis sie goldbraun sind. Sie dann auf den Boden einer gebutterten, 1 l fassenden feuerfesten Form legen und die geschlagene Eimasse darübergießen. 15 Minuten im oberen Drittel des Backofens backen, bzw. bis das Omelett fest ist und ein in die Mitte gestochenes Messer sauber wieder herauskommt. Den *tortino* sofort anrichten.

ANMERKUNG: In Italien wird dieser *tortino* in der Regel mit ganz jungen Artischocken zubereitet, die gesäubert, geputzt und vor dem Schmoren etwa 15 Minuten, bzw. bis sie weich sind, in Salzwasser abgekocht werden.

## *Zuppa di Fagioli con la Pasta*

BOHNENSUPPE MIT EINLAGE

Für 4 bis 6 Personen

1 Tasse getrocknete weiße Bohnen
2 bis 2 1/2 l Wasser
250 g gekochten Räucherschinken, in 3/4 cm große Würfel geschnitten (etwa 2 Tassen)
1/2 Tasse feingehackte Zwiebeln
1/4 Tasse feingehackter Stangensellerie
1/2 TL feingehackter Knoblauch
2 EL Olivenöl
125 g magerer Schinkenspeck in 1 Stück
1 1/2 TL Salz
Frisch gemahlener schwarzer Pfeffer
1/2 Tasse in 2 cm lange Stücke gebrochene Spaghetti
Frisch geriebener Parmesan

In einem 3 bis 4 l fassenden Topf die weißen Bohnen und 2 l Wasser bei großer Hitze zum Kochen bringen und 2 Minuten kochen. Vom Feuer nehmen und die Bohnen 1 Stunde quellen lassen. Die Bohnen abtropfen und dabei das Kochwasser aufheben. Genügend kaltes Wasser hinzufügen, um wieder auf 2 l zu kommen. Den Schinken, die Zwiebeln, den Stangensellerie und den Knoblauch sehr klein hacken.

Das Olivenöl in einem großen Topf erhitzen, die Mischung hineingeben und unter häufigem Umrühren 10 Minuten schmoren, bzw. bis sie leicht gebräunt ist. Dann die Bohnen, das Wasser und den Schinkenspeck hineintun und mit Salz und einer Prise Pfeffer würzen. Zum Kochen bringen, die Hitze reduzieren und halb bedeckt 1 bis 1 1/2 Stunden langsam garen lassen, bzw. bis die Bohnen weich sind. Den Schinkenspeck herausnehmen und das Fett von der Suppe abschöpfen. Mit einem Schaumlöffel etwa die Hälfte Bohnen aus der Suppe nehmen und durch ein Sieb rühren, dann wieder in die Suppe geben. Unter dauerndem Rühren und bei schwacher Hitze ein oder zwei Minuten kochen lassen. Die Spaghetti hineingeben und etwa 10 bis 15 Minuten auf kleiner Flamme, bis sie gar sind, kochen lassen. Abschmecken, in eine große Suppenterrine oder in Schüsseln füllen und mit geriebenem Käse bestreuen.

## *Cenci alla Fiorentina*

IM FETTBAD AUSGEBACKENE SCHÜRZKUCHEN

Für etwa 4 Dutzend

2 Tassen Weizenmehl Typ 405
2 ganze Eier
2 Eigelb
3 EL Rum
Puderzucker
1/8 TL Salz
Pflanzenöl oder Backfett zum Ausbacken

1 3/4 Tassen Mehl in eine große Rührschüssel tun, in der Mitte eine Vertiefung machen und Eier, Eigelb, Rum, 1 EL Puderzucker und Salz hineingeben. Mit den Händen oder mit einer Gabel so lange mischen, bis alles Mehl hineinverarbeitet worden ist und man aus dem Teig eine Kugel formen kann. Die übrige 1/4 Tasse Mehl auf ein Brett oder ein Ausrolltuch streuen und die Kugel 10 Minuten kneten, bis das zusätzliche Mehl ebenfalls hineinverarbeitet und der Teig glatt ist. Mit einem feuchten Tuch bedecken und 30 Minuten ruhen lassen. 1 Tasse Öl oder 250 g Backfett in einer Friteuse oder einem großen schweren Topf auf 160° erhitzen. Auf einem bemehlten Brett oder Ausrolltuch je ein Viertel des Teiges ausrollen. Wenn er papierdünn ist, den Teig mit einem Rädchen oder scharfen Messer in Streifen von 15 bis 18 cm Länge und 1 1/4 cm Breite schneiden. Die Streifen zu losen Knoten verschlingen und jeweils 4 oder 5 ein bis zwei Minuten ausbacken, bis sie goldbraun sind. Mit einer Zange oder einem Schaumlöffel die *cenci* auf Küchenkrepp legen. Ebenso mit dem Rest des Teiges verfahren. Vor dem Anrichten mit Puderzucker bestreuen.

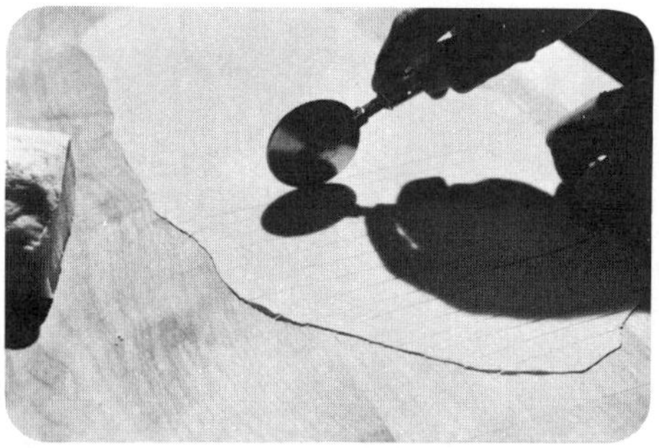

Die Herstellung der richtigen *cenci (gegenüberliegende Seite)* beginnt damit, daß der Teig in Streifen von 1 1/4 mal 17 cm geschnitten wird.

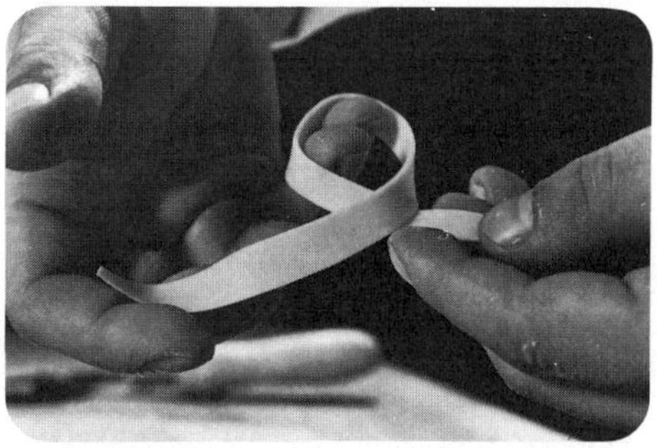

Jeder Teigstreifen wird vorsichtig zu einer Schlinge gelegt, durch die man ein Teigende zieht, um einen losen Knoten zu formen. Den Knoten nicht festziehen.

Immer nur wenige Knoten auf einmal werden in eine Friteuse getan. Während des Bratvorgangs blähen sie sich zu ihrer charakteristischen Form auf.

# V

# *Bologna, Zentrum des Nordens*

Eine Bologneserin prüft ihre Einkäufe beim Verlassen eines Fleischerladens, dessen Spezialität Wild ist. Zu ihren Füßen befindet sich ein Wildschwein mit einem Lorbeerzweig in der Schnauze, wie man ihn häufig zum Garnieren des Bratens verwendet. Rechts hängt ein ganzes Reh. Die üppige und doch raffinierte Küche Bolognas gilt in Norditalien als vorbildlich.

Wenn man auch in der Toskana und Florenz die reinste italienische Küche findet, so bietet *Bologna la grassa* – „die fette Stadt Bologna" – doch bei weitem die üppigste und ist zudem als gastronomisches Zentrum des Nordens zu betrachten. Die Italiener bezeichnen die Bologneser (und auch die Bewohner der umliegenden Region Emilia-Romagna) als Schlemmer. Fairer wäre es jedoch, sie die guten Esser Italiens zu nennen, so wie man die Bewohner der Bourgogne als die guten Esser von Frankreich bezeichnet. „Die Emilia hat die üppigste Küche Italiens", urteilt ein zeitgenössischer Autor. „Wenn man dir von der Bologneser Küche erzählt, mache eine kleine Verbeugung, denn sie verdient es", schreibt ein älterer Autor, der aus dem 19. Jahrhundert stammende Pellegrino Artusi in *La scienza in cucina è l'arte di mangiar bene (Die Wissenschaft von der Küche und die Kunst des guten Essens)*. „Es ist eine recht schwere Küche ... aber wie reichhaltig ist sie und wie schmackhaft! Außerdem ist sie bekömmlich ... in der Tat gibt es [in Bologna] mehr Menschen von über achtzig und neunzig Jahren als irgendwo sonst."

Die wohlgenährte Emilia-Romagna verdankt den ersten Teil ihres Doppelnamens Marcus Aemilius Lepidus, einem römischen „starken Mann" aus dem zweiten Jahrhundert v. Chr., der die Emilianische Straße in der Ebene von Rimini bis Piacenza bauen ließ. Als Autobahn existiert sie heute noch. Während der nördliche Teil der Region den Namen Emilia erhielt, wurde der südliche Teil von byzantinischen Kolonisten, die ihn im Mittelalter besetzt hielten, Romania genannt. Spätere Generationen italianisierten den Namen zu Romagna.

Die Gegend ist eine der flachsten Gegenden des gebirgigen Italiens (obwohl es auch dort schöne Gebirgszüge gibt) und eine der fruchtbarsten. Es wird hier viel Weizen und in geringerem Maße auch Mais geerntet. Die Zuckerrüben dieses Gebiets gehen in die Raffinerien von

Ferrara, und die Tomaten sind in dieser Region so saftig wie in sämtlichen anderen Gegenden von Italien. Ravenna hat seit den Zeiten der alten Römer bereits den Ruf, den besten Spargel des ganzen Landes zu liefern, und aus Vignola sollen die feinsten Kirschen Italiens – sehr dunkelrote – kommen.

Das Vieh aus der Emilia-Romagna ist selbst in der Toskana berühmt. Die Bologneser essen sehr gern Kalbfleisch und veredeln es oft mit Schinken, Käse, Kräutern und Gewürzen. So sind die *involtini alla cacciatora* – Kalbfleischrouladen – mit *prosciutto,* Hühnerleber und Schalotten gefüllt und mit Salbei gewürzt *(Seite 100).* Die *cuscinetti di vitello* – mit Käse und Schinken gefüllte Kalbsschnitzel – werden mit Wein begossen und in einer Stielpfanne geschmort (eine Variante ist auf Seite 100 angegeben).

Die *pasta* der Emilia-Romagna wird von den Ortsansässigen für unübertrefflich gehalten. Sie wird in ihren verschiedenen Formen fast stets mit einem *ragù* serviert (das Wort ist eine Verballhornung des französischen Ausdrucks *ragoût*). Man versteht darunter eine dicke Sauce, etwa aus Zwiebeln, Möhren, feingehacktem Schweinefleisch, Stangensellerie, Butter und Tomaten *(Seite 98).*

Eine der bekanntesten Bologneser *pasta*-Sorten sind die *tagliatelle.* Nach einer Bologneser Anekdote kamen sie zum erstenmal auf den Tisch eines Edelmanns, dessen Koch sich von dem hellblonden Haar des Ehrengastes hatte inspirieren lassen: der Lucrezia Borgia. Ihre Berühmtheit verdankt sie zwar weniger der Pracht ihrer Haare als der recht unerfreulichen Gewohnheit, ihre Gäste zu vergiften. Aber aus der Anekdote läßt sich doch eines ableiten: die ungekochten *tagliatelle* müssen von der Zartheit sein, wie sie feines blondes Haar suggeriert.

Andere *pasta*-Spezialitäten basieren auf dem gleichen Teig. In Bologna fängt das Weihnachtsfest traditionell mit den *tortellini (Seite 99)* an – kleinen Teigringen, die mit gehacktem Schweinefleisch, Puter, *prosciutto* und Wurst, Käse, Eigelb und Muskatnuß gefüllt, gekocht und in einer Bouillon serviert werden oder aber mit Butter oder *ragù* und geriebenem Käse oder (am allerbesten) mit Butter, Sahne und geriebenem Käse. „*Tortellini* sind wichtiger als die Sonne für einen Samstag und die Liebe für eine Frau", so las man am 27. Dezember 1874 in einem unsignierten Artikel in der *Gazzetta di Bologna.* „Der Ursprung der *tortellini* verliert sich im Nebel der Vorzeit", heißt es weiter in diesem Artikel. Aber es gibt allerlei Anekdoten. Im Jahre 1925 schrieb der Bologneser Dramatiker Ostilio Lucarini ein Stück mit dem Titel *Der Erfinder der Tortellini.* Es handelt von einem Koch, der angeblich die schlafende Frau seines Dienstherren nackt gesehen und sich hoffnungslos in sie verliebt hatte. In seiner unstillbaren Leidenschaft verfiel er schließlich darauf, *pasta* in der Form ihres Nabels zu bereiten und zu servieren.

*Lasagne,* die breiten Bandnudeln, findet man zwar in den verschiedenen Teilen Italiens in vielen Sorten, aber die Bewohner der Emilia-Romagna nehmen sie dennoch für sich allein in Anspruch. Ihr bevorzugtes Rezept sind die *lasagne pasticciate* (im Ofen gebacken). Nach dem Kochen werden die *lasagne* abwechselnd mit *ragù* und Sahnesauce in einer Backform geschichtet und schließlich mit geriebenem Käse bestreut *(Seite 98).*

Außer *tortellini, tagliatelle* und *lasagne* sind eine weitere beliebte *pasta* der Emilia-Romagna die *cappelletti* („Hütchen", so genannt wegen der Form ihrer mit *ricotta* [Quark], gehacktem Huhn, Parmesan, Eiern und Gewürzen gefüllten Teigtaschen). Man serviert sie entweder trocken, mit *ragù,* zerlassener Butter und geriebenem Käse oder aber in einer Hühnerbouillon.

Wurstwaren werden in ganz Italien hergestellt, aber die Emilia-Romagna ist führend in der Schweinefleischverarbeitung. Die in Deutschland verkaufte Mortadella ist zwar vorzüglich, doch fehlt ihr die letzte Feinheit ihrer Ahnin. Diese Spezialität der Stadt Bologna

ist eine große, würzige Wurst, von der ein aromatischer, appetitanregender Duft ausgeht, wenn man sie in papierdünne Scheiben schneidet. Auch zeichnet sie sich durch die gleichmäßige Qualität ihres Fleisches und einen köstlichen Geschmack aus. Sie war bereits im Jahre 1376, als die Gilde der Wursthersteller gegründet wurde, wohlbekannt, doch ist das Rezept wesentlich älter und stammt wahrscheinlich aus den Klöstern, wo man sie zuerst herstellte, indem man Schweinefleisch mit dem Stößel in einem Spezialmörser zerrieb, einem *mortaio della carne di maiale* („Mörser für das Fleisch eines Schweines"), woraus dann später die Kurzform *mortadella* entstand.

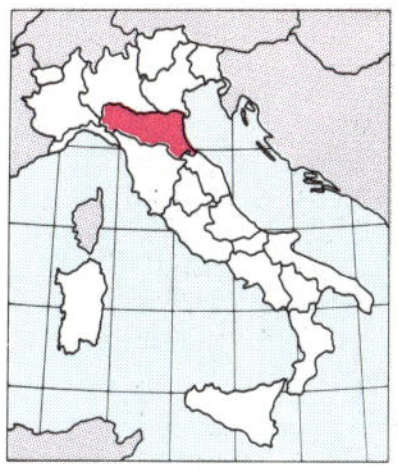

Die Emilia-Romagna-Region und deren Hauptstadt Bologna haben erfahrenen Feinschmeckern viele gute Dinge anzubieten. Außer Wurst wird in der Romagna eine vorzügliche gefüllte *pasta* hergestellt, und ihr Schweinefleisch ist von höchster Qualität. Aus Parma kommen delikate Schinken und Parmesan, aus Vignola süße Kirschen, und Ravenna liefert feinen Spargel. Die Lagune von Comacchio ist reich an Aalen.

Mortadella gilt oft als edelstes aller Produkte aus Schweinefleisch, aber der berühmte Parmaschinken, *prosciutto di Parma,* ist wahrscheinlich doch das delikateste Erzeugnis. Wenn er richtig abgehangen ist, hat er eine sanfte, rote Farbe. Diesen echtesten aller Schinken bereitet man aus den ausgebeinten Hinterkeulen. Er ist süß und zart, wird ganz dünn geschnitten und gelegentlich als Zutat bei einem Gericht verwendet, bei dem ein anderer Geschmack vorherrscht, so bei Huhn – wie in *petti di pollo alla bolognese (Seite 101).*

Der Beginn der Zubereitung schließt zwar auch ein Pökeln ein, aber die Güte des Endproduktes hängt von einem sechs Monate langen Trocknen an der Luft ab, für das die Gegend von Parma besonders geeignet sein soll. Nach der Auffassung der Einwohner ist die gemäßigte Höhe der Hügel dafür am günstigsten.

Das Zentrum der Parmaschinkenherstellung ist die Gebirgsstadt Langhirano. Sie soll die allerbesten Bedingungen für die Trockenreifung bieten, und so schickt man Schinken aus allen Teilen Italiens dorthin. In der Trocknungssaison eines besonders ergiebigen Jahres hat man in Langhirano den Eindruck einer Invasion von Schinken, denn sie sind allenthalben in den Häusern zum Trocknen aufgehängt.

Das Vorderbein des Schweins – und zwar besonders die Hachse – liefert das Material für *zampone,* eine Spezialität von Modena. Der Knochen wird herausgelöst und durch faschiertes, gewürztes Schweinefleisch ersetzt. Gewöhnlich kann man *zampone* fertig kaufen, aber bis vor kurzem mußte diese Wurst in einem langwierigen Prozeß gekocht werden. Zuerst wurde sie 10 bis 12 Stunden lang in Wasser eingeweicht, dann über einer kleinen Flamme je nach Gewicht weitere drei oder vier Stunden gekocht: je schwerer die Wurst, um so länger. Seit 1964 wird *zampone* jedoch bereits fertig in einer Aluminiumfolie verpackt verkauft. Sie braucht dann nur noch 20 Minuten vor dem Servieren in kochendes Wasser gelegt zu werden. *Zampone* wird in Scheiben geschnitten und gewöhnlich mit anderem gekochtem Fleisch wie Kalbskopf oder Rindfleisch und mit einer Gemüsebeilage oder Kartoffelbrei angerichtet. In Modena wird auch *cotechino* hergestellt. Es handelt sich um die gleiche Füllung wie bei *zampone,* doch wird sie in gewöhnlichem Wurstdarm statt in einer Schweinshachse verkauft. Außer durch die vorzügliche Wurstverarbeitung haben die Bewohner von Modena sich noch durch besonders wohlschmeckende Schweinekoteletts verdient gemacht, *costolette di maiale,* die sie in Wein schmoren *(Seite 101).*

Zwischen Modena und Parma liegt das Land des Parmesankäses (*parmigiano* auf italienisch). Er ist der berühmteste aller italienischen Käse und schmeckt besonders gut, wenn man ihn dick über *pasta,*

Gepökelte Langhirano-Schinken hängen in einem offenen Dachboden, durch dessen Luke man die Hügel der Emilia-Romagna sehen kann. Die Bauern der Gegend sind überzeugt davon, daß die Schinken durch das lange Hängen in der Bergluft ihr besonderes Aroma erhalten.

Reis, Suppen und viele andere Gerichte streut. Weil sich der Parmesan so gut mit zahlreichen Speisen verträgt, wirbt einer seiner Hersteller mit dem Slogan „der Ehemann der italienischen Küche" für ihn. Dies ließe sich auf fast alle italienischen Käsesorten anwenden, von denen einige auf den nachfolgenden Seiten abgebildet sind.

Mit Käse verbindet sich leicht der Begriff des Derben, und dasselbe gilt auch für Schinken und Wurst. Aber die Emilia-Romagna besitzt auch ein sehr feines Produkt – in der Tat eine rechte kulinarische Rarität –, den *aceto balsamico* (Kräuteressig). „Die Geschichte unseres Würzessigs gleicht mehr oder weniger der Geschichte der Herzöge von Modena", versichert ein ortsansässiger Kochbuchautor. Und in der Tat wird dieses Produkt häufig als *aceto del duca* auf den Markt gebracht. Die Herzöge stammten aus dem glanzvollen Hause der Este, das aus Ferrara vertrieben worden war und im Jahre 1598 seinen Hauptsitz nach Modena verlegt hatte. Damals war Essig eine solche Seltenheit, daß manches Testament mit den Worten begann: „Ich, der Unterzeichnete, der ich im Vollbesitz meiner geistigen und körperlichen Kräfte bin, vermache meinen Essig ...". Weniger geschätztes Hab und Gut wurde erst in den folgenden Absätzen verteilt. Heute dient dieser von Kräutern durchduftete Essig bei besonderen Anlässen zum Würzen von Salaten und Marinieren oder Pökeln von Fleisch. Ein weniger teurer Essig wird zum Einlegen und Konservieren der Aale von Comacchio im Gebiet von Ferrara verwendet. Comacchio, eine Art Venedig der Fischer, ist auf Sand und Wasser errichtet und von Kanälen durchzogen. Die Brücken, die sie überspannen, sehen aus, als hätte man sie für eine Opernaufführung entworfen. Die große Lagune des Ortes, Valli di Comacchio, ist ein einziges großes Fischbassin und enthält teils Salz- und teils Süßwasser. Zehntausend Fischer verdienen mit dem Fang von vielerlei Fischarten ihren Lebensunterhalt, doch gilt ihre besondere Aufmerksamkeit den Aalen. Im Herbst haben die Männer am meisten zu tun. Während dieser Zeit darf ein Teil der Aale die Lagune verlassen, um zu laichen. Im Frühling gibt es wieder neue Arbeit, wenn die jungen Aale, getrieben von einem rätselhaften Impuls, zurückkehren, um in Gewässern heranzuwachsen, die sie niemals zuvor in ihrem Leben gesehen haben.

Comacchio und die anderen Städte und Ortschaften des Gebiets von Ferrara sind von sehr fruchtbarem Land umgeben, das durch die Trockenlegung der Sümpfe an der Küste entstanden ist. Auf dem reichen Boden gedeihen besonders wohlschmeckende Früchte und Gemüse. Hier gibt es 40000 Hektar Obstgärten, die 10 Millionen Tonnen Früchte jährlich erzeugen. Zwischen 60 und 65 Prozent dieser Fläche dient dem Anbau von Äpfeln, die zum Teil ausländische Namen wie „Rome Beauty", „Stark Delicious" und „Golden Delicious" tragen. Ein ebenfalls sehr wichtiges Produkt der Gegend ist die Passacrassana-Birne, die in der Nähe von Ferrara und besonders bei Tresigallo am besten gedeiht.

Ein für Ferrara typischer Nachtisch ist *pan pepato di cioccolato,* eine Art Hörnchen oder leichtes Hefebrötchen. Ursprünglich wurde *pan pepato* von der Woche vor Weihnachten bis zum Fest der Heiligen Drei Könige gegessen, heute jedoch gilt das Gebäck als Silvester-Spezialität. Die Zutaten sind Mehl, Kakao, Milch, Zucker (oder vorzugsweise Honig), Gewürze, Mandeln und Zitronat. Es ist mit Schokolade überzogen, mit Zucker bestreut und mit winzigen Bonbons garniert. Bei einem Bankett, das Herzog Borso d'Este im Jahre 1465 gab, um das Fest des hl. Martin zu feiern, gab es *pan pepato,* das durch eingebackene Goldmünzen in jedem Stück noch köstlicher gemacht worden war. Die Bäcker von Ferrara pflegten ihren Herrschern und auch dem Papst *pan pepato* als Geschenk zu senden. Während des Zweiten Weltkriegs setzten die Bewohner von Ferrara den alten Brauch fort, indem sie General Dwight D. Eisenhower einen 10 Pfund schweren *pan pepato* überreichten.

In der Gegend von Ferrara ist das Brot besonders gut in der Hafenstadt Porto Garibaldi. Sie erhielt ihren Namen im Jahre 1849, als Giuseppe Garibaldi, der vor den Österreichern geflohen war, dort landete. Es hat die Form einer Kugel, bei der die Kruste in vier Zacken nach oben gezogen wird und eine Art Krone bildet.

Ein wenig südöstlich von Ferrara liegt Ravenna, die Stadt, in der Dante starb. Auf das in der Provinz Ravenna gelegene Faenza geht der Name Fayence zurück, jene bunte Töpferware mit der undurchsichtigen Glasur, die hier im 12. Jahrhundert entwickelt wurde. Faenza war einer der ersten Orte Europas, in denen man Eßgeschirr herstellte, und diese Tradition hat sich bis heute erhalten.

Die besten Gerichte von Ravenna sind Fischspeisen, und zwar ist besonders die *brodetto* genannte Fischsuppe gut. Sie erscheint in verschiedener Gestalt und oft auch unter anderen Namen (zum Beispiel als *zuppa di pesce, Seite 114)* an der ganzen Küste Italiens. Im Jahre 50 v. Chr. soll Caesar sich südlich von Ravenna, in Rimini, mit einer tüchtigen Portion des dortigen *brodetto* gestärkt haben, ehe er den kleinen Strom, der dicht bei der Stadt ins Meer mündet – den Rubicon –, überschritt. Caesars letzte Portion *brodetto,* bevor er zum mächtigsten Mann des römischen Reiches wurde, ähnelte wahrscheinlich sehr dem Gericht, das 2000 Jahre später ein anderer berühmter Feldmarschall während des Italienfeldzugs im Jahre 1943 zu sich nahm – Bernard Law Montgomery. Aber den Bolognesern macht es stets Freude, wenn ihre Spezialitäten dem Besucher munden, auch wenn er weder Rang noch Würden aufzuweisen hat.

# *Käse im Überfluß*

Außer ein paar Sonderlingen im Lande haben die Italiener niemals besondere Vorliebe für ein einfaches Glas frischer Milch gezeigt. Und doch wird der nationale Melkeimer immer wieder von über 3,4 Millionen Kühen und mehr als 7 Millionen Schafen, Ziegen und Wasserbüffeln gefüllt. Ungefähr die Hälfte ihrer Milch verarbeitet man zu Käse, und Italien ist mit Recht auf einige der feinsten und wohlschmeckendsten Käsesorten der Welt stolz. Sie reichen von dem steinharten Parmesan *(unten)* und dem formbaren *provolone (rechts)*, die es beide seit mindestens 1000 Jahren gibt, bis zu dem weichen und zarten Bel Paese, der vor kaum 50 Jahren erfunden wurde. Und es gibt wahrscheinlich noch hundert andere, alte wie neue, die einen lokalen, nationalen oder internationalen Ruf besitzen. Die großen Käse haben die Eigenschaften großer Weine. Edel von Natur, steigern sie das Aroma anderer Nahrungsmittel; sie erscheinen überall auf der italienischen Speisekarte, gerieben über Suppen und Salaten, gekocht mit der *pasta*, dem Fleisch und Gemüse, stolze Begleiter von Obst und treue Freunde des Weins. Ohne sie gäbe es die italienische Küche nicht.

Ein Arbeiter klopft mit einem Hammer auf einen kreisrunden Parmesankäse, um festzustellen, ob er sich richtig entwickelt. Wenn er reif ist, hat der Käse ein für das geübte Ohr unverkennbaren Klang.

*Provolone*-Käse in Ferkelform gemahnen an den tierischen Ursprung der Schinken und Würste vieler Bologneser Speisen.

# *Eine Auswahl von Käsesorten*

Auf der gegenüberliegenden Seite sind 11 der feinsten, in andere Länder exportierten italienischen Käse abgebildet und im folgenden als Reibe-, Schnitt- und Streich- sowie Kochkäse zusammengefaßt. Man wird sie nicht alle in den einschlägigen Spezialgeschäften finden, aber wenn man sie mit Ausdauer sucht, wird man die meisten von ihnen doch auftreiben können. Die Numerierung entspricht den Zahlen auf der Abbildung rechts.

## *Reibekäse*

1 PARMIGIANO REGGIANO, der ursprüngliche italienische Parmesan, ist salzig und scharf und der einzige wirklich zum Würzen taugliche Käse der Welt. Er wird in bestimmten, amtlich festgesetzten Orten in einem kleinen Teil von Norditalien hergestellt, und zwar unter sorgfältiger Kontrolle und nur zwischen dem 15. April und 11. November. Am besten reibt man ihn erst kurz vor der Verwendung. Wenn er frisch angeschnitten und feucht ist, gibt er einen ausgezeichneten Brotaufstrich ab.

2 PECORINO ROMANO ist ein scharfer, aus frischer Schafsmilch und mit Lab vom Lamm zum Gerinnen gebrachter Käse. Liebhaber der italienischen Küche sollten ihn gut kennen: In den meisten italienischen Restaurants im Ausland wird die *pasta* damit gewürzt.

## *Schnitt- und Streichkäse*

3 TALEGGIO, ursprünglich ein Käse aus der Gegend von Bergamo, wird jetzt auch anderswo aus trockenem gesalzenem Quark hergestellt und hat einen leicht aromatischen Geschmack.

4 FONTINA, einer der feinsten Käse, ist ein mildes, delikates, halbweiches Produkt aus dem Aosta-Tal am Fuße des Großen-St.-Bernhard-Passes. In einer heißen Käsefondue *(Seite 156)* verbindet er sich vorzüglich mit Trüffeln.

5 PROVOLONE, eine Variante des CACIOCAVALLO (6), ist zwei oder drei Monate lang zart und sahnig, danach würzig und scharf. Aus Provolone lassen sich viele lustige Dinge formen – Birnen, Melonen, Ferkel, Männchen, Würste, Heilige, Sünder und Zylinder.

7 ASAGIO, scharf, aber schmackhaft, ist hart und körnig und wird aus zwei Kuhmelkungen gemacht. Die eine wird ganz abgerahmt, die andere teilweise.

8 GORGONZOLA, leicht, würzig und scharf, gehört zu den feinsten edelfaulen Käsen. Er ist ein Verwandter des *stracchino,* der aus der Milch von Kühen hergestellt wird, die gerade gekalbt haben. Einmal verbrachten viele solcher Kühe den Winter in Gorgonzola bei Mailand, und dort hat sich dann dieses Meisterwerk von edelfaulem Käse entwickelt. Heute wird er hauptsächlich in der Po-Ebene hergestellt.

9 BEL PAESE, ein Luxuskäse, weich, glatt und delikat im Aroma, wurde erst in den zwanziger Jahren von dem Käsefabrikanten Egidio Galbani herausgebracht. Seine Firma produziert ihn nicht nur in Italien, sondern jetzt auch in Brasilien und im Staate Wisconsin, USA.

## *Kochkäse*

10 RICOTTA, ein frischer, feuchter, ungesalzener Quark, ist ein schmackhafter Brotbelag und verträgt sich gut mit Salaten, *lasagne* und süßen Pfannkuchen. Mit Marsala angemacht, läßt sich *ricotta* ausgezeichnet zu einem sehr aromatischen Nachtisch verwenden.

11 MOZZARELLA, ein angenehmer, leicht säuerlicher Käse aus der Milch von Kühen oder Büffeln, wird oft zur Pizza oder auch, mit *ricotta* vermengt, zu *lasagne* gegessen.

1
5
6
7
2
8
9
BEL PAESE
S.p.A. GALBANI MELZO
10
Taleggio Cheese
Product of Italy
3
11
4

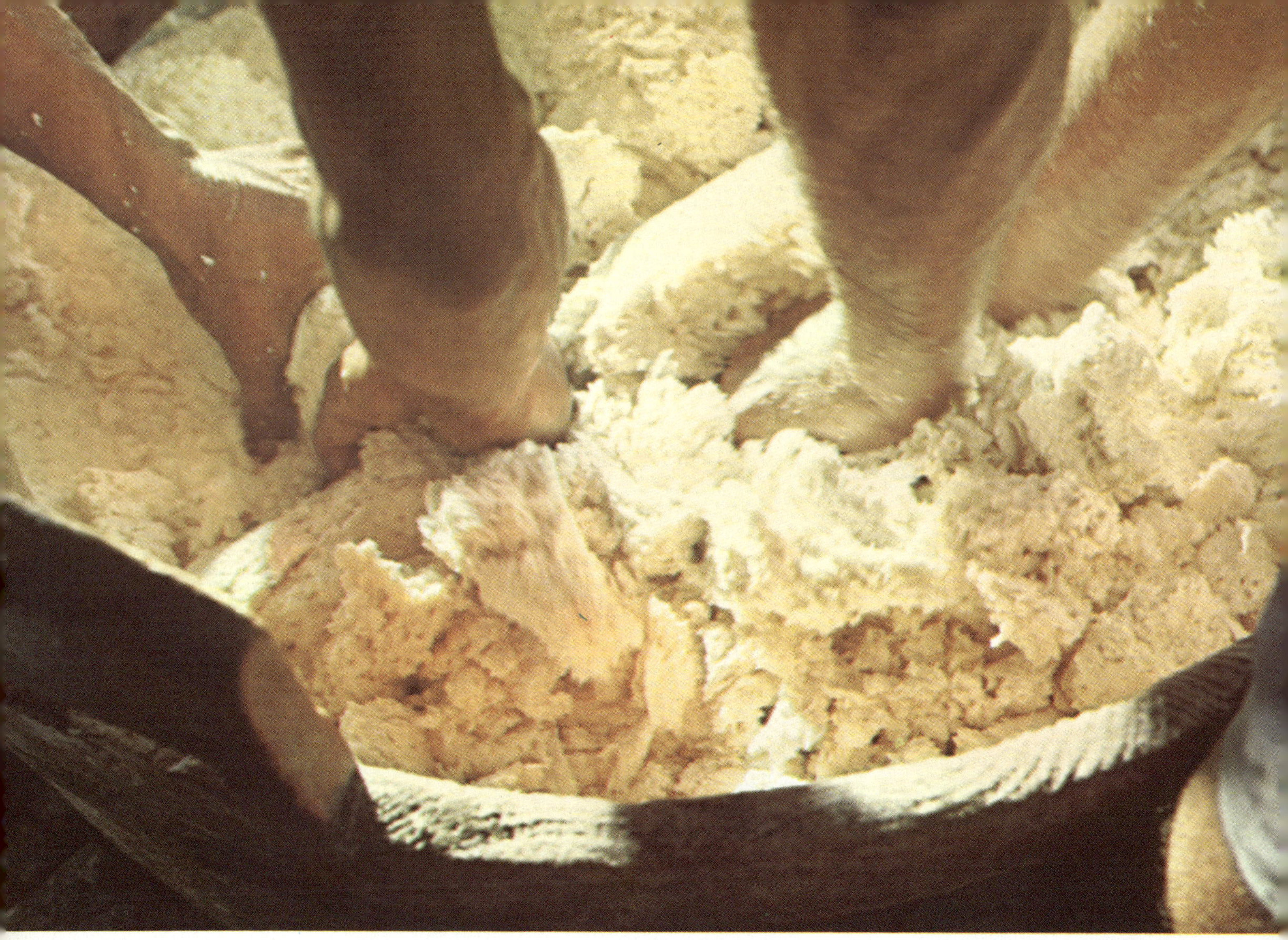

Zuerst wird der mit Hilfe eines natürlichen Gerinnungsmittels aus der Büffelmilch gewonnene Quark sorgsam in kleine Stücke zerbröckelt.

# Käse, wie ihn die Italiener herstellen

Die Italiener widmen der Kunst der Käsezubereitung große Aufmerksamkeit, denn Käse ist ein Grundbestandteil der Küche aller Regionen. Der wichtigste Kochkäse des Nordens heißt *grana,* dessen bekannteste Variante der Parmesan ist. Im Süden ist es der *mozzarella.* Der echte *mozzarella*-Käse wird aus Büffelmilch gewonnen. Aber da es in Italien sehr viel mehr Kühe als Büffel gibt, wird auch viel mehr Käse aus Kuhmilch produziert. Echter *mozzarella* hat einen milden Geschmack und kann zum Schluß der Mahlzeit ohne Zutat gegessen werden. Die aus Kuhmilch hergestellten Sorten haben ein etwas schwaches Aroma und eignen sich besonders gut zum Kochen. Die Abbildungen auf diesen Seiten stammen aus einer kleinen Fabrik in der Nähe von Mondragone, etwa 40 Kilometer von Neapel entfernt. Sie gehört den Brüdern Puoti. Hier wird nur die traditionelle Büffelmilch verwendet. Von der ersten Bearbeitung des Quarks bis zum Ausformen der fertigen Käse wird alles mit der Hand ausgeführt.

Renato Puoti gießt kochendes Wasser über den Quark, um ein weiteres Stadium der Zubereitung einzuleiten. Das heiße Wasser läßt den Quark schmelzen und verwandelt ihn in eine elastische Masse.

Durch das Rühren mit einer Holzkelle und einer Schale nähert sich die elastische Mischung allmählich ihrer vorgeschriebenen Konsistenz. Wie in jedem Stadium der Käsezubereitung verläßt sich der Arbeiter auch hierbei auf seine Erfahrung, die ihm genau angibt, wann die Mischung fertig ist.

Neben einem Kessel mit kochendem Wasser prüft Renato Puoti *(links)* die Konsistenz einer fast fertigen *mozzarella*-Probe; sie soll Fäden ziehen, darf aber nicht zäh sein. Oben formen Arbeiter aus der etwas abgekühlten Käsemasse *mozzarella*-Kugeln. Nach weiterem Abkühlen in Salzwasser werden die fertigen Käse in Wachspapier gepackt und zum Versand gebracht.

# KAPITEL V REZEPTE

Für 6 bis 8 Personen

6 bis 8 l Wasser
1 EL Salz
250 g *lasagne*

BÉCHAMELSAUCE FÜR LASAGNE
3 EL Butter
6 EL Mehl
2 Tassen Milch
1 Tasse süße Sahne
1 Prise geriebene Muskatnuß
1 TL Salz
2 1/2 Tassen *ragù bolognese (unten)*
1/2 Tasse frisch geriebener Parmesan

## *Lasagne Pasticciate*

GEBACKENE LASAGNE MIT FLEISCH- UND SAHNESAUCE

LASAGNE: Den Boden und die Seiten einer feuerfesten Kasserolle oder Auflaufform von einer Größe von 25 mal 35 mal 9 cm gut mit Butter einreiben. In einem großen Suppentopf oder Kessel Wasser und Salz zu sprudelndem Kochen bringen. Die *lasagne* hineingeben, ein paar Augenblicke vorsichtig umrühren, damit die Nudeln nicht aneinanderkleben. Bei großer Hitze und gelegentlichem Umrühren kochen, bis die *lasagne* weich, aber *al dente* sind, d. h. den Zähnen ein wenig Widerstand leisten. Die Kochzeit kann zwischen 10 und 25 Minuten liegen, je nachdem, ob selbstgemachte oder fabrikmäßig hergestellte *lasagne* verwendet werden. Dann die Streifen zum Abtropfen nebeneinander auf Küchenkrepp ausbreiten.

BÉCHAMELSAUCE FÜR LASAGNE: Die Butter bei mäßiger Hitze in einem schweren, 2 bis 3 Liter fassenden Topf zerlassen und das Mehl hineinrühren. Den Topf von der Kochstelle nehmen, Milch und Sahne auf einmal hineingießen und so lange mit einem Schneebesen umrühren, bis sich das Mehl teilweise aufgelöst hat. Den Topf wieder stark erhitzen und unter ständigem Rühren mit dem Schneebesen weiterkochen lassen. Wenn die Sauce aufkocht und sämig wird, die Temperatur reduzieren und unter dauerndem Umrühren 2 oder 3 Minuten leise weiterkochen lassen. Von der Kochstelle nehmen und mit Muskatnuß und Salz abschmecken. Den Ofen auf 160° vorwärmen. Den Boden einer Auflaufform oder Kasserolle mit einer etwa 1/2 cm dünnen Schicht *ragù bolognese* (ohne die Sahne zubereitet) bestreichen. Darüber etwa 1 Tasse Béchamel geben. Ein Drittel der *lasagne* auf die Béchamelsauce legen, wobei die Streifen einander etwas überschneiden. Die Schichten von *ragù*, Béchamelsauce und *lasagne* noch zweimal wiederholen, dann obenauf *ragù* und Béchamelsauce geben. Mit Käse bestreuen. 30 Minuten backen, bzw. bis die Sauce brodelt.

Für etwa 2 1/2 Tassen

125 g geräucherter Schinken, grobgewürfelt (etwa 1/2 Tasse)
1 Tasse grobgehackte Zwiebeln
1/4 Tasse grobgehackte Mohrrüben
1/2 Tasse grobgehackter Stangensellerie
4 EL Butter
2 EL Olivenöl
375 g bestes Rindfleisch, zweimal durchgedreht
125 g mageres Schweinefleisch, zweimal durchgedreht
1/2 Tasse trockener Weißwein
2 Tassen Rinderbouillon, frisch oder aus einem Würfel
2 EL Tomatenmark
250 g Hühnerlebern
1 Tasse süße Sahne
1 Prise geriebene Muskatnuß
Salz
Frisch gemahlener schwarzer Pfeffer

## *Ragù Bolognese*

NORDITALIENISCHE FLEISCHSAUCE

Die Schinkenwürfel, die Zwiebeln, Möhren und den Stangensellerie auf einem Brett sehr klein hacken. (Diese Mischung heißt *battuto,* nach dem Kochen *soffritto*). 2 EL Butter in einer schweren, 25 bis 30 cm großen Pfanne über mittlerer Hitze zerlassen. Wenn der Schaum sich gelegt hat, den *battuto* hineingeben und unter häufigem Umrühren 10 Minuten leicht bräunen. Den *soffritto* in einen 3 bis 4 l fassenden Topf tun. In derselben Pfanne 2 EL Olivenöl erhitzen und das Fleisch bei mäßiger Hitze unter ständigem Rühren braten.

Den Wein hinzugießen, die Temperatur erhöhen und unter dauerndem Rühren rasch kochen lassen, bis fast alle Flüssigkeit eingekocht ist. Das Fleisch zu dem im Kochtopf befindlichen *soffritto* hinzufügen und die Bouillon und das Tomatenmark hineinrühren. Bei großer Hitze zum Kochen bringen, dann die Temperatur reduzieren und das Gericht teilweise bedeckt unter gelegentlichem Rühren 45 Minuten schmoren lassen. Inzwischen werden 2 weitere EL Butter bei großer Hitze in der ursprünglichen Pfanne zerlassen, und wenn der Schaum sich gelegt hat, die Hühnerlebern hineingetan. 3 oder 4 Minuten braten, bzw. bis sie fest und leicht gebräunt sind. Die Hühnerlebern in kleine Würfel schneiden, beiseite stellen und während der letzten 10 Minuten in der Sauce mitkochen lassen. Ein paar Minuten vor dem Anrichten die Sahne hineinrühren und erhitzen. Das *ragù* abschmecken und mit Muskatnuß, Salz und Pfeffer würzen. Zu einer *pasta* servieren oder – ohne Sahne – mit *lasagne pasticciate (oben)*.

## *Tortellini*

PASTA-KRINGEL MIT HÜHNER- UND KÄSEFÜLLUNG

Für etwa 80 Stück
(Für 8 bis 10 Personen)

FÜLLUNG

- 2¹/₄ Tassen gekochtes, feingehacktes Huhn (3 einzelne Hühnerbrüste, ausgebeint und enthäutet und 15 Minuten in Bouillon pochiert)
- ¹/₂ Tasse frisch geriebener Parmesan
- 2 Eigelb, leicht geschlagen
- ¹/₈ TL geriebene Zitronenschale (von ungespritzten Zitronen)
- ¹/₈ TL geriebene Muskatnuß
- Salz
- Frisch gemahlener schwarzer Pfeffer

- Die doppelte Menge *pasta*-Teig *(Seite 44)*
- 6 bis 8 l Wasser
- Salz

Hühnerfleisch, Käse, Eigelb, Zitronenschale und Muskatnuß in einer großen Schüssel so lange verrühren, bis sie gut vermischt sind. Mit Salz und Pfeffer würzen. ¹/₄ des *pasta*-Teigs abbrechen und den Rest feuchthalten, indem man ihn mit einer Alufolie oder einem feuchten Tuch bedeckt. Den Teig auf einem mit Mehl bestreuten Brett so lange ausrollen, bis er papierdünn ist, dann mit einer Plätzchenform oder einem kleinen Glas kreisförmige Scheiben von 5 cm Durchmesser ausstechen. ¹/₄ TL der Hühnermischung in die Mitte jedes Kreises geben. Den Rand jedes Kreises anfeuchten. Die Scheiben einmal falten und die Ränder fest zusammendrücken. Kleine Kringel formen, indem man die Spitzen jedes Halbkreises leicht auszieht und um den Zeigefinger wickelt. Die Spitzen leicht zusammendrücken. Die *tortellini* schmecken am besten, wenn man sie gleich kocht, aber sie können auch, mit einer Folie bedeckt, ein oder zwei Tage im Kühlschrank aufbewahrt werden.

In einem großen Kessel oder Topf das Salzwasser zum Sieden bringen. Die *tortellini* hineingeben und einen Augenblick mit einem Holzlöffel vorsichtig umrühren, damit sie nicht aneinanderkleben. Etwa 8 Minuten, bzw. bis sie weich sind, unter gelegentlichem Rühren kochen und in einem großen Sieb oder Durchschlag abtropfen lassen. Mit *ragù bolognese (gegenüber)*, Butter oder in einer heißen Rinder- oder Hühnerbrühe servieren.

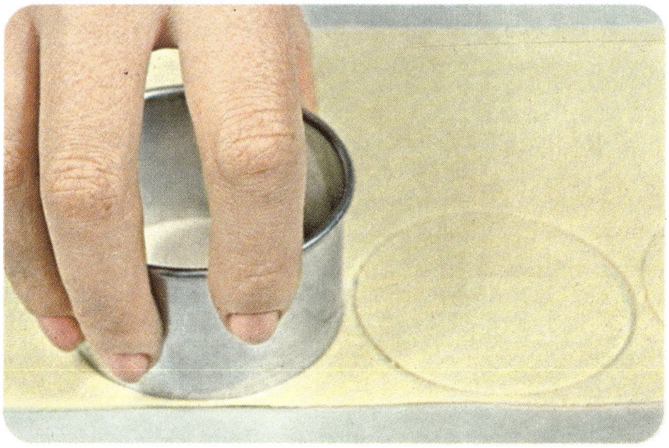

1 Auf einem mit Mehl bestreuten Brett werden aus dem ausgerollten *pasta*-Teig 5 cm große Kreise ausgestochen.

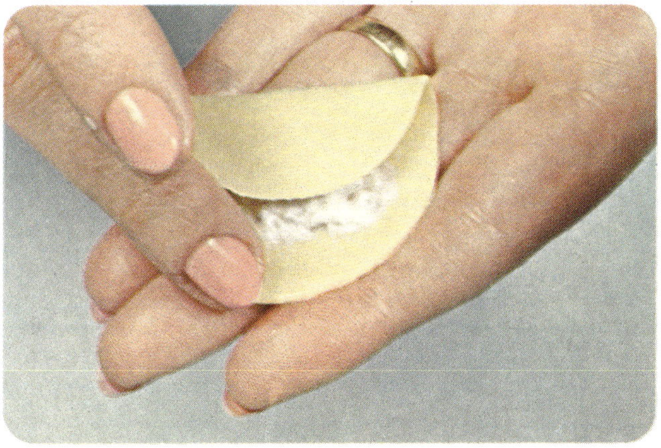

2 Die Ränder des Kreises mit Wasser anfeuchten und die Füllung daraufluen. Die Ränder zusammenklappen.

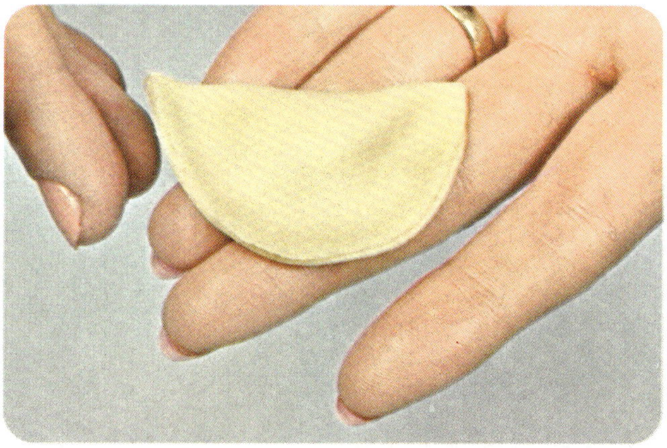

3 Die Ränder leicht mit den Fingerspitzen aufeinanderdrücken, damit die Füllung beim Kochen nicht heraustritt.

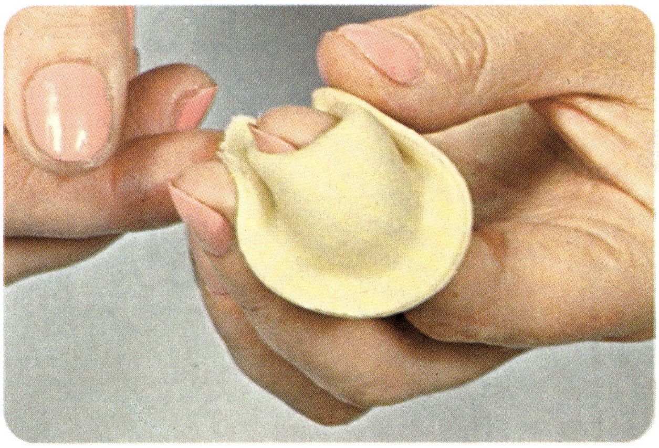

4 Jetzt das Stück Teig um den Finger wickeln und die Enden zusammendrücken, um den *tortellini*-Kringel zu formen.

## *Cuscinetti di Vitello*

GESCHMORTE KALBSSCHNITZEL MIT PROSCIUTTO- UND KÄSEFÜLLUNG

Für 4 Personen

- 16 dünne Kalbsschnitzel von etwa 10 mal 10 cm Seitenlänge
- 8 dünne Scheiben Fontina- oder Gruyère-Käse von etwa 8 mal 8 cm Seitenlänge
- 8 dünne Scheiben *prosciutto* von etwa 7 mal 7 cm Seitenlänge
- Salz
- Frisch gemahlener schwarzer Pfeffer
- Mehl
- 2 EL Butter
- 3 EL Olivenöl
- 1/2 Tasse trockener Weißwein
- 3/4 Tasse Hühner- oder Rinderbouillon, frisch, aus der Dose, aus einem Würfel oder Instant-Fleischbrühe

Je eine viereckige Scheibe Käse und eine viereckige Scheibe *prosciutto* auf acht Kalbsschnitzel legen und die übrigen 8 Schnitzel darauftun. Das Kalbfleisch sollte den Käse und Schinken völlig bedecken. Die Ränder des Kalbfleischs zusammendrücken und abdichten, indem man sie mit der flachen Klinge eines Hackmessers oder dem Boden einer schweren Flasche klopft. Salzen und pfeffern, in Mehl wälzen und das überflüssige Mehl abschütteln. Bei mäßiger Hitze in einer schweren 25 bis 30 cm großen Pfanne die Butter mit dem Öl zerlassen. Wenn sich der Schaum gelegt hat, die *cuscinetti* zu je 3 oder 4 Stück hineingeben und in dem heißen Fett schmoren, wobei sie vorsichtig mit einem Schaumlöffel oder einem Spachtel umgedreht werden, bis sie auf beiden Seiten goldbraun sind. Sie dann auf eine Platte legen.

Das meiste Fett aus der Pfanne abgießen und auf dem Boden nur eine dünne Schicht lassen. Den Wein hineingießen und schnell aufkochen lassen, wobei der an der Pfanne haftende Bratensatz mit hineinverrührt wird. Weiterkochen, bis der Wein bis auf etwa 1/4 Tasse eingekocht ist. 1/2 Tasse Brühe hinzufügen und leicht kochen lassen. Dann das Kalbfleisch zurück in die Pfanne geben, zudecken und 20 Minuten bei niedriger Hitze schmoren, wobei die *cuscinetti* nach 10 Minuten umgewendet werden. Danach auf eine vorgewärmte Servierschüssel legen und die übriggebliebene 1/4 Tasse Bouillon in die Pfanne gießen. Die Bouillon und den Bratensaft zum Kochen bringen und ein oder zwei Minuten kräftig aufkochen lassen. Abschmecken, über die *cuscinetti* gießen und anrichten.

## *Involtini alla Cacciatora*

KALBSROULADEN MIT HÜHNERLEBERFÜLLUNG

Für 4 bis 6 Personen

- 2 EL Butter
- 125 g Hühnerleber
- 25 g *prosciutto,* in winzige Stücke geschnitten
- 1 Schalotte, feingehackt
- 2 TL feingehackte frische Petersilie
- 1/8 TL Salbeiblätter, zerrieben
- 1/8 TL Salz
- Frisch gemahlener schwarzer Pfeffer
- 500 g Kalbsschnitzel, 1 cm dünn geschnitten und auf 1/2 cm breitgeklopft, dann in 10 cm² große Scheiben geschnitten (etwa 12 Scheiben)
- Mehl
- 2 EL Butter
- 3 EL Olivenöl
- 1/2 Tasse trockener Marsala
- 1 Tasse Hühnerbouillon, frisch, aus der Dose oder aus Würfeln

Bei mäßiger Hitze 2 EL Butter in einer schweren 20 mal 25 cm großen Pfanne zergehen lassen. Wenn sich der Schaum gelegt hat, die Lebern hineintun und unter häufigem Umwenden 4 oder 5 Minuten braten, bis sie fest und leicht gebräunt sind. Dann in 1/2 cm große Würfel schneiden und in eine große Schüssel tun. Den *prosciutto* und die Schalotten etwa 2 Minuten in derselben Pfanne braten und, falls nötig, noch etwas Butter hinzufügen. Dann mit einem Gummispachtel in die Schüssel mit den Lebern geben und Petersilie, Salbei, Salz und eine Prise Pfeffer hinzufügen. Vorsichtig miteinander vermischen und abschmecken.

Etwa 2 EL der Hühnerlebermischung auf das untere Drittel jedes Kalbsschnitzels tun. Die Rouladen zusammenrollen und beide Enden mit Zwirn zubinden. Die Rouladen in Mehl wälzen, das überflüssige Mehl abschütteln. 2 EL Butter zusammen mit dem Öl in einer schweren, 25 bis 30 cm großen Pfanne zergehen lassen. Wenn der Schaum sich gelegt hat, die Kalbsrouladen zu je 4 oder 5 Stück hineinlegen und bei mäßiger Hitze braten, bis sie auf allen Seiten goldbraun sind. Auf einen Teller legen. Fast alles Fett aus der Pfanne abgießen und nur eine dünne Schicht auf dem Boden lassen. Den Wein und 3/4 Tasse Hühnerbouillon hinzugießen und das Ganze 1 oder 2 Minuten bei großer Hitze aufkochen, wobei der an der Pfanne haftende Bratensatz mit hinzugegeben wird.

Das Kalbfleisch wieder in die Pfanne legen, die Hitze reduzieren, den Deckel darauftun und leise weiterschmoren lassen, wobei die Rouladen ein- oder zweimal mit dem Bratensaft begossen werden. Nach 15 Minuten, bzw. wenn das Kalbfleisch beim Prüfen mit der Spitze eines scharfen Messers weich ist, sollten sie gar sein. Mit einer Zange das Kalbfleisch auf eine vorgewärmte Servierschüssel legen. Die übrige Bouillon in die Pfanne gießen und rasch aufkochen lassen, bis die Flüssigkeit bis auf 1/2 Tasse reduziert und leicht angedickt ist. Über die Rouladen gießen und anrichten.

## *Costolette di Maiale alla Modenese*

SCHWEINEKOTELETTS IN WEISSWEINTUNKE

Für 4 Personen

- 1 TL zerriebene, getrocknete Salbeiblätter
- 1 TL zerriebene, getrocknete Rosmarinblätter
- 1 TL feingehackter Knoblauch
- 1 TL Salz
- Frisch gemahlener schwarzer Pfeffer
- 4 Schweinekoteletts (Lendenstück), etwa 2 1/2 cm dick
- 2 EL Butter
- 1 EL Olivenöl
- 3/4 Tasse trockener Weißwein
- 1 EL frisch gehackte, möglichst glattblättrige Petersilie

Salbei, Rosmarin, Knoblauch, Salz und eine Prise Pfeffer vermischen und ein wenig davon fest auf beide Seiten von jedem Schweinekotelett drücken. Die Butter mit dem Olivenöl in einer schweren, 25 bis 30 cm großen Pfanne bei mäßiger Hitze zerlassen. Wenn sich der Schaum gelegt hat, die Koteletts in das heiße Fett geben und 2 bis 3 Minuten auf beiden Seiten anbraten, wobei man sie vorsichtig mit der Zange umwendet. Wenn sie goldbraun sind, aus der Pfanne nehmen und auf eine Schüssel tun. Alles Fett bis auf eine dünne Schicht am Boden der Pfanne abgießen, 1/2 Tasse Wein hinzufügen und aufkochen lassen. Die Koteletts wieder in die Pfanne geben, zudecken und die Hitze stark reduzieren. Gelegentlich mit dem Bratensaft aus der Pfanne begießen und die Koteletts 25 bis 30 Minuten schmoren, bzw. bis sie weich sind, wenn man sie mit der Spitze eines scharfen Messers prüft. Auf eine vorgewärmte Servierschüssel legen und in die Pfanne die restliche 1/4 Tasse Wein gießen. Bei großer Hitze rasch aufkochen lassen, wobei man den an der Pfanne haftenden Bratensatz mit hineinrührt. So lange kochen lassen, bis nur ein paar Eßlöffel sirupartiger Glasur übrig sind. Abschmecken und die Petersilie hineinrühren. Die Sauce über die Koteletts gießen.

## *Petti di Pollo alla Bolognese*

AUSGEBEINTE HÜHNERBRUST MIT PROSCIUTTO UND KÄSE

Für 4 Personen

- 4 Hühnerbrüste zu je 250 g, ausgebeint und enthäutet
- Salz
- Frisch gemahlener schwarzer Pfeffer
- Mehl
- 3 EL Butter
- 2 EL Öl
- 8 dünne, 5 mal 10 cm große Scheiben *prosciutto*
- 8 dünne, 5 mal 10 cm große Scheiben Käse, Fontina oder Bel Paese
- 4 EL frisch geriebener Parmesan
- 2 EL Hühnerbouillon, frisch oder aus der Dose

Den Ofen auf 160° vorwärmen. Mit einem scharfen Messer vorsichtig jede Hühnerbrust horizontal durchschneiden, um 8 dünne Scheiben zu erhalten. Im Abstand von 2 cm auf einen langen Streifen Pergamentpapier legen. Die Hühnerscheiben leicht mit der flachen Klinge eines Hackmessers oder dem Boden einer schweren Flasche breitklopfen. Das Papier abstreifen. Die Scheiben mit Salz und einer Prise Pfeffer würzen, dann in Mehl tauchen und abschütteln. Bei mäßiger Hitze in einer schweren Pfanne von 25 bis 30 cm Durchmesser Butter und Öl zergehen lassen. Das Hühnerfleisch zu je 3 oder 4 Scheiben in dem heißen Fett hell goldbraun braten. Sie dürfen nicht zu lange schmoren.

Die Hühnerbrüste in eine flache, feuerfeste, gebutterte Form tun, die sie bequem fassen kann. Auf jede Scheibe Huhn eine Scheibe *prosciutto* und dann eine Scheibe Käse legen. Parmesan darüberstreuen und die Hühnerbouillon daraufträufeln. Unbedeckt etwa 10 Minuten auf den mittleren Rost im Ofen stellen, bzw. bis der Käse geschmolzen und leicht gebräunt ist. Sofort anrichten.

Die filetierten Hühnerbrüste wie abgebildet durchschneiden.

Die Filets mit der flachen Klinge eines Hackmessers breitklopfen.

Die gebratenen Filets mit *prosciutto* und Käse bedecken.

# VI

# *Venedig und der Nordosten*

Kaffee und Fruchteis werden bei „Florian" serviert, einem der berühmtesten und elegantesten Cafés in den Arkaden, die den Markusplatz von Venedig säumen. Die Venezianer, die den Kaffee nach Westeuropa gebracht haben, kochen und servieren das Getränk auch heute noch mit fast andächtiger Sorgfalt.

Ein Reisender, der eine freudige Überraschung erleben will, sollte bei seinem ersten Besuch Venedigs mit dem Zug fahren. Während des letzten Teils zwischen Mestre auf dem Festland und Venedig draußen auf der Lagune sieht man durch das Abteilfenster nur einige Masten und Kräne – Silhouetten, wie man sie in jedem Hafen der Welt erblickt. Der Zug kommt auf dem Bahnhof an, der genau so ist wie jeder andere Großstadtbahnhof – Züge fahren ein und aus, Lautsprecher tönen, eilige Reisende drängen zu den Zügen, lange Schlangen beladener Karren, Träger mit Unmengen von Gepäck. Unwillkürlich bereitet man sich auf den Schauplatz vor dem Hauptbahnhof draußen vor, wie er sich in Italien immer bietet: Ein Platz voll wimmelnder Busse und Autos, Fußgängermassen, die den Bürgersteig überfluten und ihr Leben tollkühn gegen Mopeds und Taxis aufs Spiel setzen.

Aber in Venedig ist es anders. Dort schreitet der Besucher durch das Bahnhofsportal, und siehe da – anstelle des übervollen, umbauten Platzes führen breite Treppenstufen, die sich über die ganze Front des Gebäudes erstrecken, direkt ans Wasser. Am Fuß der Treppen bewegen sich in dem durch Motorboote aufgewühlten Wasser die Gondeln mit dem hochgeschwungenen Bug auf und nieder. Vor den Augen breitet sich der überwältigende Anblick des Canale Grande aus, den Goethe „die schönste Straße der Welt" genannt hat. Er führt direkt in das kulinarische Zentrum der Stadt, zum Markusplatz, den Napoleon, ein anderer zu Superlativen neigender Reisender, den elegantesten Ballsaal Europas nannte. Am Kanal, auf dem Platz selbst und in den Straßen hinter dem Glockenturm der St.-Markus-Kirche befinden sich einige der besten Restaurants Europas.

Außer den Kirchen und öffentlichen Gebäuden gibt es noch zahlreiche Paläste in Venedig. Sie zeugen von dem früheren unglaublichen

Reichtum der Stadt und erinnern daran, daß dieser Ort zu seiner mittelalterlichen Glanzzeit die betörendste, prächtigste und spektakulärste Stadt der Welt war, eine Stadt, die einst, wie Wordsworth sagte, den „prunkenden Orient zum Frondienst zwang". Ihr Reichtum und ihre Paläste beruhten auf den Handelsmonopolen für die damals seltenen Nahrungs- und Genußmittel: Zucker, Salz, Pfeffer, Gewürze, Kaffee. Und die Stadt versorgte nicht nur die übrige europäische Welt mit diesen Waren, sondern verwendete sie auch selbst sehr großzügig und entwickelte mit ihnen eine raffinierte, erfindungsreiche Küche, eine vollendete *cuisine,* bereichert durch die Produkte jener Länder, die Venedig während jener Zeit beherrschte, als sein Reichtum und seine Macht ihren Gipfelpunkt erreicht hatten.

Von den drei zu Venedig gehörenden Provinzen hat nur Venetien, in der die Stadt liegt, eine rein italienische Küche. Die Küche des Trentino-Tiroler-Etschlandes im Nordwesten, welches einst zur österreichisch-ungarischen Monarchie gehörte, ist in der Hauptsache deutsch-österreichisch. Noch weiter entfernt liegt Friaul-Julisch-Venetien, das einen Teil der dalmatinischen Küste in der Nähe von Triest umfaßt: dort findet man einen österreichischen, ungarischen, slawischen, balkanischen Einschlag. Diese Einflüsse sind eine natürliche Folge der Tatsache, daß Venedig einst das ganze heutige Jugoslawien beherrschte und der adriatische Hafen des damaligen österreichisch-ungarischen Reiches war.

Heutzutage erwartet der Besucher Venedigs eine „italienische" Küche, und dem Verlangen wird stattgegeben. Was er bekommt, ist gewiß italienisch, aber nicht unbedingt venezianisch.

Trotzdem hat Venedig nicht allen seinen kulinarischen Traditionen entsagt, um dem Tourismus zu dienen. Es ist schwer, ein repräsentativeres Menü zu finden als jenes, das ich an einem Septembertag im Restaurant Colomba aß. Es begann mit einem Mittelmeerfisch mit weißem Fleisch, *orata,* der mit Muscheln und Krebsen gekocht und mit Curry, ein wenig Tomatenmark, Majoran, Muskat und Kapern zubereitet war. Dann gab es *fegato alla veneziana* – stark gepfefferte, mit Zwiebeln gebratene Kalbsleber *(Seite 117).* Die Zusammenstellung von Leber und Zwiebeln findet man in vielen Teilen der Welt, aber die Venezianer behaupten, sie erfunden zu haben. Ob dies der Fall ist, sei dahingestellt; Tatsache ist jedoch, daß Leber anderswo oft ein recht prosaisches Gericht sein kann, in Venedig aber ein seltener Genuß ist. Glücklicherweise gab es zu meiner Leber die dortige *polenta* – nicht die gelbe, die man in den meisten Teilen Norditaliens bekommt, sondern eine feine weiße Sorte, die aus dem weißen Mais aus Friaul-Julisch-Venetien hergestellt wird.

Die Hauptgänge meiner venezianischen Mahlzeit wurden von den Weinen aus der Umgebung begleitet – einem weißen Casteller und einem roten Merlot, die beide aus dem Oberetschtal stammten. Der weiße war leicht, trocken und fruchtig wie ein Rheinwein, der rote warm mit viel Charakter, jedoch leicht pikant. Die Weine aus dem Oberetschtal spiegeln oft den Geschmack der Einwohner wider, die lange unter österreichischer Herrschaft gelebt haben. Venetien, Friaul-Julisch-Venetien und Trient produzieren alle eine große Auswahl von Weinen. Der ganze nordöstliche Bezirk mit Ausnahme der hohen Bergmauer im Norden, die ihn vor den kalten Winden schützt, ist ein bemerkenswertes Weinbaugebiet. Der Besitzer des Restaurants Apicio im Hotel Metropole in Rom lud mich einmal zu einem Diner ein, für das er drei der feinsten Weine auswählte, die in der Nähe Venedigs zu finden sind: den ausgezeichneten weißen aus dem Pustertal, Pusterla Valle d'Oro, den herzhafteren weißen Vespaiolo und einen kräftigen Rosé, Cerasuolo del Piave. Viele Weine aus der Gegend von Venedig werden exportiert. Zu den besten Ausfuhrprodukten gehören Soave, Valpolicella und Bardolino *(alle auf Seite 77 abgebildet).*

Commendatore A. Deana, Besitzer des Colomba und Liebhaber moderner Kunst, hatte überall an den Wänden seines Restaurants Bilder von Künstlern der Gegenwart hängen, und der Umschlag der Speisekarte war von dem berühmten Maler Giorgio de Chirico entworfen worden (der zufällig am selben Tag dort zu Mittag aß). Der Mahlzeit, die ich bestellte und die ebenfalls ein Kunstwerk war, fehlten nur zwei Gerichte zum idealen, klassischen Mahl Venedigs: *scampi* und *risi e bisi* (Reis und Erbsen), das charakteristischste aller venezianischen Rezepte *(Seite 117)*. Aber dafür war es nicht die richtige Jahreszeit. Der echte Venezianer besteht darauf, daß die Erbsen jung, frisch und zart sind, was bedeutet, daß *risi e bisi* nur im Frühling zu haben sind; Pedanten verlangen sogar, daß die Erbsen von den Feldern zwischen Chioggia und Burano an den Ufern der venezianischen Lagune stammen. Der Reis und die Erbsen werden in Hühner- oder Fleischbouillon gekocht, und das Gericht hat etwas ausgesprochen Flüssiges; man kann sofort einen Streit vom Zaun brechen, ob *risi e bisi* ein Gemüsegericht oder eine Suppe sei. Wie aber auch immer, man bekommt gewöhnlich eine Gabel, um es zu essen – selbst in Restaurants, die das Gericht als Suppe führen.

*Scampi* lassen sich auf eine anscheinend unbegrenzte Anzahl von Arten zubereiten. Sie werden zum Beispiel mit anderen Krustentieren kombiniert oder in einem *brodetto* angerichtet, in Schinkenscheiben gerollt oder gekocht und nach dem Abkühlen mit Olivenöl, Zitronensaft, Salz und Pfeffer angemacht. *Scampi* können im Ofen gebacken oder gebraten oder aber – und diese Zubereitungsart habe ich im Laufe der Zeit am meisten schätzen gelernt – in Butter und Knoblauch gegrillt werden *(Seite 116)*.

*Scampi* sind zwar etwas Besonderes, werden aber trotzdem überall angeboten. Es gibt jedoch eine Meerestierspezialität, der ich nirgendwo in der Welt außer in Venedig begegnet bin: Austern mit Kaviar. Der Kaviar stammt nicht aus Rußland, sondern vom Stör des Po, des größten italienischen Flusses, der in Venetien in die Adria mündet. Das Geheimnis der Zubereitung liegt darin, daß man den beiden Bestandteilen genügend Zeit gibt, ihre Aromen miteinander zu verbinden. Die Auster wird geöffnet, mit Kaviar bedeckt und mit Zitronensaft und Pfeffer gewürzt (manchmal mit Cayenne-Pfeffer). Dann legt man die obere Schale wieder auf die Austern und stellt sie mehrere Stunden vor dem Anrichten in den Kühlschrank.

Unter den Fischgerichten Venedigs gibt es viele mit Bezeichnungen im venezianischen Dialekt, die selbst für andere Italiener fremdartig klingen: *sfogie in saòr* (Seezunge mit Kräutertunke), *sardoni a scotadeo* (frische, auf Spießchen gebratene und mit Zitronensaft beträufelte Sardinen) oder *bisato in tecia* (Aal mit Tomaten, Kräutern und gerösteten, mit Parmesan bedeckten Brotscheiben). Die Venezianer bereiten Aal auf die verschiedenste Weise zu. Das Aalgericht, das den Namen der Stadt trägt, *anguilla alla veneziana,* wird mit Thunfisch und Zitronensaft serviert. Sehr beliebt ist auch *anguilla marinata,* Aal in einer Öl- und Essigmarinade *(Seite 117)*.

Daß gesalzener oder gedörrter Kabeljau so sehr geschätzt wird, wirkt in einer ausgesprochenen Seestadt etwas merkwürdig, da stets frische Meerestiere vorhanden sind. Aber Venedig teilt die Vorliebe für diesen Fisch mit allen südwestlichen Ländern Europas; man begegnet dem Kabeljau an der baskischen Küste Nordspaniens und in Portugal, in Südfrankreich, Sizilien und vielen anderen Teilen Italiens. Die Normannen – die gedörrten Fisch seit ihrer Wikingerzüge kannten – vermachten dieses Gericht dem Süden; es war in der Tat ihr einziger Beitrag zur lateinischen Küche. Als Folge hiervon produziert Venedig eine Vielzahl von Speisen, die *stoccafisso* enthalten (der Kabeljau wird aus Norwegen importiert, wo er an Gestellen aus Stöcken zum Dörren aufgehängt und deshalb „Stockfisch“ – auf norwegisch *stokkfisk* – genannt wird). Eine etwas andere Art von ge-

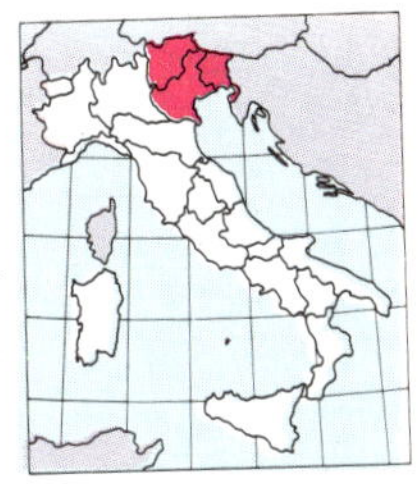

Wie die Stadt Venedig vom Wasser abhängt, so zehrt auch das typisch venezianische Menü vom Meer. Sehr beliebt sind die garnelenähnlichen *scampi* mit *risi e bisi* (Reis und Erbsen). In Padua gibt es Beignets aus Kürbisblüten; in Rovigo rote Beten, in Vicenza Puter; in Verona goldenes Kuchenbrot mit Moosbeeren; in Treviso *radicchio* (Lattich) als Salat, im Trentino-Tiroler-Etschland ißt man österreichisch. Im Friaul-Julisch-Venetien findet man sowohl slawische als auch österreichische Gerichte.

trocknetem Kabeljau heißt *baccalà*. Er ist nach dem Einsalzen langsam auf den Klippen in der Sonne gedörrt worden und bildet die Grundlage einer ganzen Anzahl venezianischer Gerichte, darunter *baccalà mantecato* (Klippfisch in Sahnesauce) und *baccalà alla vicentina* (Klippfisch in Milch gekocht und mit Zwiebeln, Knoblauch, Anschovis sowie Zimt und einer Handvoll anderer Gewürze abgeschmeckt).

Wenn auch Fisch den Appetit der Küstenbewohner befriedigt, so wird doch bereits eine kurze Strecke landeinwärts die Küche vom Reis beherrscht. Allerdings fügt man Meerestiere häufig den Reisgerichten zu, so bei *risotto con scampi* *(Seite 116)*. Jahrhundertelang hat Venedig den größten Teil der Po-Ebene beherrscht, wo man Reis anbaut, und deshalb gibt es auch eine lange Liste venezianischer Reisgerichte; die meisten sind, wie *risi e bisi,* ausgesprochen flüssig. Eine Ausnahme bildet *riso ai gamberi,* gekochter Reis, der körnig ist und mit einer Sauce aus Krabben, Knoblauch, Olivenöl, Pfeffer und Tomaten gegessen wird. „Die Menschen aus Venetien und besonders die Venezianer schätzen den *risotto all'onda,* [‚Wellenreis']. Ein solcher Name für ein Gericht konnte nur einem seefahrenden Volk einfallen", schrieb im Jahre 1965 der italienische Gastronom Giuseppe Mazzotti in *Le Vie d'Italia.*

Ein Phänomen unter den venezianischen Reisgerichten ist *risi con la ua* (venezianischer Dialekt für „Reis mit Trauben"). Da frische süße Malagatrauben benutzt werden, könnte man annehmen, daß man nur noch Zucker hinzuzufügen braucht, um ein üppiges Dessert zu bekommen. Keineswegs – die anderen Zutaten sind Knoblauch, Öl und Petersilie, und das fertige Gericht wird dick mit geriebenem Parmesan bestreut.

Ein Gondoliere treibt sein Boot durch einen der kleinen Seitenkanäle von Venedig, um die Läden und Restaurants mit Gemüse zu beliefern. Während sich heute in den Kanälen von Venedig die Motorboote drängen, dienen die Gondeln immer noch als Lieferwagen – und als Taxis für Passagiere, die es nicht eilig haben.

Unter den Reiskombinationen befinden sich „weißer" und „schwarzer" Reis. *Risotto bianco,* ein herzhaftes Gericht, wird gewöhnlich zu Fisch serviert und darf nicht mit *riso in bianco* (Reis in einer Bouillon) verwechselt werden. Er wird „weiß" genannt, weil er keine Tomaten enthält und deshalb auch Magenkranken bekommt. *Risotto nero* oder *risotto con le seppie* wird mit Tintenfisch bereitet, dessen „Tinte" den Reis schwarz färbt. „Bei diesem Gericht", schreibt Mazzotti, „runzeln Neulinge argwöhnisch die Stirn und rümpfen die Nase; trotzdem lassen sie sich fast stets beim zweiten Bissen durch den einzigartigen Geschmack des Gerichtes gewinnen, so befremdlich es auch zunächst aussehen mag."

In Italien wird das Auge im allgemeinen viel eher verführt als geängstigt, und es gibt kaum Orte, die es an optischem Charme mit den pittoresken Städten aufnehmen können, die einst von der Republik Venedig besiegt und lange beherrscht wurden. Alle stehen der kulinarischen Tradition Venedigs nahe, doch hat jeder Ort noch seine eigenen Gerichte und Zutaten. Padua, wo Galilei an der bereits 1222 gegründeten Universität lehrte, hat *fiori di zucca alla padovana* beigesteuert, Beignets aus einer Kürbisblütenart, und *saore,* eine Marmelade aus Traubenmost, Birnen und Äpfeln. Aber es gibt noch viele andere gute Dinge in Padua, darunter feine Omeletts, Beefsteaks mit Pilzen in Weinsauce und alle Arten Kaffee. Sie reichen vom kohlschwarzen *espresso* bis zum hellbraunen *cappuccino,* der seinen Namen nach den Kutten der Kapuzinermönche erhielt. Auch lieben die Paduaner den *caffè alla Borgia,* der einen Schuß Aprikosenschnaps enthält und mit Zimt bestreut wird.

Rovigo, eine weitere Stadt der alten Inselrepublik, ist das Zentrum einer als Polesine bekannten Region. Das Wort geht auf das lateinische *Pullicinium* zurück, das heißt Land, das aus dem Meer gestiegen ist. Genauer gesagt, ist es Land, das durch den von Po und Etsch angeschwemmten Schlamm entstanden ist. Dieser Schlamm hat sich 21 Kilometer lang als reiches Schwemmland zwischen der jetzigen Küste und dem alten Hafen Adria abgelagert, der von etwa 600 v. Chr. bis ins vierte nachchristliche Jahrhundert benutzt wurde und nach dem das Adriatische Meer benannt ist. Dieses Gebiet ist ein natürliches Agrarland; aus seinen Zuckerrüben werden 100000 Tonnen Zucker im Jahr gewonnen. Vicenza ist eine reizvolle Stadt in einer schönen Umgebung. Hier wirkte im 16. Jahrhundert der berühmte Architekt Palladio, dessen Schöpfungen den englischen Baumeister Christopher Wren stark beeinflußt haben. Kulinarisch ist Vicenza das Puterzentrum. Jedes Jahr findet dort ein Jahrmarkt statt, bei dem früher ein grausamer Wettstreit veranstaltet wurde. Man verband den Teilnehmern die Augen, und dann mußten sie versuchen, mit langen Stäben einem Puter den Kopf einzuschlagen. Heutzutage widerfährt den Tieren als schlimmstes Schicksal, *con sugo di melagrana* (mit Granatapfelsauce) aufgetragen zu werden.

Jeder kennt Verona als die Stadt Romeos und Julias. Dort gibt es sogar ein Romeo- und Julia-Restaurant mit Fresken an den Wänden, welche die Geschichte der Liebenden darstellen. Die Fremdenführer lassen sich nicht davon zurückhalten, daß das Liebespaar erdichtet war, und zeigen den Besuchern Julias Grab und die Häuser, in denen die Familien der beiden gewohnt haben sollen. Doch hat Verona noch andere literarische Assoziationen. Hier fand der große mittelalterliche Dichter Dante Alighieri eine Zuflucht, als er aus Florenz verbannt wurde, und ihm zu Ehren gibt es in Verona einen Platz, die Piazza Dante, und ein imposantes Café im Stil des 18. Jahrhunderts, das Caffè Dante heißt. Dort kann man eine Schöpfung Veronas genießen, die fast mit seinen römischen Altertümern konkurrieren kann. Und zwar ist es das *pan d'oro,* der beliebteste Kuchen der ganzen Region von Venetien, ein im Munde zergehendes Backwerk mit zartem Vanillegeschmack. Es paßt gut zu einem Fruchtdessert, *mirtillo*

Mit der *espresso*-Maschine läßt sich am schnellsten der starke, schwarze Kaffee bereiten, den die Italiener lieben. Eine Batterie von Maschinen wie hier kann den Ansprüchen eines großen Restaurants genügen.

genannt, das ich einmal in dem berühmten Veroneser Restaurant Zu den Zwölf Aposteln gegessen habe. *Mirtillo* ist eine herbe rote Beere, die wie eine kleine Moosbeere aussieht und auch so schmeckt.

Auf dem Markt von Verona wird alles, von Dattelpflaumen bis Kartoffeln, von Kastanien bis Schnepfen, unter bunt gestreiften Schirmen angeboten, die den Waren Schutz vor der Sonne bieten. Die handfesten Marktfrauen stecken sich manchmal zum Schmuck ein oder zwei Lattichblätter ins Haar. Die Käufer kauen die hungerstillenden *bombolini,* panierte *gnocchi,* die von den Verkäufern aus Töpfen mit siedendem Fett gefischt werden. Und auf dem passenderweise Piazza delle Erbe (Kräuterplatz) genannten Platz, auf dem der Markt stattfindet, hat der Besucher außerdem noch Gelegenheit, jene Kontinuität von Vergangenheit und Gegenwart zu beobachten, die so bezeichnend für das heutige Italien ist. Die Marktbuden gruppieren sich um einen aus vorchristlicher Zeit stammenden römischen Brunnen und um eine venezianische Säule aus dem 16. Jahrhundert, und das alles wird von den mittelalterlichen Palästen beherrscht, welche die Piazza delle Erbe umgeben.

So faszinierend der Markt von Verona auch sein mag, ich persönlich ziehe die Märkte von Treviso vor, die eine Reihe nebeneinanderliegender Plätze umfassen. In früheren Zeiten begaben sich die Dogen und Aristokraten Venedigs im Sommer in das kühlere Treviso, „den Garten Venedigs". So entstand eine Tradition der guten Küche und des guten Lebens in jener Stadt, und heute behaupten viele Kenner, daß die feinste Küche in Treviso zu finden sei. Man kann einen Gang durch die Märkte von Treviso gut hinter der Piazza dei Signori (dem Herrenplatz) beginnen, wo auf einer im Freien befindlichen Empore ausschließlich Pilze verkauft werden, und zwar hauptsächlich die kleinen orangefarbenen, die unter den Kiefern an den umliegenden Hügeln wachsen. Biegt man um die Ecke, ist man auf dem Obst- und Gemüsemarkt. Wieder eine Ecke weiter kommt man zum Fischmarkt, der bequemerweise an den Kanälen liegt, in die man alle Abfälle wirft. Diese Art der Abfallbeseitigung hat aus den Kanälen nicht, wie in Venedig, Kloaken gemacht (wo sich in den Seitenkanälen die kaum merklichen Gezeiten nicht auswirken können). Die Kanäle von Treviso dienen dazu, die rasch fließenden Bergwasser durch die Stadt ins Meer zu leiten, und sie bleiben klar und sauber, selbst wenn sie den Abfall des Fischmarkts den gefräßigen Möwen entgegentragen, die im kreisenden Sturzflug vom Himmel herabstoßen, um danach zu tauchen.

Im späten Herbst und Winter leuchtet der Gemüsemarkt von Treviso von *radicchio,* einer lattichähnlichen Pflanze, die es nirgendwo sonst auf der Welt gibt. Sie ist eine Spezialität dieser Gegend und kommt in zwei Sorten vor, die eine stammt aus der Gegend von Treviso selbst, die andere aus Castelfranco Veneto, der Südwestecke der Provinz. Beide Sorten sind sowohl hübsch anzusehen als auch schmackhaft. *Un fiore che si mangia* (ein Blume, die man essen kann), so beschrieb sie ein Dichter aus dieser Gegend; *re delle insalate* (der König der Salate) ist eine andere Bezeichnung. Die dekorative Eigenschaft des *radicchio* stellt den Käufer vor ein Problem: soll man das Gewächs behalten und anschauen oder aber aufessen – ein Verschen drückt es so aus: *„Se lo guardi, egli è un sorriso; / Se lo mangi è un paradiso: / Il radicchio di Treviso."* Man könnte dies (sehr frei) übersetzen: „Ihn anschauen, das ist süß; / Ihn aufessen, ein Paradies: / Der *radicchio* von Treviso."

Der *radicchio* von Treviso gleicht in seiner Form ein wenig einem zarten Lattich und ist von hellem, fast rosigem Rot und weiß geädert. Die Sorte aus Castelfranco ähnelt in der Form einer Kamelie und ist rosa, aber nicht gleichmäßig, sondern hat dunklere Streifen auf hellerem Grund und einen milderen, süßeren Geschmack. In einigen

Restaurants mischt man die beiden Sorten und nennt das Resultat zur Empörung der dortigen Kenner – und derer gibt es viele – „Treviso-Salat". Die beiden *radicchi* sind durchaus verschieden – zumindest gemäß der örtlichen Überlieferung – und sollten auch auf dem Tisch getrennt bleiben.

Auch in Friaul-Julisch-Venetien schätzt man die alten Bräuche. Die Friauler bewahren hartnäckig die Sitten einer nüchternen, arbeitsamen, zurückhaltenden Bevölkerung und backen auch heute noch ihr eigenes Brot, statt es beim Bäcker zu kaufen. Ihr Familienleben konzentriert sich wie ihre berühmte Gastfreundschaft um den *fogher* – den Kamin oder offenen Herd. Dieser steht häufig in der Mitte der Küche, und darüber befindet sich ein gewölbter Rauchfang, durch den Rauch und Küchendünste abziehen; umgeben ist er von einem schönen schmiedeeisernen Grill, an dem die Töpfe, Kessel, Bratspieße und andere Utensilien hängen, die man zur Zubereitung über einem offenen Feuer braucht.

So uritalienisch die Gastronomie von Friaul-Julisch-Venetien nach ihrer Grundlage und Überlieferung auch ist, so lassen sich doch in einigen Teilen des Nordostens starke außeritalienische Einflüsse nicht verleugnen, denn sie grenzt im Osten an slawisches und im Norden an germanisches Gebiet, das einst zur österreichisch-ungarischen Monarchie gehört hat. So gibt es in Venetien einige Enklaven der österreichischen Küche, und man findet gelegentlich auch einige ungarische und balkanische Gerichte.

Das Trentino-Tiroler-Etschland war vor dem Ersten Weltkrieg das österreichische Südtirol, und abgesehen von dem berühmten Parmaschinken hat ein typisches Menü durchaus österreichischen Charakter. Natürlich sind einige Namen italianisiert worden, andere aber blieben unverändert: Schneckensuppe und die Saure Suppe (aus Kaldaunen), die Würstel und der Sauerbraten. Strudel und Tiroler Krapfen sind in der ganzen Welt unter ihren deutschen Namen bekannt; ein wenig schwieriger ist es schon, *crauti* als die italienische Form von Sauerkraut zu erkennen.

Im Trentino-Tiroler-Etschland findet man auch das nicht-italienische Gulasch auf der Speisekarte verzeichnet. Dieses ungarische Gericht ist vermutlich auf dem Umweg über die österreichische Küche ins Trentino-Tiroler-Etschland gekommen. Aber man begegnet ihm auch in Triest an der Grenze nach Jugoslawien, unweit der ungarischen Grenze.

Triest ist eine Stadt der Böen, die häufig derart stark sind, daß die Polizei den Bürgersteig mit einem Seil sichern muß, damit sich die Fußgänger daran festhalten können; dabei bekommen sie einen herzhaften Appetit auf die deftige Küche ihrer Stadt, die von den Ungarn eine Anzahl Gerichte entlehnt hat, einschließlich einer Mischung von zwei Käsearten (Gorgonzola und *mascarpone*), die verrührt und mit zerdrückten Anschovis, Kümmel, Lauch und Senf angemacht werden. Durch die geographische Lage der Stadt sind in Triest viele Küchen zusammengetroffen und haben deren Speisekarte sehr vielseitig gestaltet. Ich besitze ein Kochbuch, *Trieste Cooking,* in dem 1182 Rezepte stehen. Darin wird behauptet, daß die Gerichte alle regelmäßig in Triest serviert würden, jedoch verschiedenen Ursprungs seien. Manche Namen sind zu weit hergeholt, als daß man in ihnen anderes denn schrullige Entlehnungen sehen könnte – so die „portugiesische Butter" (mit Ei und Tomatenmark) oder die „schwedische Biskuitrolle". Aber die vielen Gerichte mit Namen vom Balkan in diesem Kochbuch tragen diese sicherlich zu Recht – Artischocken oder Gurken auf griechische Art (mit Öl, Zitronensaft, Stangensellerie, Lorbeerblättern und Fenchelsamen angemacht), *jota* (eine unglaublich sättigende Suppe aus Bohnen, Maismehl und Kohl, der manche Köche auch noch Schweinegrieben hinzufügen) oder *gnocchi* mit Powidl (Pflaumenmus).

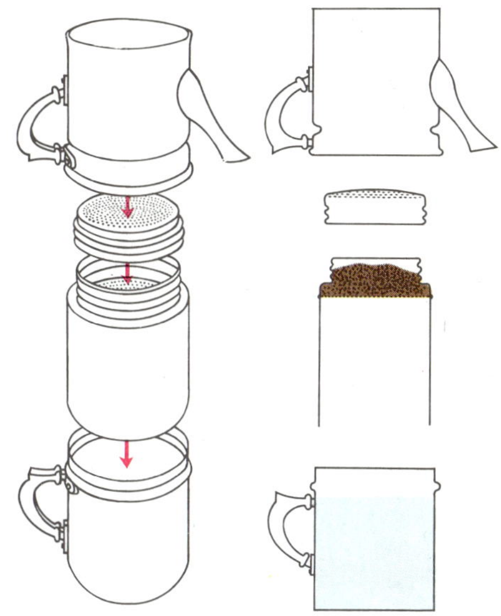

Italienischer Kaffee kann zu Hause in einem Kaffeetrichter, einer *napoletana,* zubereitet werden: der innere Zylinder wird mit feingemahlenem, stark geröstetem Kaffee gefüllt und der Filter befestigt; in den äußeren Zylinder gießt man Wasser.

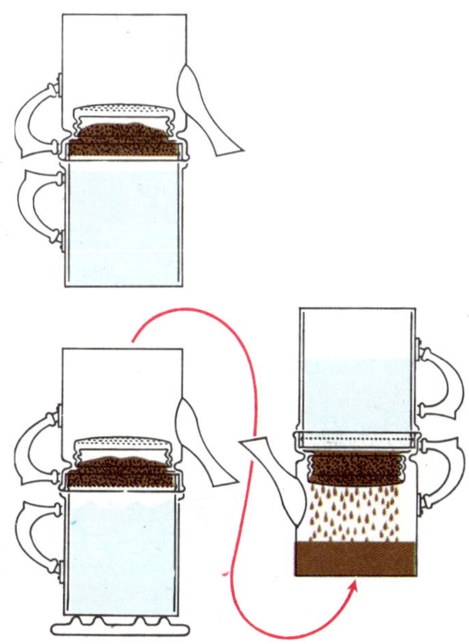

Nachdem der äußere Zylinder mit Wasser gefüllt ist, wird der innere Zylinder hineingetan. Das mit einer Tülle versehene Gefäß setzt man mit der Tülle nach unten darauf. Das Gerät wird bei niedriger Hitze zum Sieden gebracht. Dann wird die *napoletana* umgedreht, so daß die Tülle nach oben zeigt; der Kaffee tropft dann durch den Filter.

In einem Restaurant auf dem Lande bei Treviso werden Hühner sowie Schnepfen und anderes wilde Geflügel in einer Grillvorrichtung zubereitet, die mitten im Raum steht, so daß sie gleichzeitig kocht und ihre Umgebung wärmt. Man nennt sie *fogher,* und ihre Grillspieße werden automatisch mit unterschiedlicher Geschwindigkeit gedreht. Die Köchin begießt das Geflügel mit flammendem Backfett.

Wenn es jedoch um den Einfluß der Balkanküche auf das italienische Essen geht, dann ist das berühmteste aller Gerichte keine Triester Spezialität, sondern überraschenderweise ganz im Westen anzutreffen, im Trentino-Tiroler-Etschland. Es ist die sogenannte Elefantenplatte, die im Hotel zum Elefanten in Brixen (Bressanone) serviert wird. Ihr Ursprung ist das national-serbische Gericht *Balkanska plosca,* in dem alle möglichen Fleischsorten über einen Berg von gewürztem Reis gehäuft sind – „eine seltsame Mischung aus Wald und Feld, aus Bitter und Süß, Grob und Zart, Heiß und Kalt, Feucht und Trocken, Leicht und Schwer". Diese Worte von Petrarca beziehen sich auf die Bankette des 14. Jahrhunderts, aber seine Beschreibung paßt genausogut auf die Elefantenplatte des Hotels zum Elefanten.

Die einheimische Überlieferung weiß nicht, wie das Gericht von Serbien nach Brixen gekommen ist, und die Verwaltung des Hotels, in dem es serviert wird, ist sich seines serbischen Ursprungs nicht bewußt. Aber so merkwürdig es auch scheint, ein serbisches Gericht so weit von seinem Heimatland entfernt anzutreffen, so ist es doch nicht weniger seltsam, es in einer Alpenlandschaft unter dem Namen eines Tieres zu finden, das alles Tropische und Exotische symbolisiert. Die Elefantenplatte erhielt ihren Namen angeblich nach einem Elefanten, der Salomon hieß und im 16. Jahrhundert in Brixen auftauchte, zu einer Zeit, als zweifellos im Umkreis von vielen hundert Kilometern kein Elefant zu sehen gewesen war (der karthagische Eroberer Hannibal hatte im Jahre 217 vor Christus seine Kriegselefanten nach Italien gebracht, und obwohl niemand genau weiß, wo er die Alpen überquert hat, so war es doch höchstwahrscheinlich viel weiter westlich als bei Brixen).

Salomon kam im Herbst 1551 nach Brixen. Er war ein Geschenk Johannes III. von Portugal an Maximilian von Österreich und reiste über Land von Genua nach Wien, begleitet von seinen Wärtern. In Brixen erfuhren Salomons Begleiter, daß der Brenner-Paß verschneit

war, und so beschlossen sie, den Winter über in der Herberge am Hohen Feld zu bleiben, die seit ihrem Bau im Jahre 1420 keine besondere Aufmerksamkeit erregt hatte. Salomon war es, der dem Ort seinen Ruf verschaffte. Als die Schneeschmelze kam und das Tier weiterzog, änderte der Besitzer der Herberge zu Ehren seines erlauchtesten Gastes ihren Namen, und seitdem heißt sie „zum Elefanten".

Die Elefantenplatte, die dort serviert wird, hat wahrhaft ungeheure Proportionen und besteht aus drei Gängen. Zuerst kommt eine *Hors-d'œuvre*-Platte, beladen mit Sardinen, Thunfisch, hartgekochten Eiern in Mayonnaise, *prosciutto,* Salami, verschiedenem Wurstaufschnitt, Tomatenscheiben und Salaten – ein Mammut-*antipasto*. Der zweite Gang besteht aus einer meterlangen Platte mit Fleisch und Gemüsen; sie mögen sich von Zeit zu Zeit ändern, aber in der Regel sind meistens sechs verschiedene Sorten Fleisch und 12 Gemüse dabei. Eine Auswahl, die ich probierte, enthielt gegrillte Steaks, Bouletten aus Hackfleisch, Schweinekoteletts, Kalbsschnitzel, gegrillte Leber, gekochten Schinken und Fischrogen – begleitet von Sauerkraut, Reis, Kartoffeln (auf fünf verschiedene Arten zubereitet), Makkaroni, Spaghetti, Erbsen, Mohrrüben, Spinat, gegrillten Tomaten, Bohnen, Zucchini und Gurken. Die dritte Platte ist ganz unwiderstehlich, gleichgültig, ob man satt ist oder nicht: sie bietet eine Auswahl von Käsen, Kompotten, Kuchen und frischem Obst.

Wer die Absicht hat, nach Brixen zu gehen und die Elefantenplatte zu bestellen, sollte eine ganze Gesellschaft mitbringen. Die Köche des Hotels bereiten sie nur für mindestens vier Personen zu, und mehr sind ihnen noch lieber. Man erzählt sich dort eine Geschichte, in der ein Gast ohne Begleitung erschien, darauf bestand, die Elefantenplatte serviert zu bekommen, und sie ganz allein aufaß – es ging um eine Wette. Er gewann sie, starb aber danach. Die Hotelverwaltung schätzt diese Geschichte wenig. „Natürlich starb er danach", sagt sie. „Jeder stirbt danach. Er starb lange Zeit danach. An Arterienverkalkung."

Neben einem kleinen *fogher* in der Küche eines Landhauses auf der venezianischen Insel Torcello wartet eine Familie darauf, daß ihr Abendessen – eine Bohnensuppe – warm wird. Unter dem Grill befinden sich die Scheite für die Feuerung des Ofens.

Die Küche in der Villa Piovene bei Vicenza, die aus dem 18. Jahrhundert stammt, wird heute noch täglich benutzt und sieht fast genau so aus wie damals. Die Köchin *(am Spültisch im Hintergrund)*, die seit 50 Jahren für den Besitzer kocht, verfügt zwar über einen Gasherd, aber ihre besten Gerichte werden noch über dem offenen Feuer bereitet.

Eine Kaffeemühle, eine Waage und eine Reihe Kupferpfannen gehören zu der Sammlung alter Küchengeräte des Landhauses. Während des Zweiten Weltkrieges wurde die Kupferpfannensammlung für unersetzlich erklärt und entging dadurch der Beschlagnahme durch die italienische Regierung. Sie ist seither intakt geblieben.

Noch älter als die Küche selbst ist der Spültisch – ein aus dem 16. Jahrhundert stammender Brunnen aus rosafarbenem Marmor, der ursprünglich für ein nahegelegenes Kloster gemeißelt und später zum Gebrauch in der Villa umgebaut wurde. Die Köchin spült ihre Töpfe, Pfannen und das Geschirr in den beiden hölzernen Zubern und läßt sie dann auf Gestellen trocknen.

Für 6 bis 8 Personen

1 kg Fischköpfe, Gräten und Abfälle
3 Tassen Wasser
1 Tasse trockener Weißwein
$^{2}/_{3}$ Tasse Zwiebelringe
2 Selleriestangen mit Blättern
3 Petersiliensträußchen
1 Lorbeerblatt
$^{1}/_{4}$ TL getrockneter Thymian
$^{1}/_{2}$ Tasse Olivenöl
Je 1 kg von 3 verschiedenen Sorten weißer Fischfilets oder Fischkoteletts – wie Schellfisch, Kabeljau, Dorsch, Rotbarsch, Steinbeißer, Makrele, Heilbutt – in 5 cm große Stücke geschnitten
$^{1}/_{8}$ TL Safranpulver oder zerriebene Safranfäden
1 Tasse grobgehacktes frisches Tomatenfleisch (etwa 1 Pfund Tomaten, geschält, entkernt und leicht ausgedrückt)
3 EL feingehackte frische Petersilie
1 TL feingehackter Knoblauch
$^{1}/_{2}$ TL getrocknetes, zerriebenes Oregano
1 TL Salz
Frisch gemahlener schwarzer Pfeffer
1 EL frisch geriebene Zitronenschale (von ungespritzten Zitronen)

## *Zuppa di Pesce*

FISCHSUPPE

*Das fertige Gericht enthält nicht soviel Flüssigkeit für die vorgeschriebene Anzahl von Personen wie eine normale Suppe; es ist eher ein Fischgericht in einer pikanten Sauce. Trotzdem wird es wie eine Suppe mit dem Löffel gegessen.*

In einem 4 bis 6 l fassenden Email- oder rostfreien Kessel werden die Fischköpfe, Gräten, Flossen usw. in Wasser und Wein getan und bei großer Hitze zum Kochen gebracht. Den Schaum jeweils abschöpfen. Zwiebeln, den oberen Teil des Stangenselleries, Petersiliensträußchen, Lorbeerblatt und Thymian hineingeben und den Sud wieder zum Kochen bringen. Die Hitze reduzieren und unbedeckt 20 Minuten schwach kochen lassen. Den Sud durch ein feines Sieb in eine Schüssel

oder einen Kochtopf gießen, wobei man mit einem Löffel auf die Fischbestandteile und Gemüse drückt, um allen Saft herauszupressen.

Das Olivenöl in einem schweren, 4 bis 5 l fassenden feuerfesten Geschirr erhitzen, bis sich ein leichter Rauch bildet. Die Fischstücke bei mäßiger Hitze nur 2 bis 3 Minuten lang auf jeder Seite bräunen. Die Kasserolle schräg halten und mit einem tiefen Schöpflöffel alles Öl bis auf 2 oder 3 EL entfernen. Den Safran in den Fischsud rühren und diesen mit den Tomaten, 1 EL gehackter Petersilie, Knoblauch, Oregano, Salz und einer Prise Pfeffer in die Kasserolle tun. Das Ganze bei mäßiger Hitze zum Sieden bringen, vorsichtig umrühren, die Hitze reduzieren, den Deckel darauflegen und 5 bis 8 Minuten kochen lassen, bzw. bis der Fisch gar ist und leicht zerfällt, wenn man ihn mit einer Gabel prüft. Das Gericht darf nicht zu lange gekocht werden. Abschmecken und, falls nötig, noch mehr salzen und pfeffern, dann die beiden restlichen Eßlöffel gehackte Petersilie und die geriebene Zitronenschale darüberstreuen. Die Suppe wird am besten aus der Kasserolle serviert.

Hier sieht man einige der wohlschmeckenden Zutaten einer *zuppa di pesce*. Oben sind die Rohstoffe der Fischbrühe abgebildet, links Koteletts von drei verschiedenen Fischsorten – Makrele, roter Knurrhahn und Meeräsche.

Für 6 bis 8 Personen

500 g Langustenschwänze in der Schale oder aufgetaute tiefgekühlte Hummerkrabben
1 kg Fischköpfe und -abfälle
2 l Wasser
1/2 Tasse trockener Weißwein
2 kleine Zwiebeln, in Scheiben geschnitten
1 Mohrrübe, in Scheiben geschnitten
2 Petersiliensträußchen
1 Lorbeerblatt
9 EL Butter
1/2 TL feingehackter Knoblauch
2 Tassen ungekochter Reis, möglichst italienischer
1/2 Tasse frisch geriebener Parmesan

## *Risotto con Scampi*

GESCHMORTER REIS MIT SCAMPI BZW. LANGUSTENSCHWÄNZEN

Die Schwänze vorsichtig schälen, die Schalen aufheben. Mit einem scharfen kleinen Messer jedes Schwanzstück den Rücken entlang einschneiden und die schwarze oder weiße Darmader entfernen. Die Langustenschwänze schnell unter kaltem Wasser waschen und auf Küchenkrepp trocknen lassen.

Die Schalen, Fischköpfe und -abfälle mit dem Wasser und Wein in einen 3 bis 4 l großen Glas- oder Emailkochtopf tun. Bei großer Hitze zum Kochen bringen, wobei man den sich bildenden Schaum abschöpft. Zwiebeln, Mohrrüben, Petersilie und das Lorbeerblatt hinzufügen, den Schaum von Zeit zu Zeit abschöpfen und den Sud teilweise bedeckt 30 Minuten schwach kochen lassen. Von der Kochstelle nehmen und die Flüssigkeit durch ein feines Sieb in einen anderen Topf gießen, wobei mit dem Rücken eines Löffels fest auf die Fischreste und Gemüse gedrückt wird, um alle ihre Säfte herauszupressen, ehe man sie fortwirft. Den Topf mit dem durchgegossenen Sud auf ein schwaches Feuer stellen und leise kochen lassen.

In einer schweren Pfanne mit einem 25 bis 30 cm großen Durchmesser 1 EL Butter bei mäßiger Hitze zergehen lassen. Die Langustenschwänze und den Knoblauch hineintun und unter häufigem Rühren 2 oder 3 Minuten schmoren und beiseite stellen.

Weitere 4 EL Butter bei mäßiger Hitze in einer schweren, 3 l fassenden feuerfesten Form zergehen lassen. 2 Tassen Reis hinzufügen und unter dauerndem Umrühren 2 oder 3 Minuten anrösten, bzw. bis die Körner ein wenig milchig aussehen. 2 Tassen der kochenden Brühe aufgießen und den Reis unbedeckt bei mäßiger Hitze und gelegentlichem Umrühren kochen lassen, bis fast alle Flüssigkeit aufgesogen ist. 2 weitere Tassen Brühe hinzufügen, wieder umrühren, bis sie ebenfalls eingekocht sind. Dann wieder 2 Tassen Brühe hinzufügen. Wenn auch diese eingekocht sind, sollte der Reis gar sein. Wenn er jedoch immer noch zu hart ist, noch mehr Brühe hinzufügen und weiterkochen lassen, bis der Reis gar ist.

Mit einer Gabel die Langustenschwänze, den Knoblauch und den Saft, der sich inzwischen in der Pfanne gebildet hat, vorsichtig hineinrühren. 4 EL weiche Butter und zuletzt den geriebenen Parmesan hinzufügen. Den *risotto con scampi* sofort servieren.

Für 6 Personen

1 kg Langustenschwänze in der Schale oder aufgetaute tiefgekühlte Hummerkrabben
8 EL (etwa 1/4 Pfund) Butter
1/2 Tasse Olivenöl
1 EL Zitronensaft
1/4 Tasse feingehackte Schalotten oder Frühlingszwiebeln
1 EL feingehackter Knoblauch
1 TL Salz
Frisch gemahlener schwarzer Pfeffer
4 EL feingehackte, möglichst glattblättrige frische Petersilie
Zitronenviertel

## *Scampi alla Griglia*

GEGRILLTE SCAMPI MIT KNOBLAUCHBUTTER

Die Schwänze werden von der Schale befreit, wobei man darauf achten muß, daß das letzte Stück Schale oder Schwanz nicht mit entfernt wird. Mit einem scharfen kleinen Messer jedes Schwanzstück den Rücken entlang einschneiden und die schwarze oder weiße Darmader entfernen.

Den Grill so stark wie möglich vorwärmen. In einer flachen feuerfesten Form oder Pfanne, die gerade groß genug für eine Schicht Schwänze ist, die Butter bei mäßiger Hitze zergehen lassen, wobei man darauf achten muß, daß sie nicht braun wird. Die 1/2 Tasse Olivenöl, die Schalotten, den Zitronensaft, Knoblauch, Salz und eine Prise Pfeffer hineinrühren, die Schwänze hinzufügen und in der Butter und dem Öl so lange wenden, bis sie auf allen Seiten glänzen. Dann 7 bis 10 cm von dem Grillstrahler entfernt die Langustenschwänze 5 Minuten grillen, wenden und weitere 5 bis 10 Minuten grillen, bzw. bis sie leicht gebräunt und fest geworden sind. Mit einer Zange die Schwänze auf eine vorgewärmte Servierschüssel legen, die Sauce aus der Pfanne darübergießen und mit gehackter Petersilie bestreuen. Mit Zitronenvierteln garnieren.

## *Risi e Bisi*

GEDÜNSTETER REIS MIT ERBSEN

Für 6 Personen

5 Tassen Hühnerbouillon, frisch, aus der Dose oder aus Würfeln
6 EL Butter
1/2 Tasse feingehackte Zwiebeln
2 Tassen frische grüne Erbsen (etwa 1 kg in der Schale)
1 1/2 Tassen ungekochter, möglichst italienischer Reis
125 g gekochter Schinken, in Würfel geschnitten (etwa 1 Tasse)
1/2 Tasse frisch geriebener Parmesan

In einem 2 bis 3 l fassenden Kochtopf die Hühnerbouillon zum Kochen bringen und bei niedriger Hitze schwach ziehen lassen. In einer schweren, 3 l fassenden feuerfesten Kasserolle 4 EL Butter bei mäßiger Hitze zergehen lassen. Die Zwiebeln hineintun und unter häufigem Umrühren so lange dünsten, bis sie glasig, aber nicht braun sind. Erbsen, Reis und gewürfelten Schinken hinzufügen. Ein oder zwei Minuten kochen lassen. Wenn die Reiskörner butterig und ein wenig milchig geworden sind, 2 Tassen der heißen Bouillon zugießen und etwa 5 Minuten unbedeckt unter gelegentlichem Umrühren kochen, bis fast alle Flüssigkeit aufgesogen ist. 1 weitere Tasse Bouillon hinzufügen und unter Umrühren so lange auf schwachem Feuer halten, bis auch diese fast verkocht ist. Dann eine weitere Tasse Brühe hineingießen. Nachdem auch diese aufgesaugt ist, sollten der Reis und die Erbsen gar sein. Jetzt vorsichtig die übrige Butter und den geriebenen Käse hineinrühren. Sofort anrichten.

## *Fegato alla Veneziana*

GEBRATENE KALBSLEBER MIT ZWIEBELN

Für 4 Personen

4 EL Olivenöl
1 Tasse feingeschnittene Zwiebeln
1/4 TL getrocknete Salbeiblätter
500 g Kalbsleber, in 1/2 cm breite Streifen geschnitten
Salz
Frisch gemahlener schwarzer Pfeffer
2 EL Weinessig, möglichst Weißweinessig
2 EL frisch gehackte Petersilie

2 EL Olivenöl in einer schweren Pfanne mit einem Durchmesser von 20 bis 25 cm erhitzen. Die Zwiebeln hinzufügen und unter häufigem Umrühren bei mäßiger Hitze 7 bis 8 Minuten dünsten. Dann die Salbeiblätter hineinrühren und weitere 2 bis 3 Minuten dünsten, bzw. bis die Zwiebeln leicht braun sind. Die Pfanne beiseite tun.

Die Kalbsleberstreifen mit Küchenkrepp abtrocknen, salzen und mit einer Prise Pfeffer bestreuen. In einer anderen großen und schweren Pfanne die restlichen 2 EL Olivenöl erhitzen, bis sich ein leichter Rauch bildet. Die Leberstreifen hineintun und unter häufigem Wenden 2 oder 3 Minuten braten, bzw. bis sie auf allen Seiten leicht angebräunt sind. Die Zwiebeln hineinrühren und zusammen mit der Leber 1 oder 2 Minuten weitergaren. Leber und Zwiebeln auf eine vorgewärmte Schüssel tun. Sofort den Weißweinessig in die Pfanne gießen und die Mischung ein oder zwei Minuten schnell aufkochen lassen, wobei man den Bratensatz daruntermischt. Die Sauce über die Leber und Zwiebeln gießen und mit der gehackten Petersilie bestreuen. Sofort anrichten.

## *Anguilla Marinata*

MARINIERTER AAL

Für 4 bis 6 Personen

MARINADE
1 Tasse Olivenöl
4 Tassen dünngeschnittene Zwiebeln (etwa 500 g)
6 geschnittene Knoblauchzehen
1/2 TL getrockneter Thymian
2 zerriebene Lorbeerblätter
8 Pfefferkörner
1 EL Salz
1 Tasse Weinessig, möglichst Weißweinessig
1 Tasse Wasser
1 kg frischer Aal, geputzt und in 8 cm lange Stücke geschnitten
1/4 Tasse Zitronensaft
Mehl
2 bis 4 EL Olivenöl

In einem schweren, 2 bis 3 l fassenden Kochtopf 1 Tasse Olivenöl erhitzen. Zwiebeln, Knoblauch, Lorbeerblätter, Pfefferkörner und Salz hineintun und bei mäßiger Hitze etwa 7 oder 8 Minuten dünsten, bzw. bis die Zwiebeln glasig, aber nicht gebräunt sind. Essig und Wasser hineingießen, zum Kochen bringen, die Hitze reduzieren und die Marinade unbedeckt 20 Minuten schwach kochen lassen.

Inzwischen werden die Aalstücke mit Zitronensaft bepinselt. Dann wälzt man sie in Mehl und schüttelt sie ab. In einer schweren Pfanne von 25 bis 30 cm Durchmesser 2 EL Öl erhitzen, bis sich ein leichter Rauch bildet. Gleichzeitig je 5 oder 6 Stücke Aal hineintun und bei mäßiger Hitze 4 bis 5 Minuten braten. Falls notwendig, mehr Öl hinzufügen. Den Aal in eine flache, 20 mal 30 cm große Glas-, Porzellan- oder Emailbackform legen und die heiße Marinade darübergießen. Sobald sie auf Zimmertemperatur abgekühlt ist, die Backform mit einer Alu- oder Plastikfolie bedecken und 24 Stunden in den Kühlschrank stellen. Zum Anrichten aus der Marinade heben und auf einer Platte anordnen. Vor dem Servieren mit Marinade beträufeln.

# VII

# *Genua und Ligurien*

Das Meer ist der Ursprung vieler ausgezeichneter ligurischer Gerichte. Auf der gegenüberliegenden Seite sind einige Fische abgebildet, auf die man hier besonders stolz ist: Kalmar *(oben links)*, Meerbrassen, je ein Zahnbrassen und ein Meerbarsch *(Mitte)*, Seebarben *(links unten)* und eine Makrele *(rechts unten)*.

Als die großen Galeonen sich noch mühsam auf ihrem Heimweg im Zickzack-Kurs gegen die Küstenbrisen im Golf von Genua behaupten mußten, empfingen sie eine erste Ahnung des Festlandes durch den Duft des süßen Basilikums aus Ligurien, den der Wind ihnen zutrug. Die Matrosen wußten dann, daß die grünen Hügel hinter Genua mit ihren Kräuterteppichen nicht mehr fern waren.

Genuas maritime Tradition hat dazu beigetragen, daß seine Bewohner den Kräutern und Gemüsen zugetan sind. Bereits in den Tagen ihrer großen Seefahrer – Männer wie Kolumbus und der Admiral und Staatsmann Andrea Doria – waren sie Grundelemente der genuesischen Küche und sind es bis heute geblieben. „In der Genueser Küche werden selten Gewürze benutzt, dafür um so mehr Kräuter, und zwar in großer Vielfalt", sagte Marchese Giuseppe Gavotti, Kanzler und Schriftführer der Italienischen Kochakademie in Savona bei Genua. „Es ist Folge des Verlangens, das die Seeleute nach frischen grünen Nahrungsmitteln haben, wenn sie nach Hause zurückkehren."

Der Grund für diesen Wunsch wird aus einem Brief klar, den Kolumbus an seine königlichen Herren schrieb. Darin wird die Ernährung des einfachen Matrosen mit Schiffszwieback angegeben, der durch Pökelfleisch und Fisch, Linsen und Erbsen ergänzt wurde. Die Geschichte verrät uns nicht, ob die großen Kapitäne aus Genua diese wenig abwechslungsreiche Diät ihrer Mannschaften auf See teilten. Im Hafen aßen sie gut, ja sogar üppig. Zur Förderung seiner Karriere veranstaltete Andrea Doria prunkvolle Bankette; er war ein gewandter Politiker, der Franz I. von Frankreich bei dessen Einfällen in Italien unterstützte, sich aber alsbald in den Dienst Kaiser Karls V. stellte, nachdem der französische König sich ihm gegenüber als undankbar erwiesen hatte.

Karl V. war auch Gast bei einem der glanzvollsten Feste Dorias, das im Jahre 1533 auf einem eigens dafür erbauten Kai stattfand. Als die goldenen und silbernen Teller schmutzig waren, wurden sie einfach ins Meer geworfen – wo sich, so steht es in zeitgenössischen Chroniken, „Najaden und Tritonen tummelten". Die Geste schien großartig und verschwenderisch, war es aber kaum: denn unter Wasser hatte man Fischernetze gespannt, um die Teller für spätere Gelegenheiten aufzufangen.

Wie solcher Vorbedacht andeutet, stammten die Genueser Admirale aus einer Gesellschaftsschicht, die Geld zu respektieren wußte. Man verstand es, Geld zu verdienen, anzulegen und zu sichern. Auch kam man hier erstmals auf den Gedanken, die Schiffe zu versichern und Bankschecks einzuführen. Vor langer Zeit schon war der lateinische Satz geprägt worden: *Genuensis ergo mercator* – ein Genueser, also ein Kaufmann. Diese finanzielle Ausrichtung mag erklären, warum Gewürze nie zu einem wesentlichen Bestandteil der Genueser Küche geworden sind. Ebenso wie Venedig wurde auch Genua durch den Transport der wertvollen Gewürze des Ostens nach Europa reich. Aber während die Kaufleute von Venedig einen guten Teil ihrer Ladungen für die eigene Küche behielten, betrachteten die Genueser die Gewürze aus fernen Ländern hauptsächlich als Handelsware, die sich gegen Gold eintauschen ließ.

Statt der Gewürze gaben die Kräuter, die an den heimischen Hügeln wuchsen, ihrer täglichen Nahrung den besonderen Geschmack. So ist das herbe Aroma des Basilikum die Seele der klassischen Genueser Sauce *pesto* (deren Hauptbestandteile Käse und Knoblauch sind); die Schärfe von Salbei und Rosmarin unterstreicht den milden Geschmack des gegrillten ligurischen Hummers; Majoran ist das delikate Aroma der *cima alla genovese (Seite 128),* die etwas an einen Hackbraten erinnert, nur wesentlich feiner ist; ein gewöhnliches, hier wachsendes Kraut, *scorzonera,* ist für den besonderen Genueser Salat, *cappon magro,* unerläßlich, der so viel Vorbereitungen erfordert, daß nur erstklassige Restaurants ihn anbieten können. Noch heute gedeiht das Basilikum in Ligurien besser als irgendwo sonst in Italien. Man züchtet das Kraut wie auch andere wohlschmeckende Spezialitäten Liguriens – Dill, Gurken, Tomaten, Spargel – in Treibhäusern an den Berghängen und verschickt es im Winter in alle europäischen Länder.

Aber die Erzeugnisse des ligurischen Bodens sind nicht wichtiger als die des Meeres. Die Hauptnahrungsquelle dieser Region ist stets das Meer gewesen. Mit am bekanntesten ist die Dattelmuschel (so genannt wegen ihrer Form, die der Frucht ähnelt), eine Art Miesmuschel, die es in vielen Teilen der Welt gibt, doch behaupten die Bewohner von Ligurien, daß sie nirgends köstlicher als im Golf von La Spezia sei. Dieser Meinung war offenbar auch Kaiser Friedrich Barbarossa, denn er verfügte im Jahre 1154, daß seine ligurischen Vasallen ihm in Rom stets mit einem Schild voller Muscheln aufwarten sollten. Eine noch größere Delikatesse ist die Seetrüffel, die man roh und mit Zitronensaft beträufelt als Vorgericht ißt. In den ligurischen Gewässern gibt es sämtliche Arten von Mittelmeerfischen, die alle in einer Vielzahl von Gerichten verwandt werden, von *ciuppi* und *zuppa di cozze (Seite 129),* zwei einheimischen Versionen von Fisch- und Muschelsuppe, bis zu *bignè di pesci misti,* einem gebratenen Gericht mit verschiedenen Meerestieren *(Seite 133).*

Solche einheimischen Erzeugnisse des fruchtbaren Landes wurden zur Grundlage einer herzhaften Küche. Eine der charakteristischen *antipasti* der ligurischen Gegend ist Delphinfilet, das in der Sonne und frischen Meeresluft getrocknet wurde, mit Blattgemüse. *Minestrone* – angeblich von den Genuesern erfunden – enthält in Ligurien mehr Gemüsesorten als irgendwo sonst. Diese typischen Gerichte sowie andere, die ebenso gut waren, aß ich bei den beiden Genueser Mahlzeiten, an die ich mich am deutlichsten erinnere.

Man könnte die ligurische Küste einschließlich des großen Hafens von Genua eine Schatzkammer der italienischen Küche nennen. Die Bewohner dieser Region erheben den Anspruch auf die Erfindung zweier Gerichte, die heute fast in der ganzen Welt Anklang gefunden haben – *minestrone* und Ravioli. Außerdem befindet sich in Savona die Italienische Kochakademie und in Pontedassio ein Spaghetti-Museum. In der Küche dieses Teils von Italien verbinden sich die Produkte des Meeres mit denen des kräuterreichen Hinterlandes.

In der Trattoria della Santa in Genua wurde mir die elegantere dieser Mahlzeiten vorgesetzt, obwohl das Lokal nicht in einem feinen Teil der Stadt liegt. Wenn man ein Taxi nimmt, wird der Fahrer wahrscheinlich am Anfang einer dunklen, engen Gasse, die Vico Indoratori heißt, anhalten und sagen, man solle den restlichen Weg zum Restaurant besser zu Fuß gehen. Denn in der Vico kann kein Wagen wenden, und gewitzte Taxifahrer vermeiden es, bis zum anderen Ende der Gasse zu fahren. Ihre Vorsicht ist verständlich, denn ein paar Häuserblocks weiter führt die Vico in ein wimmelndes Gassengewirr, das nichts für Zimperliche ist. Dahinter beginnen die Hafenanlagen, und hier ist Genua in jeder Beziehung eine Hafenstadt.

Vielleicht haben die heutigen Matrosen nicht mehr so großes Verlangen nach frischem Gemüse, aber lange Seefahrten wecken eine andere Sorte von Appetit, und Genua enttäuscht, wie viele Häfen, keinen, der ihn stillen will. Ebensowenig enttäuscht die einwandfreie respektable Trattoria della Santa den Besucher, dessen einziger Appetit auf gutes Essen gerichtet ist.

Hier habe ich *pesto* *(Seite 129)* zum erstenmal in seinem Ursprungsland versucht. Es handelt sich um eine scharfe, pikante Käsepaste, die fast bei jedem Genueser Gericht auftritt. Am häufigsten findet man sie in dreierlei Verwendung: als schwimmende, sahnig-grüne Insel auf einem dicken *minestrone,* auf *trenette,* den ligurischen Bandnudeln, oder auf Kartoffel-*gnocchi,* von den Genuesern *troffie* genannt.

Der klassische *pesto* enthält zweierlei Käsesorten – ein wenig Parmesan und frischen, scharfen sardinischen *pecorino* oder *pecorino romano* –, dazu kommen Basilikum, Knoblauch, Olivenöl und Pinienkerne (die manchmal durch Walnüsse ersetzt werden). All das wird mit einen Holzstößel in einem Mörser aus Marmor zu einer Paste zerrieben. Einem ungewöhnten Gaumen kommt der echte *pesto* manchmal fast unangenehm scharf vor, aber man kann ihn – und das geschieht oft – auf jeden Geschmack abstimmen. Man darf das Rezept durchaus variieren; keine zwei ligurischen Städte bereiten ihn auf dieselbe Art. Der mir in der Trattoria della Santa servierte *pesto* war milder, als ich erwartet hatte, und ich erfuhr auch den Grund, denn das Rezept des Restaurants enthält Sahne.

Nach den *gnocchi* und dem *pesto* hatte die Trattoria della Santa pikanten gegrillten Hummer mit einer dicken, an Mayonnaise erinnernden Sauce zu bieten, der man Hummerrogen sowie einheimische Kräuter zugefügt hatte, wodurch sie ganz eigentümlich fremdartig, ja orientalisch schmeckte und mich an gewisse Gerichte erinnerte, die ich in Tunis gegessen hatte. Dazu gab es ein Reisgericht, das sehr einfach wirkte, weil man nur Butter, Käse und Brühe hinzugetan hatte. Dieser Reis war vorzüglich gekocht und jedes Korn noch einzeln und etwas hart; das Aroma aber war so delikat, daß man wieder einmal die feinen Kräuter spürte, die man bei der Fleischzubereitung verwendet hatte, welche die Basis der Brühe war.

Dazu trank ich einen einheimischen Weißwein, Coronato, der nicht sehr trocken und ein wenig dünn war. Coronato wird von den ligurischen Weinen am meisten gelobt (außer den Weinen der Cinqueterre), aber die meisten ligurischen Weine gehören eben nicht zu den Spitzenweinen.

Die Trattoria della Santa ist nicht groß, und die Paare unterhalten sich leise an den Tischen mit den kleinen, rosafarbenen Lampenschirmen. Sie steht im krassen Gegensatz zur Stätte meines zweiten denkwürdigen Mahls in Genua. Da Mario ist ein riesiges, volkstümliches Restaurant, in dem es heiter, ja fast ausgelassen zugeht und wo kräftige Esser in großer Gesellschaft zusammenkommen. Man könnte hier leicht eine Massenfabrikation von wenig kultivierten Mahlzeiten erwarten, befände sich nicht im Hintergrund ein Büffet, auf dem die meisten Genueser Spezialitäten ungemein appetitanregend zur Schau gestellt sind. Besonders verführerisch war bei meinem Besuch die berühmte *cima alla genovese* – eine Art Kalbssülze oder Roulade, die mit gut gewürzten Fleischsorten, hartgekochten Eiern, Pistazienkernen, Erbsen, Spinat und manchmal auch Trüffeln gefüllt ist *(Seite 128)*.

Auf dem Büffet befand sich ebenfalls der eindrucksvolle, als *cappon magro* bekannte Salat, was frei übersetzt etwa „Fasten-Kapaun" bedeutet. Da er keinen Kapaun enthält, dürfte der Name zu jenen scherzhaften Bezeichnungen gehören wie „Deutsches Beefsteak" – ein Euphemismus für eine große Hackfleischboulette – oder „Halve Hahn" – ein Brötchen mit Käse und Butter, ohne eine Spur von Geflügel. Aber *cappon magro* gehört gewiß nicht in die Kategorie verhältnismäßig preiswerter Gerichte, denen man einen Phantasienamen gegeben hat. Es ist alles andere als ärmlich und „ein Gericht, wert der Helden des Homer", wie der Schriftsteller Achille Noli behauptet. Ebenso wie Kapaun als üppiges Essen gilt, so auch *cappon magro,* obwohl Katholiken es an Fastentagen zu sich nehmen dürfen, weil es kein Fleisch enthält.

Signor Noli schlägt auch vor, man solle, wenn man kein homerischer Held, sondern „ein Magenschwacher oder ein Rekonvaleszent" sei, sich damit zufriedengeben, „dieses Gericht mit verlangenden Augen liebevoll zu betrachten". Es ist allerdings eine Augenweide und fast so bemerkenswert als Werk der Architektur wie der Gastronomie, da die prächtigen gekochten Gemüsesorten und eingelegten Fische, aus dem es hauptsächlich besteht, zu einem imposanten Dom aus verschiedenfarbigen Schichten aufgetürmt sind und das Ganze mit einer üppigen grünen Sauce überzogen ist.

Mit den Zutaten zu diesem Gericht kann man sich alle möglichen Freiheiten erlauben, nur das Kraut *scorzonera* darf keinesfalls fehlen. Das Wort *scorzonera* ist mit Spaniern aus Katalonien (wo das Kraut ebenfalls wächst) nach Ligurien gekommen; im katalanischen Dialekt schreibt es sich *escurçonera* und stammt von dem Wort *escurçò*, wörtlich „Viper", denn es galt als Mittel gegen Schlangenbisse.

Wir brauchten nicht zu fasten – ganz im Gegenteil. Wir begannen mit einem Gericht, das ich nie zuvor gegessen hatte – *bianchetti,* aus unglaublich kleinen, eben ausgeschlüpften Anschovis oder Sardinen, die etwa 1/2 cm lang, weiß und fast durchsichtig waren. Die Sauce bestand nur aus Olivenöl und Zitronensaft, aber diese delikat abgeschmeckten, sorgfältig zubereiteten Fischchen verlangten glücklicherweise auch nichts Komplizierteres.

Der nächste Gang war die Genueser Abwandlung eines *minestrone* mit *pesto*. Hierbei kommt der *pesto* erst ganz zum Schluß dazu und schwimmt auf der Suppe, die in Genua sehr dick serviert wird. Der *minestrone,* den ich im Da Mario aß, enthielt Erbsen, Kartoffeln, Öl, Knoblauch, ein wenig Zwiebel und ein paar Kräuter. Aber *minestrone alla genovese* kann viel komplizierter sein. Eines meiner Rezepte enthält Melonenkürbis, Kohl, Zucchini, dicke Bohnen, Feuerbohnen, grüne Bohnen, reife, geschälte, entkernte Tomaten, in Würfel geschnittene Auberginen und Stangensellerie sowie mehrere kleine *pasta*-Sorten, um die Suppe anzudicken – *cannolicchi* (kleine *cannoli* oder Röhren-*pasta* mit einer Füllung aus Fleisch und Kräutern), *ditalini* (kleine Finger) oder *penne* (Federn).

Zum Würzen ihrer Fischgerichte verwenden die Genueser sowohl die uns vertrautere krause Petersilie *(unten)* als auch die aromatischere flachblättrige Sorte *(oben)*.

Dem *minestrone* folgten zwei Gerichte, deren Basis Kabeljau war, den die Normannen während ihrer räuberischen Einfälle und späteren Niederlassungen in der ganzen Mittelmeergegend populär gemacht haben. Das eine waren Beignets aus *stoccafisso* (getrocknetem Kabeljau), das andere *baccalà,* für das der Fisch gewaschen, mehrere Stunden lang im Milch gelegt und dann sehr langsam in Öl gebraten wird.

Und dann kam ein berühmtes Genueser Gericht: Gemüsepastete. Diese enthielt in einem Blätterteig Artischocken, die zu einer köstlich sahnigen Creme mit hartgekochten Eiern und Melonenkürbissen verarbeitet worden waren. Eine berühmte Variante dieses Gemüsegerichts ist die Osterpastete – *torta pasqualina.* Außer Artischocken und Eiern enthält sie Spinat und *prescinseua* – gesäuerten Käse – sowie Milch, doch gibt es auch andere Kombinationen.

Die Mahlzeit bei Da Mario schloß mit *latte dolce,* einer Süßspeise aus Schlagsahne, gewöhnlicher Sahne und einem Hauch Zitrone. Dazu tranken wir einen anonymen Wein der Gegend, der angenehm und nicht zu trocken war, und *rossese,* der angeblich Napoleons Lieblingsrotwein war und aus Dolceacqua bei Imperia kommt. Er ist warm, aber nicht schwer, hat viel Charakter und hinterläßt einen leicht pfeffrigen Nachgeschmack.

Auf der ligurischen Speisekarte gibt es viele andere gute Dinge, darunter *vitello all'uccelletto,* einen mageren Kalbsbraten, gewürzt mit Salbei, die ihm einen typischen Wildgeschmack verleiht; und *riso arrosto alla genovese,* eine Krokette aus Reis, Wurstfleisch, Erbsen, Artischocken, Pilzen, Käse und Zwiebeln, die im Ofen gebräunt wird. In der Tat kann auch die opulenteste Mahlzeit nicht alles Bemerkenswerte enthalten. Bei unseren ausgezeichneten Genueser Mahlzeiten fehlte die vielleicht bekannteste aller dortigen Spezialitäten – Ravioli *(Seite 130)*. Ravioli sollen an Bord der Schiffe erfunden worden sein, durch die Resteverwertung auf langen Seereisen, wenn es auf jedes bißchen Nahrung ankam. Was auch immer von einer Mahlzeit übrigblieb, wurde zusammengetan, kleingehackt, in Teigtaschen gefüllt und bei der nächsten Mahlzeit aufgetischt. Dies nannte man *rabiole,* ein Dialektwort für Reste – Dinge von geringem Wert.

Bei der heutigen Zubereitung in Genua verleugnen die Ravioli diesen bescheidenen Ursprung gänzlich. Ein herzhaftes Rezept für *ravioli alla genovese* verlangt eine Füllung aus magerem Kalbfleisch, Schweinebrust, Kalbshirn, Brieschen, Ei, in Milch geweichten Brotkrumen und geriebenem Parmesan, mit gehacktem Mangold und manchmal mit Muskatnuß gewürzt. Nicht alle Füllungen sind so kompliziert, aber sie werden in jedem Fall in Teigtaschen getan, die aus feinem weißem Mehl, lauwarmem Wasser und Ei zubereitet sind.

Es ist angemessen, daß die Provinz Ligurien, die sich rühmen kann, eine *pasta* erfunden zu haben, die in der ganzen Welt gegessen wird, auch Sitz von Italiens Spaghetti-Museum ist, das sich in Pontedassio befindet. Dort werden alte und moderne Maschinen zur *pasta*-Zubereitung sowie Dokumente über verschiedene *pasta*-Arten gezeigt, die bis ins 13. Jahrhundert zurückgehen. Dazu gehören auch päpstliche Bullen, in denen die Qualität der einzelnen Sorten festgelegt wird. Unter den in Pontedassio aufbewahrten Urkunden befindet sich auch ein Buch aus dem 16. Jahrhundert, das ein gewisser Giovanni da Vigo geschrieben hat, der Arzt war, aber heute, wie auch immer seine Fähigkeiten gewesen sein mögen, wohl nur wenige Patienten hätte. Er ermahnte seine Leser, „*pasta* nur sehr selten zu essen, und wenn, dann nur mit Pfeffer und Raute gewürzt" – einem Kraut von starkem Geruch, bitterem Geschmack und dem aus dem Mittelalter stammenden Ruf eines unfehlbaren Schutzmittels gegen ansteckende Krankheiten. Zum Glück aller Liebhaber guten Essens hat man den Rat des guten Doktors nicht befolgt, und alle Kräuter aus Ligurien und von anderswo tragen dazu bei, *pasta* zu einem weltweiten Lieblingsgericht zu machen.

In Verbindung mit Herz- und Miesmuscheln gehört zu vielen köstlichen ligurischen Mahlzeiten häufig der Aal. Die größeren *capitoni*-Aale werden am Heiligabend gegessen.

# *Fischen mit Lampe und Speer*

Ein paar Kilometer nördlich von La Spezia an der ligurischen Küste liegen die Cinqueterre („fünf Lande") – Monterosso, Vernazza, Corniglia, Manarola und Riomaggiore. In jedem dieser fünf Fischerdörfer wohnen Familien, die vom Gemüseanbau auf den steilen Hängen und vom Fischfang leben. Die Männer fangen Anschovis mit Netzen und große Fische mit Speeren. Nachts rudern sie an der Küste entlang und benutzen Gaslampen am Heck ihrer Boote, um ihre Beute durch das Licht anzulocken *(folgende Seiten)*.

Das Dorf Vernazza *(rechts)* liegt auf einer felsigen Landzunge über dem Golf von Genua. Ob Bauer oder Fischer, die meisten Leute – wie die oben abgebildete Frau, die ihre Erzeugnisse zum Markt trägt – arbeiten heute noch genauso schwer wie vor Jahrhunderten ihre Vorfahren, wenn auch einige einen Laden haben oder ein Café für die Touristen führen.

Am frühen Morgen nimmt der Fischer seinen Fang aus dem Netz, eine Seebarbe und zwei *cicale,* eine Garnelenart.

In der Abenddämmerung verläßt Agostino Villa aus Vernazza sein bescheidenes Haus, um in der Nacht an der Küste zu fischen; er trägt seine Gaslampe oder *lampara*. Das Licht der *lampara* lockt Anschovis und größere Fische entweder in die Netze, die von den Booten herabgelassen werden, oder in bequeme Reichweite für den todbringenden, fast 4 Meter langen neunzinkigen Speer.

Bei Sonnenuntergang rudern die Fischer von Vernazza mit ihren Booten in das flache Wasser und warten auf die großen Fische. Die ersten kommen mit der Dunkelheit, und man stellt ihnen fast bis Mitternacht nach. Andere Fischer gehen in tiefere Gewässer und benutzen eine *lampara,* um Anchovisschwärme anzulocken; wenn das Wasser von den kleinen Fischen wimmelt, werfen die Männer ihre Netze aus und ziehen den Fang an Bord.

Villa hat einen Meerbrassen auf seinem Speer und bringt seinen Fang an Bord.

Für 6 bis 8 Personen

3 Scheiben Weißbrot, ohne Kruste
$^2/_3$ Tasse Milch
2 EL Butter
$^1/_2$ Tasse feingehackte Zwiebeln
125 g Schweinefleisch ohne Knochen, zweimal durchgedreht
125 g Kalbfleisch, ohne Knochen, zweimal durchgedreht
125 g frischer Schweinespeck, zweimal durchgedreht
1 kleine Kalbsmilch, 10 Minuten blanchiert und feingehackt
$^1/_3$ Tasse frisch geriebener Parmesan
$^1/_2$ Tasse tiefgefrorener Spinat, völlig abgetropft fest zusammengepreßt und aufgetaut, oder $^1/_2$ Pfund frischer Spinat, gekocht, ausgedrückt und gehackt
$^1/_4$ TL getrockneter Majoran
$^1/_4$ TL getrockneter Thymian
1 EL Salz
1 Ei, leicht geschlagen
$^1/_2$ Tasse geschälte Pistazienkerne
1 Tasse frische oder tiefgekühlte grüne Erbsen, aufgetaut
Eine 2–2,5 kg schwere Kalbsbrust (vom Fleischer ausgebeint und mit einer Tasche zum Füllen versehen)
3 hartgekochte, geschälte Eier
Knochen und Reste der Kalbsbrust, falls vorhanden
1 Zwiebel, in zwei Hälften geschnitten
3 ganze Knoblauchzehen
1 geputzte Mohrrübe
1 Lorbeerblatt
2 Petersiliensträußchen
2 bis 3 l Hühnerbouillon, frisch, aus Würfeln oder aus der Dose, oder Wasser oder eine Mischung aus Bouillon und Wasser
Frisch gemahlener schwarzer Pfeffer

## *Cima alla Genovese*

KALTE GEFÜLLTE KALBSBRUST

Das Weißbrot etwa 10 Minuten in der Milch einweichen. Inzwischen werden die 2 EL Butter in einer kleinen Pfanne zerlassen und bei mäßiger Hitze die gehackten Zwiebeln 7 oder 8 Minuten unter häufigem Rühren geschmort, bis sie glasig, aber nicht gebräunt sind. Die Zwiebeln in eine große Rührschüssel tun, das durchgedrehte Schweinefleisch, Kalbfleisch, Schweinefett, gehackte Kalbsmilch, den geriebenen Parmesan und den gehackten Spinat sowie Majoran, Thymian, Salz und Ei hinzufügen. Alle Zutaten mit den Händen verkneten oder mit einem Holzlöffel verrühren, bis sie gut vermengt und locker sind. Das eingeweichte Brot gut ausdrücken und mit den anderen Zutaten vermischen. Die geschälten Pistazienkerne und die Erbsen vorsichtig darunterheben.

Etwa die Hälfte dieser Füllung gleichmäßig in den Kalbfleischeinschnitt füllen und darauf die hartgekochten Eier der Länge nach in eine Reihe legen. Die übrige Füllung mit dem Löffel daraufgeben. Die Öffnung des Einschnitts mit starkem Küchengarn zunähen.

Dann die Kalbsknochen und Reste (falls vorhanden), Zwiebelhälften, Knoblauchzehen, Mohrrüben, das Lorbeerblatt und die Petersilie in einen großen Suppentopf geben und obenauf die gefüllte Kalbsbrust legen. Genügend Brühe oder Wasser hinzufügen, damit das Fleisch vollständig bedeckt ist; dann mit ein wenig frisch gemahlenem Pfeffer würzen. Das Ganze zum Kochen bringen, die Hitze reduzieren, den Topf zudecken und so schwach wie möglich $1^1/_4$ Stunde kochen, bzw. bis das Kalbfleisch zart ist. Die Kalbsbrust in einer großen, flachen Backform auf Zimmertemperatur abkühlen lassen. In den Kühlschrank geben, bis das Fleisch völlig erkaltet ist. Danach in $^1/_2$ cm dünne Scheiben schneiden und servieren.

Die Kalbsbrust ist mit Eiern, Pistazienkernen, Gemüse und Fleisch gefüllt.

## *Zuppa di Cozze*

MUSCHELSUPPE

*Man sollte sich nicht wundern, wenn die Flüssigkeitsmenge im Rezept für eine Suppe zu gering scheint. Die Muscheln geben beim Kochen ihren eigenen Saft ab, und das Gericht wirkt eher wie Muscheln in einer Gewürztunke.*

Für 4 Personen

- 4 Dutzend kleine Miesmuscheln in der Schale
- $^1/_4$ Tasse grobgehackte Zwiebeln
- $^1/_4$ Tasse grobgehackter Stangensellerie
- 1 TL grobgehackter Knoblauch
- $^1/_2$ Tasse Olivenöl
- 1 EL feingehacktes frisches Basilikum oder 1 TL getrocknetes Basilikum
- Frisch gemahlener schwarzer Pfeffer
- $^1/_2$ Tasse trockener Weißwein
- 2 Tassen gehackte italienische Dosentomaten, mit dem Saft
- 2 TL frisch geriebene Zitronenschale (von ungespritzten Zitronen)

Die Miesmuscheln mit einer harten Bürste oder einem Metallscheuerball unter fließendem kaltem Wasser abbürsten. Mit einem kleinen scharfen Messer ihre „Bärte" abschneiden – die sehr zähen, schwarzen, strangähnlichen Büschel an ihren Schalen, mit denen sich die Muscheln an ihre Standplätze im Meer heften.

Die gehackten Zwiebeln, den Stangensellerie und Knoblauch auf einem Hackbrett in sehr kleine Stücke hacken. (Diese Mischung wird *battuto* genannt, wenn sie geschmort ist, heißt sie *soffritto*.) $^1/_2$ Tasse Olivenöl in einem Email- oder rostfreien, 3 bis 4 l fassenden Kochtopf erhitzen. Hierin die gehackten Gemüse bei mäßiger Hitze mit dem Basilikum und einer Prise Pfeffer braten.

Unter häufigem Umrühren den *soffritto* 8 bis 10 Minuten anschmoren, bzw. bis er leicht gebräunt ist. Den Weißwein darübergießen und schnell aufkochen lassen, bis er bis auf etwa $^1/_4$ Tasse eingedickt ist. Dann die gehackten Tomaten mit ihrem Saft hinzufügen und bei niedriger Hitze unbedeckt und unter häufigem Umrühren etwa 20 Minuten ziehen lassen. Die Muscheln hineintun, den Topf zudecken und bei starker Hitze kochen, wobei der Topf von Zeit zu Zeit geschüttelt wird, damit die Muscheln gleichmäßig gar werden. Nach 10 Minuten sollten sich alle Muscheln geöffnet haben; falls nicht, noch ein paar Minuten länger kochen.

Man serviert das Gericht, indem man die Muscheln mit ihren Schalen in die Suppenteller legt und die Brühe darüber gießt. (Es ist ratsam, eine weitere Schüssel oder Schale für die leeren Muschelschalen auf den Tisch zu stellen.) Jede Portion mit geriebener Zitronenschale bestreuen und dazu heißes, krosses französisches Weißbrot servieren.

## *Pesto alla Genovese*

KÄSESAUCE MIT BASILIKUM UND KNOBLAUCH

Für $1^1/_2$ bis 2 Tassen

- 2 Tassen frische Basilikumblätter, ohne Stiele, grobgehackt und fest zusammengepreßt; anderenfalls 2 Tassen frische, glatte Petersilie, grobgehackt, und 2 EL getrocknete Basilikumblätter
- 1 TL Salz
- $^1/_2$ TL frisch gemahlener schwarzer Pfeffer
- 1 bis 2 TL feingehackter Knoblauch
- 2 EL feingehackte Pinienkerne oder Walnüsse
- 1 bis $1^1/_2$ Tassen Olivenöl
- $^1/_2$ Tasse geriebener importierter *sardo, romano* oder Parmesan

UM PESTO IN EINER KÜCHENMASCHINE ZU MACHEN, das grobgehackte, frische Basilikum (oder die frische Petersilie und das getrocknete Basilikum), Salz, Pfeffer, Knoblauch, Pinienkerne oder Walnüsse und 1 Tasse Olivenöl in den Elektromixer tun. Bei hoher Geschwindigkeit mischen, bis die Zutaten glatt sind, wobei man die Maschine alle 5 oder 6 Sekunden anhält, um die Kräuter mit einem Gummispachtel herunterzudrücken.

Die Sauce sollte flüssig genug sein, um leicht vom Spachtel zu laufen. Wenn sie zu dick scheint, bis zu $^1/_2$ Tasse weiteres Olivenöl hinzufügen. Die Sauce in eine Schüssel tun und den geriebenen Käse unterrühren.

UM PESTO MIT DER HAND ZU MACHEN, das grobgehackte, frische Basilikum (oder die frische Petersilie und das getrocknete Basilikum) mit einem Stößel in einem Mörser zerreiben oder in eine schwere Rührschüssel tun und mit dem Rücken eines großen Holzlöffels zerdrücken, bis die Kräuter glatt und fast pastenähnlich sind. Salz, Pfeffer, Knoblauch und Pinienkerne oder Walnüsse hineinarbeiten und dann das Olivenöl halbtassenweise hineinrühren, wobei man fortfährt, die Kräuter zu zerkleinern. Wenn die Sauce flüssig genug ist, um leicht von dem Stößel oder Löffel zu laufen, den geriebenen Käse daruntermischen. Den *pesto* gut mit einer abgetropften, heißen *pasta* vermengen, die man zuvor in ein paar Eßlöffeln weicher Butter geschwenkt hat.

Für etwa 60 Stück

*Pasta*-Teig *(Seite 44)*
$1\,^1/_2$ Tassen *ricotta* (Quark)
$^3/_4$ Tasse frisch geriebener Parmesan
2 TL geriebene Zwiebeln
3 Eigelb
$1\,^1/_2$ TL Salz

## *Ravioli*

In einer großen Rührschüssel $1\,^1/_2$ Tassen *ricotta* (Quark), $^3/_4$ Tasse geriebenen Parmesan, die geriebene Zwiebel, 3 Eigelb und $1\,^1/_2$ TL Salz vermengen und vorsichtig miteinander verrühren, bis sie gut vermischt sind. Beiseite stellen, bis der Teig ausgerollt ist.

Den *pasta*-Teig (zubereitet nach dem Rezept auf Seite 44) in vier Stücke teilen und zuerst ein Viertel davon so dünn wie möglich ausrollen. Die ausgerollte *pasta* mit einem feuchten Tuch zudecken, damit sie nicht austrocknet, und das zweite Viertel Teig zu ähnlicher Größe und Form ausrollen. Man benutzt das erste Viertel als eine Art Schachbrett, indem man Häufchen von etwa 1 EL der Käse-Eigelb-Mischung in Abständen von jeweils 5 cm der Länge und Breite nach auf die *pasta* gibt. Einen Teigpinsel oder den Zeigefinger in eine Schale Wasser tauchen und vertikale sowie horizontale Linien im Schachbrettmuster zwischen den Häufchen der Käsefüllung ziehen. Man muß genügend Wasser nehmen, um die Linien gleichmäßig zu benetzen (das Wasser wirkt später als Bindemittel der fertigen Ravioli). Sorgfältig die zweite Schicht ausgerollten Teig auf die *pasta* legen und fest auf die angefeuchteten Linien um die Füllungen drücken.

Mit einem Kuchenrädchen oder kleinen, scharfen Messer die *pasta*, den benetzten Linien folgend, in Vierecke schneiden. Die Ravioli voneinander trennen und auf Pergamentpapier beiseite stellen. Genauso die beiden anderen Teigportionen ausrollen, füllen und schneiden.

1 Käse- oder Fleischhäufchen in Abständen von 5 cm auf die ausgerollte Teigschicht legen. Dann mit einem Pinsel gerade Linien zwischen den Häufchen ziehen.

2 Jetzt eine zweite Schicht *pasta* über die erste legen. Schnell arbeiten; die Schichten müssen feucht und biegsam bleiben, sonst reißen sie beim Formen.

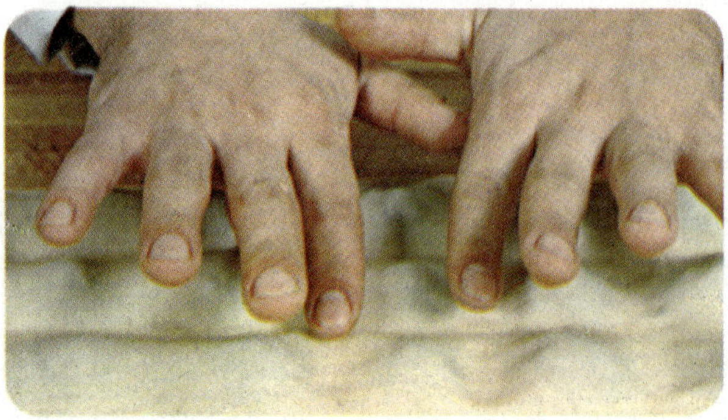

3 Zwischen den Häufchen den Teig herunterdrücken, damit die Raviolitaschen sich bilden. Die benetzten Linien der *pasta* wirken als Bindemittel.

4 Mit einem Raviolirädchen *(oben)* oder einem Messer die Teigtaschen voneinander trennen. Die Ravioli sind jetzt für das Kochen in Salzwasser fertig.

Zum Kochen läßt man die Ravioli in 6 bis 8 l sprudelnd kochendes Salzwasser gleiten und rührt sie vorsichtig mit einem Holzlöffel um, damit sie nicht aneinanderkleben oder am Boden der Kasserolle haften bleiben.

Die Ravioli etwa 8 Minuten lang kochen, bzw. bis sie weich sind, und gründlich in einem großen Sieb oder Durchschlag abtropfen lassen. Mit Tomatensauce *(Seite 47)* anrichten oder Butter und frisch geriebenen Parmesan hinzufügen. Unmittelbar vor dem Servieren alles miteinander vorsichtig vermengen.

FLEISCHFÜLLUNG
- 3 EL Butter
- 4 EL feingehackte Zwiebeln
- 375 g fein durchgedrehtes Kalbfleisch
- 1 250-g-Paket tiefgekühlter gehackter Spinat, aufgetaut und gründlich ausgedrückt, oder 375 g frischer Spinat, gekocht, ausgedrückt und gehackt
- 1/2 Tasse frisch geriebener Parmesan
- 1 Prise geriebene Muskatnuß
- 3 Eier
- Salz

FLEISCH- UND SPINATFÜLLUNG FÜR RAVIOLI: Die 3 EL Butter in einer kleinen Pfanne zerlassen und die Zwiebeln unter häufigem Umrühren etwa 7 bis 8 Minuten dünsten, bzw. bis sie weich und glasig, aber nicht gebräunt sind. Die 375 g durchgedrehtes Kalbfleisch hinzufügen und unter dauerndem Rühren so lange braten, bis das Kalbfleisch seine rosa Farbe verloren hat und alle sich in der Pfanne ansammelnde Flüssigkeit völlig eingekocht ist. Den gesamten Inhalt der Pfanne in eine Rührschüssel geben und den gehackten Spinat, geriebenen Parmesan und eine Prise Muskatnuß hineinrühren. In einer anderen Schüssel die Eier leicht schlagen und mit der Zwiebel-, Kalbfleisch- und Spinatmischung verrühren. Abschmecken und salzen.

Mit Tomatensauce begossen und geriebenem Parmesan bestreut, warten die fertigen Ravioli darauf, angerichtet zu werden.

Grillfrische Spinatklößchen sind locker in der Konsistenz und schmecken delikat.

Für 4 bis 6 Personen

- 4 EL Butter
- 2 300-g-Pakete tiefgekühlter, gehackter Spinat, völlig aufgetaut und ausgedrückt (etwa 1 1/2 Tassen), oder 750 g frischer Spinat, gekocht, ausgedrückt und feingehackt
- 3/4 Tasse *ricotta*-Käse oder durchgesiebter Quark
- 2 Eier, leicht geschlagen
- 6 EL Mehl
- 3/4 Tasse frisch geriebener Parmesan
- 1/2 TL Salz
- 1/2 TL frisch gemahlener schwarzer Pfeffer
- 1 Prise geriebene Muskatnuß
- 6 bis 8 l Wasser
- 1 EL Salz
- 4 EL zerlassene Butter

## *Gnocchi Verdi*

SPINATKLÖSSCHEN

In einer emaillierten oder rostfreien Pfanne von 20 bis 25 cm Durchmesser 4 EL Butter bei mäßiger Hitze zergehen lassen. Den gehackten frischen oder tiefgekühlten Spinat hineintun und unter dauerndem Rühren 2 oder 3 Minuten schmoren, bzw. bis fast alle Flüssigkeit eingekocht ist und der Spinat anfängt, leicht an der Pfanne zu haften. Nun die 3/4 Tasse *ricotta* hinzufügen und unter Umrühren weitere 3 oder 4 Minuten kochen.

Mit einem Gummispachtel den Pfanneninhalt in eine Rührschüssel tun und die 2 leicht geschlagenen Eier, 6 EL Mehl, 1/4 Tasse des geriebenen Käses, 1/2 TL Salz, Pfeffer und Muskatnuß daruntermischen. 30 Minuten bis 1 Stunde im Kühlschrank aufbewahren, bzw. bis die *gnocchi*-Mischung ganz fest ist.

Den Grill auf 215° vorwärmen. Die 6 bis 8 l Wasser und 1 EL Salz bei mäßiger Hitze in einem großen Suppen- oder Kochtopf zum Kochen bringen. Die Hände leicht mit Mehl einreiben und jedesmal ungefähr 1 EL der abgekühlten *gnocchi*-Masse in kleine Bällchen von etwa 3 cm Durchmesser formen. Diese vorsichtig in das siedende Wasser geben und unbedeckt 5 bis 8 Minuten kochen lassen, bzw. bis sie leicht aufgegangen sind und sich etwas fest anfühlen. Mit einem Schaumlöffel die *gnocchi* aus dem Wasser heben und auf einem Stück Küchenkrepp abtropfen lassen.

Jetzt 2 EL von der zerlassenen Butter in einer flachen, feuerfesten Form von 20 bis 25 cm Durchmesser schwenken, bis der Boden glänzt. Die *gnocchi* in einer Schicht in Abständen von etwa 1/2 cm nebeneinander legen, die übrigen 2 EL Butter darüberträufeln und über die *gnocchi* die restliche Tasse Käse streuen. 3 Minuten lang in etwa 8 cm Abstand vom Grillstrahler grillen, bzw. so lange, bis der Käse schmilzt.

Die *gnocchi* sofort in der feuerfesten Form servieren. Falls gewünscht, außerdem eine Schale geriebenen Käse reichen.

## *Lingua di Bue Brasata*

RINDERZUNGE IN ROTWEIN

Für 4 bis 6 Personen

Eine 1,5 kg schwere frische Rinderzunge
1/4 Tasse Olivenöl
4 EL Butter
1 Tasse feingehackte Zwiebeln
1/2 Tasse feingehackte Mohrrüben
1/2 Tasse feingehackter Stangensellerie
1/2 Tasse trockener Rotwein
2 Tassen Rinderbouillon, frisch oder aus einem Würfel
2 Petersiliensträußchen
1 Lorbeerblatt

Die Zunge in einem großen Topf oder Kessel in kaltes Wasser legen. Zum Kochen bringen, den Topf teilweise zudecken, die Hitze reduzieren und zwei Stunden schwach kochen. Die Zunge aus dem Wasser nehmen und auf ein Hackbrett legen. Wenn sie genügend abgekühlt ist, mit einem scharfen Messer enthäuten und Fett, Knorpel und Sehnen am Schlund wegschneiden.

Den Ofen auf 175° vorwärmen. In einer schweren Pfanne von 25 bis 30 cm Durchmesser das Öl erhitzen, bis sich ein leichter Rauch bildet. Die Zunge hineintun und auf allen Seiten anbraten. Nun die Butter in einer feuerfesten Kasserolle zerlassen. Wenn sich der Schaum gelegt hat, Zwiebeln, Mohrrüben und Stangensellerie hineintun und bei mäßiger Hitze und unter häufigem Umrühren 8 bis 10 Minuten schmoren, bzw. bis sie leicht gebräunt sind. Den Wein hinzugießen, schnell aufkochen lassen und auf 1/4 Tasse reduzieren. Die Zunge auf das Gemüse legen und die Rinderbouillon, Petersilie und das Lorbeerblatt hinzufügen. Wenn die Flüssigkeit die Zunge nicht bis zu 1/3 Höhe bedeckt, Bouillon oder Wasser nachfüllen. Zu schwachem Kochen bringen, zudecken und 1 1/2 Stunde in der Mitte des Ofens schmoren, bzw. bis die Zunge weich ist und sich leicht mit einer Messerspitze einstechen läßt. Die Zunge auf eine vorgewärmte Servierschüssel legen und in dünne Scheiben schneiden. Die Sauce durch ein Sieb gießen und separat anrichten.

## *Bignè di Pesci Misti*

FISCHBEIGNETS

Für 4 Personen

AUSBACKTEIG
1 Tasse Mehl, vor dem Abmessen gesiebt
3/4 Tasse lauwarmes Wasser
3 EL Pflanzenöl
1/2 TL Salz
1 Eiweiß
1 l Wasser
750 g Tintenfische, in 1 cm breite Ringe geschnitten
250 g mittelgroße Langustenschwänze in der Schale oder Hummerkrabben
250 g Stinte, gesäubert und ohne Köpfe
Salz
Frisch gemahlener schwarzer Pfeffer
Pflanzenöl oder Backfett zum Ausbacken
Zitronenviertel

Das Mehl, das warme Wasser, 3 EL Öl und 1/2 TL Salz in einer Rührschüssel zu einem sahnigen Ausbackteig vermischen. Weder schlagen noch zu lange rühren. Es empfiehlt sich, den fertigen Ausbackteig 2 Stunden bei Zimmertemperatur ruhen zu lassen, wenn man ihn auch notfalls sofort verwenden kann. Das Eiweiß sollte mit einem Schneebesen oder Rührgerät sehr steif geschlagen und erst kurz vor der Verwendung des Teigs daruntergezogen werden.

In einem 3 bis 4 l fassenden Kochtopf 1 l Wasser zum Kochen bringen und darin die Tintenfische zugedeckt 20 Minuten bei mäßiger Hitze kochen. In einem Sieb oder Durchschlag abtropfen lassen und die Stücke auf Küchenkrepp legen. Die Langustenschwänze aus der Schale nehmen und die Darmadern entfernen *(Seite 116)*, die Schwänze jedoch dranlassen. Die Krabben und Stinte schnell unter fließendem kaltem Wasser waschen, abtrocknen und mit den Tintenfischen beiseite stellen. Alles salzen und pfeffern.

In einer Friteuse etwa 250 g Backfett oder eine entsprechende Menge Öl auf 175° erhitzen. Den Ofen auf 125° vorwärmen und eine große flache Backform oder ein Backblech mit Küchenkrepp auslegen. Die Langustenschwänze, Stinte und Tintenfische nacheinander ausbacken, indem man zuerst 5 oder 6 Stücke in den Teig taucht (mit dem man zuvor den Eischnee vermischt hat). Wenn alle gut überzogen sind, nacheinander mit einer Zange oder einem Schaumlöffel herausheben. Den Teig abtropfen lassen, ehe man die einzelnen Teile in das heiße Fett tut. Die Fischstücke 5 bis 6 Minuten schwimmend ausbacken und sie ein- oder zweimal wenden, bzw. bis sie goldbraun sind. Mit einer Zange die gebräunten Stücke auf die ausgelegte Backform oder das Backblech legen. Wenn die ersten Stücke ausgebacken sind, die Backform oder das Blech in den Ofen schieben, um die Fische warmzuhalten. Dann die nächsten Stücke in den Teig tauchen und ausbacken. Sobald das letzte Stück ausgebacken ist, die Fische auf einer mit einer Serviette ausgelegten Servierschüssel anordnen und mit Zitronenvierteln garniert anrichten.

# VIII

# *Mailand und die Lombardei*

Kaffeekuchen, *panettone* genannt, ein Meisterwerk mit Rosinen und Zitronat, ziert einen Tisch im Caffè Motta, das in nächster Nähe des hochaufragenden Mailänder Doms liegt. *Panettone* wird zwar oft in Italien zum Frühstück gegessen, jedoch besonders mit Mailand in Verbindung gebracht.

In Mailand ist das Tempo fast ebenso rasend wie in Manhattan", stellte der Schriftsteller Horace Sutton einmal fest, und selbst der gelegentliche Besucher kann sich der Dynamik des italienischen Handelszentrums nicht verschließen. Wenn man jedoch aus dem Straßenverkehr heraus in die Küche kommt, ist die Hetze vergessen. Das traditionelle Kennzeichen der Mailänder Küche besteht noch heute darin, daß man sich Zeit nimmt. „Es ist Brauch, langsam und bei niedriger, gleichmäßiger Temperatur zu kochen", sagt Ottorina Perna Bozzi in *Vecchia Milano in Cucina (Die Küche Alt-Mailands)*. „Nur Kurzgebratenes wie *scaloppine* und Suppen werden in der Regel bei großer Hitze zubereitet. Gekochte Speisen gart man hier langsam; Fleisch darf nicht zu stark angebraten werden, sondern man soll warten, bis es eine goldbraune Farbe angenommen hat. Wie anders ließe sich jene wunderbare, gehaltvolle Sauce erzielen? Das Grundgesetz der Mailänder Küche lautet: schwaches Schmoren bei geschlossenem Deckel und sehr langer Zeit." Das könnte sich gut auf *manzo brasato alla lombarda (Seite 142)* beziehen, Rindfleisch, das liebevoll in Bouillon und Rotwein geschmort wird; drei Stunden sind erforderlich, um ihm seine besondere, würzige Saftigkeit zu geben.

Die scheinbare Unverträglichkeit zwischen dem Tempo des modernen Mailand und der Gemächlichkeit der Mailänder Kochgewohnheiten geht auf die Tatsache zurück, daß die kulinarischen Traditionen der Stadt und der sie umgebenden Lombardei viel älter sind als ihre Hinwendung zu Handel und Verkehr. Zur Zeit des großen französischen Romanciers Stendhal, in den frühen Jahren des vorigen Jahrhunderts, war das von ihm sehr geschätzte Mailand ein viel gemächlicherer Ort als heute. „In der *arte di godere* – der Kunst, das Leben zu genießen – scheint man Paris bereits um zwei Jahrhunderte voraus zu sein", schrieb Stendhal in seinem Tagebuch, und noch am selben Tag fügte er hinzu: „Ich habe eben einen köstlichen Eiskaffee mit Sahne getrunken, der meines Erachtens allem, was man in Paris serviert bekommt, überlegen ist, und ich komme nach Haus, um dies zu notieren.“

Die glücklichen Ursprünge der einheimischen Küche sind viel älter als die Ära Stendhals. Im 14. Jahrhundert zeigte sich ein gewisser Galvaneo Fiamma als undankbarer Gast, indem er bei der Hochzeit von Violante Visconti mit dem Herzog von Chiarenza im Jahre 1368 die Familie Visconti als Fresser bezeichnete – *magni comestores*. Der Vorwurf war berechtigt, denn man hatte ihm ein Diner mit 50 Gängen serviert. Plutarch erwähnt, daß Julius Caesar nach seinem Aufenthalt in der Lombardei Spargel mit Butter in die klassische römische Küche einführte. Die Künstler jener Gegend haben seit eh und je eine gewisse Vorliebe für gutes Essen bewiesen. Der Mailänder Giuseppe Arcimboldo zeichnete sich im 16. Jahrhundert dadurch aus, daß er menschliche Porträts malte, die aus Nahrungsmitteln zusammengesetzt waren, aus Früchten, Gemüsen, Schalentieren oder Fischen. Und in Bergamo entwickelte sich im selben Jahrhundert eine ganze Schule der Malerei, die sich ausschließlich dem Stilleben widmete.

Wie tief auch immer die alten langobardischen Traditionen verwurzelt sein mögen, heute stehen sie unter dem stets wachsenden Druck neuer Sitten. Was man hier „die wirtschaftliche Küche“ nennt – das Kochen auf modernen Herden zur Ersparnis von Zeit und Geld –, droht, die überlieferten Bräuche zu verdrängen. Die gemütliche Mailänder Küche mit ihrem holzgefeuerten Ziegelofen, ihrem offenen Herd, auf dem die tägliche *polenta* in einem Kupferkessel brodelt und ein Bratspieß sich langsam dreht, dürfte bald nur noch eine sehnsüchtige Erinnerung sein. Aber der Reichtum, der Mailand aus seiner industriellen und kommerziellen Tätigkeit zufließt, könnte seine Küche retten; der Wohlstand hat es zu einer bürgerlichen Stadt gemacht, und bürgerliche Gesellschaften essen gerne und gut.

Das tun die Mailänder auch heute. In den Häusern der Lombardei (und in den besseren Restaurants) ist es der gemächlichen, auf der Verwendung großer Mengen von Butter beruhenden Küche gelungen zu überleben. Sie ist reich, aber nicht übersättigend. In jahrhundertelanger Erfahrung haben die Köche Mailands gelernt, die potentiellen Gefahren einer solchen Kochart zu vermeiden. Das Resultat ist nach Ansicht der Kochexpertin Signora Bozzi „schmackhaft, kultiviert und aromatisch“, und als Beweis für ihre Behauptung preist sie die Vorzüge vieler Mailänder Produkte: der saftigen Wurstwaren, gefüllten Puter, Salami aus der Gegend von Brianza, der herzhaften, gehaltvollen Suppen, der Schlagsahne, der süßsauren Früchte, des vorzüglichen Gebäcks und Konfekts. Ein französischer Kenner, Léon Daudet, fügte hinzu: „Diese bekömmliche und sogar köstliche Küche zeugt von Einsicht wie auch von kultiviertem Geschmack.“ Die Kochart verlangt nicht immer besonders viel Zeitaufwand; das Grundprinzip lautet aber, daß er ausreichend sein muß. So wird *peperonata,* ein pikantes Vorgericht aus Paprikaschoten, Zwiebeln und Tomaten, die in Butter und Öl gedämpft werden *(Seite 142)* nur solange gekocht, bis die Gemüse alle Flüssigkeit im Kochtopf absorbiert haben – ein Prozeß, der normalerweise nicht mehr als eine halbe Stunde in Anspruch nimmt.

Es überrascht also nicht, daß den Franzosen die Mailänder Küche heute genauso mundet wie zu Stendhals Zeiten, denn sie hat mit der klassischen französischen Küche vieles gemeinsam, einschließlich der gallischen Vorliebe für Butter. Die Mailänder sind im Laufe der Zeit von den kulinarischen Traditionen und Gebräuchen Frankreichs stark beeinflußt worden. Viele Nahrungsmittel der Lombardei haben Namen, die eher französisch als italienisch klingen – so heißt „Artischocke“ auf italienisch *carciofo,* aber das lombardische Dialektwort lautet *articiocch* und ist dem französischen *artichaut* nahe verwandt.

Sellerie ist *sedano* auf italienisch, *céleri* auf französisch und *sèller* im Dialekt der Lombardei.

Die Küche Frankreichs scheint einen größeren Einfluß auf die Mailänder gehabt zu haben als die Österreichs, das die Lombardei jahrhundertelang beherrscht hat. Weil die Mailänder so lange unter den Habsburgern gelebt haben, glaubt man, in den herzhaften Aspekten ihrer Kochkunst nicht die natürliche Folge eines appetitfördernden nördlichen Klimas zu sehen, sondern einer künstlich geschaffenen Situation: die Folge davon, daß die barocke österreichische Geschmacksrichung den braven Italienern aus der Lombardei aufgezwungen wurde.

Das am häufigsten zitierte Beispiel dieses Einflusses ist das bekannte Gericht *costoletta alla milanese,* paniertes Kalbskotelett in Butter gebraten. Vertreter der Theorie, die Mailänder Küche sei im wesentlichen österreichisch, haben mir gegenüber behauptet, daß es sich hier um nichts anderes als das berühmte Wiener Schnitzel handle. Aber *costoletta alla milanese* ist nicht dasselbe wie Wiener Schnitzel. Erstens ist die Mailänder *costoletta* dem Rippenstück entnommen, das Fleisch des Wiener Schnitzels aber aus dem Hinterbein. Ein weiterer Unterschied besteht darin, daß das Mailänder Gericht in Butter, das Wiener in Schmalz gebraten wird.

Abgesehen von diesen kochtechnischen Unterschieden stammt das Gericht ursprünglich aus Mailand und gelangte von dort nach Wien und nicht umgekehrt; es war in Mailand lange vor dem Eintreffen der Österreicher bekannt. Eine noch existierende Speisekarte für ein Mailänder Bankett aus dem Jahre 1134 verzeichnet *lombolos cum panitio,* paniertes Kalbskotelett. Es war der österreichische Feldmarschall Joseph Radetzky, der im 19. Jahrhundert dieses delikate Gericht in Mailand entdeckte und in Wien einführte, wie er in einem seiner Briefe erzählt. Es ist nur eines von vielen, mit denen die Stadt die Welt beglückt hat. Auch *osso buco* fand seinen Weg nach Wien und darüber hinaus; heute ist sein Ruf international. *Osso buco (Seite 144)* ist eine Kalbshachse mit dem daran haftenden Fleisch und dem im Knochen gelassenen Mark. Man kocht sie mit Zwiebeln und Tomaten in Wein und Bouillon und serviert sie gewöhnlich in einem Reisring; die Zubereitung dauert zweieinhalb Stunden.

Überall in der Lombardei findet man Reis und *polenta.* Das Po-Tal ist eines der größten Reisanbaugebiete der Welt, und der Fluß durchströmt die ganze Region von Westen bis Osten. Das häufigste aller Reisgerichte dürfte *risotto alla milanese* sein *(Seite 144),* dessen kennzeichnendes Merkmal die Farbe und das Aroma des Safrans sind. Zu seiner Zubereitung braucht man etwa eine Stunde, für Reis eine ziemlich lange Zeit. *Alla milanese* bedeutet in der Tat oft, daß Reis dabei ist. So verhält es sich beim *minestrone alla milanese,* aber der gewöhnliche, aus grünen Gemüsen und Tomaten bereitete *minestrone,* den man in Mailand serviert bekommt, enthält keinen Reis. Auch eine andere Suppe, die einfach, herzhaft und unverdientermaßen außerhalb Italiens kaum bekannt ist, stammt aus der Lombardei. Es ist *zuppa alla pavese* – Bouillon, auf der ein kleines Toastbrot mit einem pochierten Ei schwimmt, das mit Parmesan bestreut ist *(Seite 145).*

In der lombardischen Küche gibt es auf jeder Ebene des Raffinements noch vieles, was die Geschmacksnerven reizen, foltern und auf das köstlichste befriedigen kann. So ergibt zum Beispiel in einer Sauce aus Tomaten und anderen Gemüsen langsam geschmortes Rindfleisch eine herzhafte Mahlzeit, *stufato* genannt. Auf höherer Ebene ist *busecca,* gewürzte Kaldaunen mit Gemüse gekocht, ein ausgezeichnetes Gericht und ganz anders als das viel berühmtere *trippa alla fiorentina (Rezeptbuch)* und *trippa alla romana. Agoni al burro e salvia* ist eine Mischung aus kleinen, in Butter gebratenen und mit Salbei gewürzten Fischen, während *tinca carpionata* aus gebratenen Fischen besteht, die in Essig, Wein, Salbei, Knoblauch und Zwiebeln eingelegt und mit

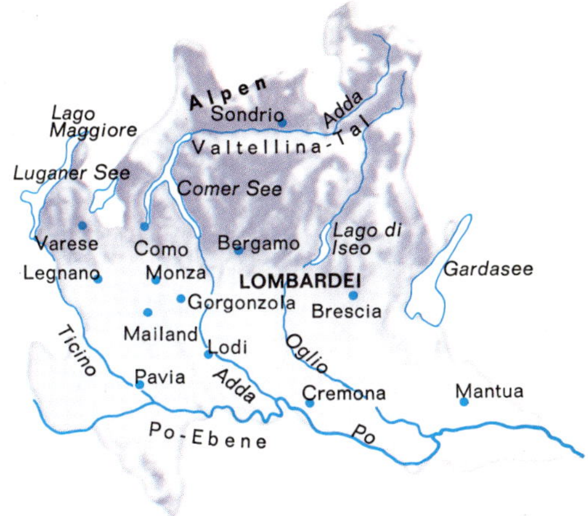


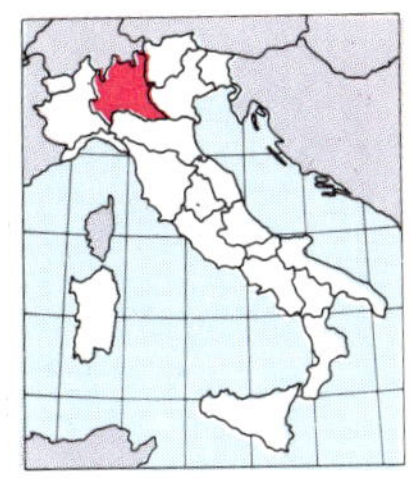

Die Lombardei, die reichste Gegend Italiens, bietet naturgemäß eine Küche, die auf der Butter der sehr ertragreichen Meiereien und dem Reis der gut bewässerten Po-Ebene basiert. Aus dieser Region stammt eine Anzahl feiner Käse, darunter der Gorgonzola aus der Gegend der gleichnamigen Stadt und Bel Paese aus dem Gebiet von Lodi.

Gesichtszüge und Gestalt des *Gärtners,* eines phantastischen Gemäldes von Giuseppe Arcimboldo, sind aus Früchten und Gemüse zusammengestellt. Dieser Mailänder Maler des 16. Jahrhunderts spezialisierte sich auf solche Phantasieporträts.

Pfeffer gewürzt sind. Für die noch Anspruchsvolleren gibt es schließlich *faraona alla creta,* Perlhühner, die in Lehm gebacken werden, damit das würzige Aroma nicht entweichen kann, und *polenta e oséi,* kleine Vögel, die in einer reichen Sauce geröstet und mit *polenta*-Scheiben angerichtet werden. Dabei soll man je einen Happen *polenta* und einen Happen des knusprigen Vogels samt Knochen verzehren.

Aber dem flüchtigen Besucher auf der Durchreise wird sich mit Mailand weder eine Suppe noch eine Fleischspeise, ja nicht einmal ein Reisgericht verbinden, sondern *panettone* *(Seite 143)*. Der Reisende braucht nicht einmal aus dem Zug zu steigen, um diesen leichten, mit Eigelb gebackenen und mit Rosinen und Zitronat verzierten Kuchen kennenzulernen. Er kann einen säuberlich verpackten *panettone* in jeder gewünschten Größe von Händlern auf dem Bahnsteig erwerben. Er ist vielleicht mit die beste Ergänzung des Frühstückskaffees – und meiner Meinung nach der französischen *brioche* weitaus überlegen. Man hört manchmal, daß seine gewölbte Form an die Kirchenkuppeln der Lombardei erinnern solle, aber da sie die ganz natürliche Folge des in einer zylindrischen Form gebackenen Hefeteigs ist, scheint diese Erklärung unbegründet.

Viel glaubhafter ist eine andere mit dem Ursprung von *panettone* verknüpfte Geschichte. Danach soll es ursprünglich *pan de Tonio,* Tonios Brot, geheißen haben. Tonio lebte im 15. Jahrhundert als

Bäcker im Mailänder Stadtteil Borgo delle Grazie, und sein wertvollster Besitz war nicht sein Geschäft, sondern seine heiratsfähige Tochter Adalgisa. Ein junger Mann aus guter Familie namens Ughetto della Tela wollte sie heiraten, fürchtete jedoch, daß seine Familie ganz entschieden sich weigern würde, die Tochter eines unbegüterten Bürgerlichen zu akzeptieren.

Einem reichen Mann hingegen könnte man die bürgerliche Abstammung seiner Tochter verzeihen. So verkaufte Ughetto kurz vor Weihnachten seine Jagdfalken, um den Bäcker mit den besten Zutaten für den traditionellen Weihnachtskuchen zu versorgen. Er verschaffte ihm das feinste Mehl, die besten Eier und die beste Butter; er ging sogar noch weiter und kaufte die Zutaten für eine bisher unbekannte Verfeinerung, Sultaninen und Zitronen (zur Bereitung von Zitronat). Die Anlage machte sich bezahlt; Tonios Geschäft begann zu blühen, er wurde ein reicher Mann und Adalgisa eine annehmbare Partie für die hochnäsigen, aber geldgierigen Angehörigen des klugen jungen Ughetto – zur kulinarischen Freude kommender Generationen.

Heutzutage ißt fast ganz Italien *panettone,* und zwar besonders zur Weihnachtszeit, aber auch während des übrigen Jahres. Die Mailänder Firmen Motta und Alemagna, die beiden größten Hersteller dieses Kuchens, verkaufen in Italien in jedem Dezember etwa 200 Millionen abgepackten *panettone.* Ein Verwandter davon spielt in der Lombardei an Feiertagen ebenfalls eine Rolle, und zwar zu Ostern, wenn ein Kuchenbrot namens *colomba* (Taube) aus dem gleichen Teig (aber mit gerösteten Mandeln) gegessen wird. Diese Sitte geht auf das Jahr 1176 zurück, als während der Schlacht von Legnano zwischen den Heeren der Lombardischen Liga und des Heiligen Römischen Reiches sich in der Nähe der mailändischen Standarten zwei Tauben niedergelassen haben sollen. Die Mailänder sahen darin ein gutes Omen, und mit Unterstützung Papst Alexanders III. besiegten ihre Streitkräfte diejenigen Kaiser Barbarossas. In der Kirche San Simpliciano wird der Schlacht noch heute mit einer besonderen Messe gedacht, während der zwei lebendige Tauben vom Altar auffliegen.

Unter den lombardischen Süßigkeiten gibt es zwei erwähnenswerte Spezialitäten aus Cremona, jener Stadt, in der die Stradivari, Amati und Guarneri und andere berühmte Geigen hergestellt wurden. Das eine sind *mostarda,* kandierte, in Senfsirup eingelegte Früchte. Die Vorstellung mag befremden, aber das Resultat ähnelt dem indischen Chutney und schmeckt ausgezeichnet zu gekochtem Fleisch. Die andere Spezialität ist *torrone,* ein üppiger, mit Mandeln zubereiteter Nachtisch, der besonders zu Weihnachten beliebt ist. Der Name ist von dem aus dem 13. Jahrhundert stammenden Glockenturm von Cremona, dem Torrazzo, abgeleitet. Eine Obstspeise, die eine Mailänder Spezialität ist, sind *pere ripiene,* mit Gorgonzola gefüllte Birnen *(Seite 145)*.

Wer die Mahlzeit lieber mit Käse als mit einer Süßspeise beschließt, kommt in der Lombardei zu seinem Recht. *La Casa del Formaggio,* eines der berühmtesten Käsegeschäfte Italiens, befindet sich in Mailand. Hier gibt es Hunderte von einheimischen und importierten Käsesorten sowie Käsekuchen und andere mit Käse zubereitete Waren. Viele Erzeugnisse der *Casa del Formaggio*, so der Gorgonzola, sind einheimische Produkte. Die Stadt Gorgonzola, nach welcher der Käse benannt ist, liegt etwas nordöstlich von Mailand. Das Produkt wird ausschließlich aus ungekochter Kuhmilch gemacht, die mit Kalbslab zum Gerinnen gebracht wird.

Ein anderer im Ausland wohlbekannter italienischer Käse ist ebenfalls ein Erzeugnis der Lombardei – der gelbe, sahnige Bel Paese. Und in der Stadt Lodi werden derart viele Parmesansorten *(grana lodigiano)* hergestellt, daß der Romancier Alexandre Dumas, bekannt als Feinschmecker und Reisender, behaupten konnte, der beste Parmesan komme nicht aus Parma, sondern aus Lodi. Aber Alexandre Dumas *fils,* der Sohn des Autors, der *grana lodigiano* so gepriesen hatte, zog einen anderen Käse derselben Stadt vor – *mascarpone,* ein frisches Sahneprodukt, das manchmal mit Maraschino und Zucker und manchmal mit geriebener Schokolade als Nachtisch serviert wird.

Nichts bringt den Geschmack von Wein besser heraus als Käse, und die Natur sorgt gewöhnlich dafür, daß ein gutes Käseland auch ein gutes Weinland ist. Im Falle der Lombardei scheint sie sich ein wenig vertan zu haben; sie gehört nicht zu den erstklassigen Weingegenden. Nur in zwei Anbaugebieten gibt es ausgedehnte Weingärten. Das eine ist das Valtellina-Tal, dessen bestes Erzeugnis wahrscheinlich Sasella ist. Er hat eine hell rubinrote Farbe und ein an Rosen erinnerndes Bukett. Auch der Inferno mit seinem nußähnlichen Nachgeschmack ist durchaus ein angenehmer Trank. Die andere Weingegend befindet sich an den Ufern des Gardasees. Hier ist das interessanteste Gewächs wohl der Chiaretto del Garda, ein Rosé mit leicht pikantem Mandelgeschmack. Der Reisende, der merkwürdige Namen liebt, könnte in der Lombardei versucht sein, Sangue di Giuda, Judasblut, zu probieren, aber er sollte wissen, daß dies ein süßer, moussierender Rotwein ist – und daß Süße, Schaum und Röte eine gefährliche Verbindung sind, woraus sich vielleicht auch die Namensgebung erklären läßt.

Was die Lombardei jedoch an hervorragenden Getränken zu bieten hat, ist der überall bekannte Apéritif Campari. Im Jahre 1867 eröffnete Gaspare Campari ein Café in der Nähe des Mailänder Doms. Es wurde bald zum Treffpunkt der eleganten Welt der Stadt. Gaspare erprobte und servierte eine Anzahl von ihm selbst zusammengestellter Apéritifs. Aber der ziemlich bittere, scharlachrote Trank, der heute überall in der Welt bekannt ist, entstand erst um 1890 und wurde von Davide, dem Sohn Gaspares, entwickelt, der nach Frankreich gegangen war, um die Kunst des Apéritifmachens zu lernen. 1892 baute die Familie Campari in Sesto San Giovanni bereits eine Fabrik, um den bitteren Campari in großen Mengen herzustellen. Später fügte die Familienfirma Campari-Magenlikör sowie Campari-Soda hinzu. Auch heute noch steht der Firma ein Mitglied der Familie vor, Guido Campari, und sie besitzt eine Fabrik in Rom mit einer bedeutenden Import- und Exportabteilung, durch die das Produkt in alle Teile der Welt gelangt.

Unter den ältesten und berühmtesten italienischen Ausfuhrgütern befindet sich natürlich die Oper, mit der in Mailand das Essen eng verbunden ist. Heute gibt es ein ausgezeichnetes Lokal direkt neben der Scala, dem vielleicht bekanntesten Opernhaus der Welt, aber die Verbindung von Essen und Oper ist dort stets mehr als nur rein zufällig gewesen.

Bevor die Scala im Jahre 1778 ihre Pforten öffnete, hatten Opernliebhaber, welche die Vorstellungen in dem alten Herzoglichen Opernhaus besuchten, ihr Abendessen einfach mitgebracht; es wurde in einem Restaurant, das sich innerhalb des Theaters befand, warm gemacht. Wie H. V. Morton in seinem Buch *Wanderungen in Italien* schreibt, schlossen sich an die Logen Salons mit Kaminen an, wo man Karten spielen konnte, falls einen die Vorstellung langweilte. Die Loge des Großherzogs besaß sogar ein Schlafzimmer. In La Cannobiana, einem anderen Opernhaus, das im Jahre 1779 in Mailand eröffnet wurde, servierte die Opernleitung während der Vorstellung sogar ganze Diners einschließlich dampfender Teller Suppe und *manzo brasato alla lombarda* oder Steaks. Hector Berlioz, der im 19. Jahrhundert lebende französische Komponist romantischer Musik, beschwert sich in seinen Memoiren über den Lärm, den das Tellergeklapper im Herzoglichen Opernhaus verursachte; und Morton schreibt, daß in der Cannobiana „nur während einer beliebten Arie das Klappern der Messer und Gabeln schwieg; dann, und nur dann, herrschte absolute und andächtige Stille".

In einer Fabrik in Cremona werden Senf und andere Zutaten unter das Obst gerührt, um die an Chutney erinnernde *mostarda* zu machen.

# KAPITEL VIII REZEPTE

## *Manzo Brasato alla Lombarda*

RINDERSCHMORBRATEN MIT ROTWEINSAUCE

Für 6 Personen

1 TL feingehackter Knoblauch
1 TL getrocknetes Oregano, zerrieben
1/2 TL Salz
1/4 TL frisch gemahlener schwarzer Pfeffer
8 bis 10 Streifen Schinkenspeck von 1 cm Breite
1,5 kg Rinderschmorbraten, mit Küchengarn fest umwickelt
3 EL Butter
1 EL Olivenöl
1/2 Tasse grobgehackte Zwiebeln
1/4 Tasse grobgehackte Mohrrüben
1/4 Tasse grobgehackter Stangensellerie
1/2 Tasse trockener Rotwein
2 Tassen Rinderbouillon, frisch, aus einem Würfel oder Instant-Fleischbrühe
1 1/2 Tassen italienische Dosentomaten, grobgehackt und abgetropft
1 Lorbeerblatt

Den Ofen auf 175° vorwärmen. Den feingehackten Knoblauch, Oregano, Salz und Pfeffer miteinander vermischen und die Schinkenspeckstreifen in der Mischung wälzen. Mit einem scharfen Messer tiefe Einschnitte in das Rindfleisch machen und die Speckstücke hineindrücken.

In einer schweren Bratpfanne von 25 bis 30 cm Durchmesser bei mäßiger Hitze 1 EL Butter mit dem Olivenöl zergehen lassen und das Rindfleisch auf allen Seiten anbraten.

Die übrigen 2 EL Butter bei mäßiger Hitze in einer schweren Kasserolle schmelzen, die gerade groß genug ist, um das Rindfleisch bequem zu fassen. Auf einem Holzbrett die grobgehackten Zwiebeln, Mohrrüben und den Stangensellerie in sehr kleine Stücke hacken. (Die daraus entstehende Mischung heißt *battuto;* fertig gekocht heißt sie *soffritto.*) Diese Mischung unter häufigem Rühren zu der Butter in die Kasserolle geben und etwa 10 Minuten lang schmoren, bzw. bis der *soffritto* weich und leicht gebräunt ist. Das angebratene Rindfleisch darauflegen.

Fast alles Fett aus der Pfanne gießen, den Rotwein hineingeben und bei großer Hitze schnell aufkochen lassen, wobei der Bratensatz hineinverrührt wird. Wenn der Wein bis auf 1/4 Tasse reduziert ist, ihn mit der Rinderbouillon, den gehackten Tomaten und dem Lorbeerblatt in die Kasserolle geben. Die Flüssigkeit sollte etwa bis zu 1/3 des Fleisches reichen; ist dies nicht der Fall, mehr Bouillon hinzufügen. Die Kasserolle bei großer Hitze zum Kochen bringen, fest zudecken und etwa 2 Stunden in der Mitte des Ofens schmoren, bzw. bis das Fleisch weich ist, wenn man es mit der Spitze eines scharfen Messers prüft.

Zum Anrichten den Schmorbraten auf ein Tranchierbrett legen, das Garn durchtrennen und das Fleisch aufschneiden. Die Scheiben ein wenig übereinandergeschoben auf einer vorgewärmten Servierschüssel aufreihen, den Schmorbratensaft aus der Kasserolle durch ein feines Sieb in eine Saucenschüssel gießen, wobei man das Gemüse mit dem Rücken eines Holzlöffels ausdrückt, ehe man es entfernt. Soviel wie möglich von dem Fett der Sauce abschöpfen, abschmecken und gegebenenfalls zusätzlich salzen und pfeffern. Die Fleischscheiben vor dem Anrichten ein wenig mit der Tunke übergießen. Den Rest der Sauce in einer Saucenschüssel reichen.

## *Peperonata*

GESCHMORTE PAPRIKASCHOTEN MIT TOMATEN UND ZWIEBELN

Für 6 Personen

2 EL Butter
1/4 Tasse Olivenöl
500 g Zwiebeln, dünngeschnitten (etwa 4 Tassen)
1 kg grüne und rote Paprikaschoten, blanchiert, geschält, entkernt und in Streifen von 2 1/2 mal 1 cm geschnitten (etwa 6 Tassen)
1 kg Tomaten, geschält, entkernt und grobgehackt (ungefähr 3 Tassen)
1 TL Rotweinessig
1 TL Salz
Frisch gemahlener schwarzer Pfeffer

In einer schweren Pfanne von 30 cm Durchmesser bei mäßiger Hitze die 2 EL Butter zusammen mit 1/4 Tasse Olivenöl zergehen lassen. Die Zwiebeln hinzufügen und unter häufigem Wenden etwa 10 Minuten schmoren, bis sie weich und leicht gebräunt sind. Die Paprikaschoten hineinrühren, die Hitze reduzieren, zudecken, 10 Minuten schmoren. Die Tomaten, den Essig, das Salz und eine Prise Pfeffer hinzufügen, die Pfanne wieder zudecken und weitere 5 Minuten schmoren. Dann das Gericht unbedeckt, bei großer Hitze und unter vorsichtigem Umrühren so lange auf dem Herd lassen, bis fast alle Flüssigkeit eingekocht ist.

Die *peperonata* entweder als warmes Gemüse vor oder mit dem Hauptgericht servieren oder kaltstellen und als Teil eines *antipasto* oder als Beilage zu kaltem Braten oder Geflügel servieren.

## *Panettone*

KAFFEEKUCHEN

Für 1 Kuchen

- 30 g Hefe
- 1/4 Tasse Zucker
- 1/3 Tasse lauwarmes Wasser
- 6 Eigelb
- 1 TL Vanille-Extrakt
- 1/2 TL frisch geriebene Zitronenschale (von ungespritzten Zitronen)
- 1/2 TL Salz
- 2 bis 3 Tassen Mehl
- 8 EL Butter
- 1/3 Tasse gewürfeltes Zitronat
- 1/4 Tasse Sultaninen, gewaschen und abgetropft
- 1/4 Tasse Rosinen, gewaschen und abgetropft
- 2 EL zerlassene Butter

Die Hefe und 1 TL Zucker über 1/3 Tasse warmes Wasser streuen, wobei das Wasser unbedingt lauwarm sein muß (42°–46°) – weder zu heiß noch zu kalt. (Ist das Wasser zu heiß, vernichtet es die Hefe; ist es zu kalt, kommt die Hefe nicht zur Wirkung.) Die Hefe und den Zucker 2 bis 3 Minuten stehenlassen, dann verrühren, um sie völlig aufzulösen. Die Tasse an einen warmen, vor Zugluft geschützten Platz (vielleicht in einen abgeschalteten Backofen) 3 bis 5 Minuten lang hinstellen, bzw. bis die Hefe Blasen wirft und die Mischung sich fast verdoppelt hat. Wenn die Hefe keine Blasen wirft und die Mischung unverändert bleibt, ist die Hefe nicht aktiv. Dann muß man mit neuer Hefe von vorne beginnen.

Mit einem Gummispachtel die Hefemischung in eine große Rührschüssel geben. 6 Eigelb, Vanille, Zitronenschale, Salz und die restliche 1/4 Tasse Zucker hineinrühren. Dann 1 1/2 Tassen Mehl zu je 1/2 Tasse hineinstreuen, wobei die Mischung dauernd mit der Hand gerührt wird, bis der Teig klebrig und weich, jedoch griffig genug ist, um ihn zu einer groben Kugel zu formen. Falls nötig, ein wenig mehr Mehl hinzufügen. Die weiche Butter in drei Stücke teilen und nacheinander in den Teig rühren, der dann schwer und zäh werden und in großen Klumpen von den Händen fallen muß. Den Teig abermals zu einer Masse zusammenfügen.

Nun nach und nach 1/2 bis 1 Tasse Mehl hinzufügen und mit der Hand daruntermischen. Wenn der Teig fest ist und, obzwar ölig, nicht mehr klebt, auf einem mit Mehl bestreuten Brett etwa 10 Minuten kneten, bzw. bis der Teig glatt und glänzend ist und seine Oberfläche Blasen aufweist. Zu einer Kugel formen, diese in eine große, saubere Schüssel legen und oben mit ein wenig Mehl bestreuen. Die Schüssel mit einem Teller oder Topfdeckel zudecken und auf einen warmen, vor Zugluft geschützten Platz stellen (hierfür eignet sich wiederum ein Ofen, in dem die Hitze abgeschaltet ist, vorzüglich). Innerhalb von 30 bis 45 Minuten sollte sich das Volumen des Teigs verdoppelt haben.

Den Ofen auf 215° vorwärmen. Den Teig mit den Fäusten flachdrücken und das gewürfelte Zitronat, die Sultaninen und Rosinen vorsichtig hineinkneten. Danach den Teig so wenig wie möglich berühren, damit er sich nicht verfärbt. Wieder eine Kugel daraus formen, diese auf ein mit Butter ausgeriebenes Backblech tun und oben ein Kreuz einschneiden. Die eine Seite eines etwa 75 cm langen und 12 cm breiten Streifens von dickem braunem Papier gut mit Butter bestreichen. Darin die Teigkugel – mit der Butterseite nach innen – lose einwickeln, so daß das Papier den Teig auf dem Backblech wie ein Kragen umschließt. Der Kragen sollte im Durchmesser etwa 15 bis 20 cm messen. Den Rand des Papiers mit einem Bindfaden, einer Nadel oder einer Büroklammer um den Teig befestigen und den umwickelten Teig warmstellen, damit er nochmals aufgeht.

Wenn der Teig nach etwa 15 Minuten wiederum sein Volumen verdoppelt hat, ihn oben mit ein wenig zerlassener Butter bepinseln und 10 Minuten auf dem mittleren Backrost backen. Dann die Temperatur auf 175° reduzieren, die Oberfläche des *panettone* noch einmal mit zerlassener Butter bepinseln und weitere 30 bis 40 Minuten backen. Etwa 15 bis 20 Minuten nach Beginn des Backprozesses abermals mit zerlassener Butter bepinseln. Wenn der Kuchen gar ist, sollte die Kruste knusprig und goldbraun sein.

Sobald der *panettone* fertig gebacken ist, zum Auskühlen auf ein Drahtgestell setzen. Das Papier entfernen, wenn der Kuchen genügend abgekühlt ist, um ihn anfassen zu können. Zum Anrichten den *panettone* in dicke Stücke schneiden. Er bleibt sehr lange frisch, wenn man ihn sorgfältig in Alufolie einwickelt.

## *Osso Buco*

GESCHMORTE KALBSHACHSE

Für 6 bis 8 Personen

- 4 EL Butter
- 1 1/2 Tassen feingehackte Zwiebeln
- 1/2 Tasse feingehackte Mohrrüben
- 1/2 Tasse feingehackter Stangensellerie
- 1 TL feingehackter Knoblauch
- 3 bis 3,5 kg Kalbshachse, in 8 Stücke von je 6 cm Länge zersägt, (nicht zerhackt) und jeweils mit einem Bindfaden umwickelt
- Salz
- Frisch gemahlener schwarzer Pfeffer
- Mehl
- 1/2 Tasse Olivenöl
- 1 Tasse trockener Weißwein
- 3/4 Tasse Rinder- oder Hühnerbouillon, frisch, aus einem Würfel oder aus einer Dose
- 1/2 TL getrocknetes Basilikum
- 1/2 TL getrockneter Thymian
- 3 Tassen Dosentomaten, abgetropft und grobgehackt
- 6 Petersiliensträußchen
- 2 Lorbeerblätter

GREMOLATA

- 1 EL geriebene Zitronenschale (von ungespritzten Zitronen)
- 1 TL feingehackter Knoblauch
- 3 EL feingehackte Petersilie

Eine schwere, flache Kasserolle oder einen flachen Bratentopf wählen, der einen festschließenden Deckel hat und gerade groß genug ist, die Kalbfleischstücke aufrecht stehend in einer Schicht zu fassen. Die Butter bei mäßiger Hitze in einer Kasserolle zerlassen, und wenn sich der Schaum gelegt hat, die gehackten Zwiebeln, Mohrrüben, Stangensellerie und Knoblauch hinzufügen. Unter dauerndem Rühren 10 bis 15 Minuten schmoren, bzw. bis das Gemüse leicht gebräunt ist. Die Kasserolle von der Kochstelle nehmen.

Die Kalbshachsen mit Salz und Pfeffer würzen, dann in Mehl wälzen und abschütteln. In einer schweren Bratpfanne von 25 bis 30 cm Durchmesser 6 EL Olivenöl erhitzen, bis sich ein leichter Rauch bildet. Die Fleischportionen bei mäßiger Hitze zu je 4 oder 5 Stück anbraten und, falls nötig, mehr Öl hinzufügen. Die gebräunten Stücke nebeneinander auf das Gemüse in der Kasserolle stellen.

Den Ofen auf 175° vorwärmen. Fast alles Fett aus der Pfanne abgießen und nur eine dünne Schicht auf dem Boden lassen. Den Wein hineingießen und bei großer Hitze rasch aufkochen lassen, bis er auf etwa 1/2 Tasse reduziert ist. Den Bratensatz abkratzen und darunterrühren. Jetzt Bouillon, Basilikum, Thymian, Tomaten, Petersiliensträußchen und Lorbeerblätter hinzufügen und zum Kochen bringen, dann mit der Kochbrühe das Kalbfleisch rundum begießen. Die Flüssigkeit sollte etwa bis zur halben Höhe des Bratens reichen; anderenfalls mehr Bouillon hinzugießen. Die Kasserolle auf dem Herd zum Kochen bringen. Zudecken, im unteren Drittel des Ofens unter gelegentlichem Begießen schmoren und die Hitze soweit reduzieren, daß das Gericht ganz leise weiterkocht. In etwa 1 Stunde und 15 Minuten sollte das Kalbfleisch gar sein. Mit der Spitze eines scharfen Messers prüfen. Die Kalbfleischstücke auf einer vorgewärmten Schüssel anrichten und mit einem Löffel die Sauce und Gemüse aus der Kasserolle um sie verteilen. Über die Kalbshachse *gremolata* sprenkeln, eine pikante Garnierung, die man aus geriebener Zitronenschale, gehacktem Knoblauch und Petersilie bereitet. *Osso buco* wird für gewöhnlich mit *risotto alla milanese (siehe unten)* oder einfacher, mit Butter angerichteter *pasta* serviert.

Für eine elegantere Form von *osso buco* die Kasserolle aus dem Ofen nehmen, wenn das Fleisch gar ist, und die Ofentemperatur auf 225° erhöhen. Mit einer Zange das Kalbfleisch vorsichtig auf eine große, feuerfeste Schüssel legen, wobei man darauf achten muß, daß sich dabei das Mark nicht aus den Knochen löst. Die Schüssel in das obere Drittel des Ofens stellen und das Kalbfleisch 5 bis 10 Minuten backen, bzw. bis es tiefbraun und glasiert ist. Inzwischen den Inhalt der Kasserolle durch ein feines Sieb in einen 2 bis 3 l fassenden Kochtopf gießen, wobei man mit dem Rücken eines Löffels fest auf das Gemüse drückt, um die Säfte herauszupressen, ehe man es fortwirft. Die Schmorsäfte bei starker Hitze aufkochen und unter häufigem Umrühren auf etwa die Hälfte einkochen lassen. Abschmecken und, falls nötig, mit Salz und Pfeffer nachwürzen. Die eingekochte Sauce über das glasierte Fleisch gießen und mit *gremolata* bestreuen.

## *Risotto alla Milanese*

GESCHMORTER REIS MIT SAFRAN

Für 6 bis 8 Personen

- 7 Tassen Hühnerbouillon, frisch, aus der Dose oder aus Würfeln
- 8 EL Butter
- 1/2 Tasse feingehackte Zwiebeln
- 1/3 bis 1/2 Tasse rohes, gehacktes Rindermark (nach Belieben)
- 2 Tassen einfacher, weißer, ungekochter, möglichst italienischer Reis
- 1/2 Tasse trockener Weißwein
- 1/8 TL Safranpulver oder zu Pulver zermahlene Safranfäden
- 1/2 Tasse frisch geriebener Parmesan

Die Hühnerbouillon in einem 2 bis 3 l fassenden Topf zum Kochen bringen und bei schwacher Hitze leise sieden lassen. In einer schweren, 3 l fassenden feuerfesten Kasserolle 4 EL Butter bei mäßiger Hitze zerlassen. Die Zwiebeln unter häufigem Umrühren 7 bis 8 Minuten in der Butter schmoren. Sie dürfen nicht bräunen. Wenn gewünscht, das Rindermark hineinrühren, dann den Reis darangeben und unter

Rühren 1 bis 2 Minuten kochen, bis die Körner glänzen und ein wenig glasig sind. Den Wein hineingießen und so lange erhitzen, bis er fast völlig aufgesogen ist. 2 weitere Tassen Bouillon dazugießen und unter gelegentlichem Rühren weiterkochen. Inzwischen den Safran in 2 Tassen Bouillon ein paar Minuten einweichen, dann über den Reis gießen. Das Ganze sollte man so lange kochen lassen, bis die Flüssigkeit völlig absorbiert ist.

Dann sollte der Reis gar sein. Falls nicht, die übrige Bouillon – $^1/_2$tassenweise – hinzufügen, weiterkochen lassen und rühren, bis der Reis weich ist. Dann mit einer Gabel 4 EL Butter und den geriebenen Käse hineinrühren, doch sollte man darauf achten, daß der Reis nicht zerquetscht wird. Anrichten, während der Reis noch sahnig und siedend heiß ist.

## *Zuppa alla Pavese*

HÜHNERSUPPE MIT POCHIERTEN EIERN

Für 4 Personen

- 4 EL Butter
- 4 Scheiben Weißbrot, je etwa 1 cm dick
- 4 frische Eier
- 3 Tassen Hühnerbouillon, frisch, aus Würfeln oder aus der Dose
- 2 EL frisch geriebener Parmesan

In einer schweren, 20 bis 25 cm großen Pfanne die Butter bei mäßiger Hitze zerlassen und die Brotscheiben unter häufigem Wenden 4 oder 5 Minuten darin rösten, bzw. bis sie auf beiden Seiten goldbraun sind. In jeden der 4 Suppenteller 1 Scheibe von diesem Toast legen. Die Hühnerbouillon in einem kleinen Topf erhitzen und leise weiterkochen lassen, während die Eier vorbereitet werden.

In einer 25 bis 30 cm großen Pfanne Wasser bis zu 5 cm Höhe zum Sieden bringen. 1 Ei in eine Untertasse schlagen. Indem man die Untertasse so nahe wie möglich an das Wasser hält, das Ei in die Pfanne gleiten lassen. Mit einem Holzlöffel vorsichtig das Eiweiß über das Eigelb heben. Ebenso mit den übrigen 3 Eiern verfahren, wobei das Wasser nur sehr schwach sieden darf. Wenn möglich, die Eier voneinander getrennt halten. Die Eier 3 bis 5 Minuten pochieren, je nachdem wie fest man sie wünscht, und dann mit einem Schaumlöffel aus dem Wasser heben und jeweils 1 Ei auf jedes geröstete Brot in den Suppenteller legen. Die Eier mit geriebenem Käse bestreuen und die Bouillon darum herumgießen. Die Suppe sofort anrichten.

## *Pere Ripiene*

BIRNEN MIT GORGONZOLAFÜLLUNG

Für 4 Personen

- 4 feste, kleine, reife Birnen
- 1 EL Zitronensaft
- 50 g Gorgonzola (etwa $^1/_4$ Tasse), auf Zimmertemperatur gebracht
- 2 EL Butter
- 2 EL gemahlene Walnüsse, Pistazien- oder Pinienkerne

Mit einem kleinen scharfen Messer die Birnen schälen und der Länge nach halbieren, wobei man den Stiel an einer der beiden Hälften beläßt. Die Kerngehäuse entfernen und aus jeder Birnenhälfte einen knappen Eßlöffel Fruchtfleisch herauslöffeln. Damit die Früchte nicht braun werden, jede Birnenhälfte innen und außen mit einem in Zitronensaft getauchten Tortenpinsel bestreichen.

Den Gorgonzola und die Butter miteinander verrühren, indem man sie mit einem Holzlöffel in einer kleinen Rührschüssel so lange schlägt, bis sie weich und schaumig sind. In die Höhlungen der Birnen je 1 EL der Käse- und Buttermischung füllen und die beiden Hälften vorsichtig zusammendrücken. Die Früchte in den feingemahlenen Nüssen wälzen und auf einer Servierschüssel anordnen. Etwa 2 Stunden in den Kühlschrank stellen, bzw. bis die Käsefüllung fest ist.

# *Stolz einer lombardischen Küche*

OSSO BUCO

1 Mohrrüben, Zwiebeln, Stangensellerie, Knoblauch in Butter dünsten.

2 Jede Kalbshachse zusammenbinden, damit sich das Fleisch beim Kochen nicht vom Knochen löst.

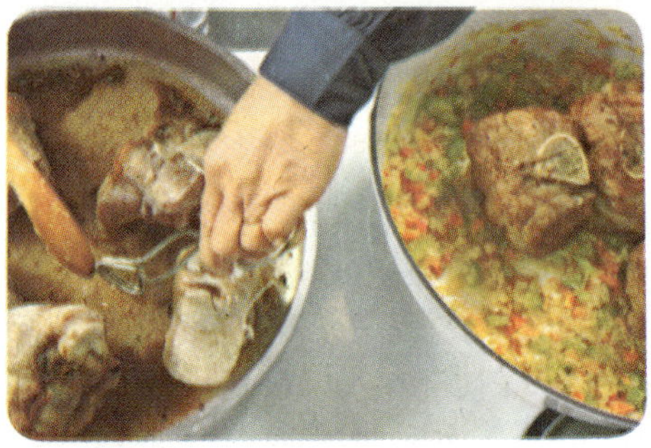

3 Die Hachsen in einer großen Pfanne anbraten und zu dem gekochten Gemüse in die Kasserolle legen.

4 Heiße Bouillon und Wein über die Mischung gießen und die Kasserolle zum Schmoren in den Ofen stellen.

RISOTTO ALLA MILANESE

1 Die Zwiebeln in Butter dünsten, darauf das Rindermark hinzufügen.

2 Der Reis wird zu den Zwiebeln getan und so lange gerührt, bis er gründlich mit Butter überzogen ist.

3 Jetzt gießt man nach und nach den Wein und die Bouillon über den Reis, bis die Körner weich sind.

4 Zwei Eßlöffel Butter und Parmesan darunterrühren. Der Reis sollte eine puddingartige Konsistenz haben.

Der fertige *osso buco* wird auf dem *risotto alla milanese* angerichtet. Das Mark, das manche für den besten Teil des Gerichts halten, holt man mit einem besonderen Löffel aus dem Knochen. Zu dieser Mahlzeit gehört eine Karaffe Rotwein.

# IX

# *Turin und Piemont*

In einem Piemonteser Restaurant erfreuen sich einige Gäste an der typischen *bagna cauda,* einer pikanten heißen Sauce, die eine volle Mahlzeit sein kann. Roher Stangensellerie, Paprikaschoten, Kopflattich und Tomaten werden in eine heißgehaltene Sauce aus zerdrückten Anschovis, Butter, Knoblauch und Olivenöl getunkt.

Die meist gebirgige Landschaft Piemonts sollte eigentlich der Grund für die Entwicklung einer herzhaften, einfachen, kraftvollen Küche sein – und im großen und ganzen stimmt das auch. Aber das ist nur die eine Seite. Die Piemonteser pflegen auch die Tradition einer üppigen, raffinierten Küche, die von den adligen Familien eines Gebietes geschaffen wurde, welches das Glück hatte, seltener der Schauplatz von Kriegen zu sein als die meisten anderen Provinzen Italiens. Die Piemonteser Aristokratie hatte während der langanhaltenden Friedenszeiten in ihrem Lande mehr Muße und mehr Geld, sich den Freuden der Tafel zu widmen.

„Piemont ist die Wiege Italiens", sagen seine Bewohner, womit sie darauf hinweisen wollen, daß im Jahre 1861, als ganz Italien zu einem Königreich vereinigt wurde, sein erster Herrscher, Viktor Emanuel II., aus dem Piemonteser Fürstenhause von Savoyen stammte. „Piemont ist die Wiege der Kochkunst", behauptet ein einheimischer Autor, eine leichte Korrektur der Fakten, die von den Einwohnern anderer Provinzen wohl schwerlich akzeptiert wird. Aber alle sind sich einig, daß Turin, die Hauptstadt Piemonts, zur einheimischen Gebirgskost eine sehr gepflegte Hofküche beigesteuert und den regionalen Gerichten eine Finesse verliehen hat, die man sonst in Gebirgsgegenden nicht findet. Die Piemonteser sind sich dieses zweifachen Vorteils durchaus bewußt. In der Regel gibt es in gebirgigen Gegenden selten Kochschulen, da die Kochkunst von der Mutter auf die Tochter vererbt und nicht vom Lehrer dem Schüler weitergegeben wird. Piemont dagegen besitzt zwei ausgezeichnete Koch-Akademien, die eine in Cocconato und die andere in La Morra. Ein gutes Beispiel für das Zusammenwirken von Einfachheit und Raffinesse ist *trotella alla Savoia* *(Seite 158)* – auf Champignons gebackene Forelle –, ein Gericht, das ebenso einfach und herzhaft wie raffiniert und delikat ist.

Am Ende haben die beiden kulinarischen Traditionen einander ergänzt. Das Raffinierte, Subtile ist nicht immer sofort erkennbar, die Herzhaftigkeit tritt viel eher hervor. Das wichtigste Agrarerzeugnis der Ebene von Piemont ist Getreide (überall in der Welt essen Gebirgsvölker viel Körnerfrüchte). Piemont ist die größte Reis erzeugende Landschaft Italiens. Wie im Fernen Osten werden die Gebirgsbäche zur Bewässerung der Felder abgeleitet, auf denen Reis angebaut wird. (Die eindrucksvollsten Szenen aus dem klassischen italienischen Film *Bitterer Reis* stammen aus dieser Gegend, und genauso wird auch heute noch der Reis hier von Saisonarbeitern – einschließlich vieler junger Mädchen – mit der Hand geschnitten.)

Da die Reiskultur ein Überfluten der Felder erfordert, hat sie Nebenwirkungen auf die Piemonteser Speisekarte gehabt. In den relativ stillen Gewässern, die durch die künstliche Berieselung der Reisfelder entstehen, werden Karpfen gezüchtet. Auch gibt es hier Frösche für Froschschenkelsuppe oder für ein beliebtes einheimisches Gericht, *rane dorate* – abgezogene, in Mehl getauchte und in Olivenöl gebackene Frösche. In Piemont kennt man eine große Zahl von Reisgerichten, aber das beste, *riso al limone* (gekochter Reis mit Zitronen), gehört zu den allereinfachsten *(Seite 159)*. Die *grissini* genannten kleinen Brotstangen, das berühmteste Weizenprodukt der Gegend, haben nicht nur fast alle Teile der Welt erobert, sondern gelten im Ausland als ein so typisches Erzeugnis Italiens, daß man sie überall „Italiener" nennt. In Wirklichkeit sind die Brotstangen ein reines Turiner Produkt, und Napoleon, der sie sehr schätzte, nannte sie stets „diese Turiner Stängelchen". Ein kleines Arrangement davon findet sich in einem Wasserglas auf dem Tisch eines jeden italienischen Restaurants. Es lohnt sich nicht, sie selbst herzustellen, denn man kann sie in fast jeder Stadt der Welt fertig kaufen.

Das große Geschenk des Gebirgslandes an die Städtebewohner der Ebene ist die meisterliche Verwendung der Trüffel, die bei den Feinschmeckern stets hoch in Gunst stand. Man hat die Trüffeln als „*sancta sanctorum* der Nahrungsmittel", als „Diamanten der Tafel" und „ein poetisches Geheimnis der gastronomischen Welt" bezeichnet. Sie sind in der Tat ein ungewöhnliches Pilzgewächs. Da sie selbst kein Chlorophyll produzieren, müssen sie mit einem anderen Gewächs, das diesen Stoff besitzt, in Symbiose leben. Deshalb wachsen die Trüffeln unter der Erde in dem Wurzelgeflecht von Bäumen, und zwar nur unter bestimmten. In Piemont gedeihen Trüffeln hauptsächlich unter Eichen, Kastanien, Weiden, Haselsträuchern und Pappeln in einer Höhe von 400 bis 600 Metern. Da sich von der Trüffel nichts an der Erdoberfläche zeigt, kann der Mensch sie nicht aufspüren, aber Hunde lassen sich darauf dressieren. In Roddi befindet sich sogar eine „Akademie" für Trüffelhunde. Wenn das Tier eine Trüffel aufgespürt hat, kommt sein Besitzer mit einem gebogenen Eisengerät und gräbt den Schatz behutsam aus. Häufig werden Trüffeln nachts mit Hilfe einer Taschenlampe gesucht. Es heißt oft, der Geruch sei dann stärker, aber wahrscheinlich will man nur die Trüffelplätze vor den Augen neugieriger Nachbarn verbergen. Trüffelsucher mögen nicht, daß man ihnen zusieht, weil am Fundort der ausgegrabenen Trüffel alsbald eine neue wächst, und so könnte ein Nachbar, der den Platz auf diese Weise kennengelernt hat, heimlich die zweite Trüffel ausgraben.

Die Piemonteser Trüffel hat die seltene Eigenschaft, besonders hell zu sein. Manchmal werden auch schwarze Trüffeln gefunden, aber am meisten schätzt man die für die Gegend charakteristischen weißen, und zwar besonders die aus dem Langhe-Gebiet südlich von Alba. Die weiße Trüffel hat einen spezifischeren Geschmack als die schwarze, und dieser ist am ausgeprägtesten zwischen November und Februar.

Trüffeln werden meistens als „Geschmacksanreger" verwandt, bei Kapaun, Kalbfleisch, ja selbst Hummer. Aber es gibt auch eine Anzahl von Gerichten, in denen die Trüffel Hauptbestandteil ist – zum Beispiel Trüffeln in Asti Spumante. Hierbei werden sie mit einer sehr dünnen Schicht Parmesan, Olivenöl, Zitronensaft, Salz und Pfeffer zubereitet und so lange in dem Wein geschmort, bis der Käse in die Trüffeln hineingeschmolzen ist. Dann werden sie mit Zitronenscheiben serviert.

Den Parmesan für die Trüffelscheibe findet der Piemonteser Koch ausnahmsweise nicht unter den Erzeugnissen seiner eigenen Provinz. Zu den besseren einheimischen Käsesorten gehören der Robiole (ein pikanter, sahniger Käse, der besonders gut in Roccaverano und Murazzano hergestellt wird) und *toma veja* aus dem Gressoney-Tal, ein schwerer Käse mit einer Rinde, die beim Gärungsprozeß durch die verwendeten Bakterien eine rötliche Färbung bekommt. Auf *toma veja* bezieht sich eine lokale Redewendung: „Er besitzt drei Tugenden: er stillt den Hunger, löscht den Durst und säubert die Zähne."

Übertroffen aber werden diese Sorten vom *fontina,* benannt nach dem Berge Font bei Quart im Aosta-Tal, der auf ein ehrwürdiges Alter zurückblickt. Bereits im Jahre 1477 schrieb Pantaleone da Confienza in seiner *Summa Lacticiniorum* (Lexikon der Molkereierzeugnisse): „Valle Augusti casei boni sunt" – im Tal des Augustus (dem Aosta-Tal) gibt es guten Käse. Der sattgelbe *fontina,* der in Form großer Wagenräder auf den Markt kommt, wird mit unendlicher Sorgfalt fabriziert. Es fängt mit der Auswahl der Kühe an, deren Milch man verwendet; sie müssen von den beiden in Piemont heimischen Rinderrassen abstammen. Das Gerinnen der Milch und die Handhabung des Käses sind bis ins kleinste festgelegt, und während des Herstellungsprozesses müssen die Temperaturen aufs genaueste überwacht werden. Die letzte Geschmacksnuance bekommen die Käselaiber, wenn man sie drei bis fünf Monate in gutgelüfteten Fels- und Kalksteinkellern reifen läßt.

*Fontina*-Käse ist die Basis für *fonduta (Seite 156),* wahrscheinlich das berühmteste mit Piemont in Verbindung gebrachte Gericht. Zu ihm gehören *fontina* und weiße Trüffeln, und in der Tat machen Trüffeln eine *fonduta* zu einem speziell piemontesischen und nicht nur zu einem alpinen Gericht. Einen Verwandten der *fonduta,* die Fondue, trifft man sowohl in den Schweizer als auch in den Französischen Alpen. Aber weder die Schweizer noch die französische Fondue enthält Trüffeln, und es gibt auch noch andere Unterschiede. So ist die *fonduta* sowohl reicher als auch milder, denn in Piemont wird der geschmolzene Käse, der die Basis für *fonduta* und Fondue bildet, stets mit Maismehl, Milch und Eigelb gemischt, die zusammen nie in einer Fondue vorkommen. Auch enthält die *fonduta* keinen Alkohol, während bei Schweizer Fondue Weißwein und Kirschwasser verwandt werden. Sowohl in Frankreich als auch in der Schweiz kommt die Fondue brodelnd auf den Tisch, mit einer Spiritusflamme unter dem irdenen Gefäß, und die Esser tunken auf Gabeln gespießte Brotwürfel in das Gericht, wenden sie darin und führen dann zaghaft den fast brühheißen Bissen zum Mund. In Piemont aber darf die *fonduta* nicht kochen und wird in einer Schüssel serviert, die mit einer Schicht papierdünn geschnittener Trüffeln ausgelegt ist. Gewöhnlich ist das Brot bereits mit der geschmolzenen Käsemasse überzogen, doch wird manchmal der heiße Käse über den Reis oder auch auf die als *polenta* bekannten Maismehlfladen gegossen.

Andere Gerichte, in denen *fontina* eine große Rolle spielt, sind *polenta*-Pudding (der kein Nachtisch ist, sondern aus im Ofen gebackenen Schichten gut gepfefferter *polenta* und *fontina*-Käse besteht); *polenta* am Spieß – jeweils ein Würfel von *polenta* und *fontina,* auf Cocktailstäbchen gespießt und in geschlagenes Ei getaucht, in Brösel gewälzt und in heißem Öl gebraten –; *fontina*-Suppe – Schichten von Toast und Käse in einer Bouillon –; und *fontina*-Salat (aus gelben Paprikaschoten, grünen Oliven, frischer Sahne, Senf und Gewürzen).

Piemont ist eine Landschaft von steilen Hügeln und Bergen, wo es noch viele Ziegen, Gemsen, weiße Hasen und Wildschweine gibt. Bei Vercelli und Novara, wo der meiste italienische Reis angebaut wird, werden auch Karpfen gezüchtet. In den Langhe-Bergen bei Alba wachsen Trüffeln sowie Barolo, einer der Spitzenweine Italiens. Guter *grappa* (Weinbrand) wird in Cuneo und Turin gebrannt – einer Stadt, in der nicht nur die jetzt überall bekannten italienischen Brotstangen *(grissini)* erfunden wurden, sondern die auch zur Wermut-Metropole der Welt geworden ist.

Der englische Autor Thomas Carlyle hat einmal gesagt, die Franzosen seien so ausgezeichnete Köche, daß sie sogar aus Disteln ein wohlschmeckendes Gericht bereiten könnten. Die Piemonteser haben es getan. Es stimmt zwar, daß die Kardone, die eßbare weiße Distel von Piemont, eine ganz besondere Pflanze ist, doch sie ist von der Küche gar nicht so weit entfernt, wie Carlyle vermutete. Man kann sie beispielsweise in geschlagenes Ei tauchen, in Mehl wälzen, in Öl baden, dann mit Butter begießen, dick mit geriebenem Parmesan bestreuen und im Ofen garen. Aber vor allem wird sie zu der typischsten aller Piemonteser Spezialitäten verwendet, der *bagna cauda* (*bagna caôda* im Lokaldialekt), was soviel wie „heiße Sauce" *(Seite 157)* bedeutet. Dies ist eine pikante Tunke für kaltes Gemüse, und in Piemont nimmt man dafür am liebsten die Kardone. Wer jedoch keine eßbare Distel zur Hand hat, kann Stangensellerie, Fenchel, Paprikaschoten, Blumenkohl oder Weißkohl nehmen. Ein Grundrezept für die Tunke enthält Butter, Sahne oder Olivenöl, Knoblauch und Anschovis, aber es gibt auch Variationen, beispielsweise mit gehackten weißen Trüffeln, gerösteten Waldnüssen oder einem Glas Barbera-Wein.

Auf der Suche nach einer noch sättigenderen Kost in den fast unerreichbar hohen Gebirgen des Aosta-Tals begegnen die Jäger Tieren, die in Europa entweder ganz ausgestorben oder sehr selten geworden sind: der Wildziege, die sonst in keiner Alpengegend mehr vorkommt, der Gemse (Chamois), die in Piemont weniger selten ist als in Frankreich oder in der Schweiz (im italienischen Valtournanche gibt es einen Ort, der Chamois heißt und 1661 m hoch liegt), dem weißen Hasen und dem Wildschwein. Wenn man Wildziege oder Gemse probieren will, muß man das an Ort und Stelle tun. Die erste mag vielleicht wegen ihres zu starken Wildgeschmacks nicht jedermanns Sache sein, aber Gemse auf Piemonteser Art lohnt die Reise schon. Sie wird in Gattinara-Wein mit einem Schuß *grappa* (Weinbrand) geschmort. Unter den Gewürzen und Zutaten befinden sich Knoblauch, Mohrrüben, Stangensellerie, Thymian, Wacholderbeeren, Petersilie, Lorbeerblätter, Zwiebeln, Nelken, Zimt, Olivenöl und Tomatenmark.

Die Piemonteser Gebirgskost wird in diesen hochgelegenen Gebieten dadurch bedingt, daß nur wenige Familien über einen Backofen verfügen, so daß häusliches Backen und Rösten nur eine geringe Rolle spielen. Wenn ein Piemonteser Appetit auf ein reichliches Fleischgericht hat, wird er kaum einen Braten wählen, sondern *bolliti misti,* das sind verschiedene gekochte Fleischsorten, wie Rind, Zunge, Huhn, Wurst und Kalbfleisch, die zusammen geschmort und mit einer grünen Sauce *(Seite 156)* angerichtet werden. Eine weitere Piemonteser Spezialität ist ein Eintopfgericht, *finanziera di pollo* genannt, das aus Hühnerinnereien, Bries, Champignons und Trüffeln in einer dicken Fleischsauce besteht. Aber die Piemonteser mögen wahrscheinlich am liebsten ihre eigenen *pasta*-Arten. Die eine heißt *agnolotti* und besteht aus in Eierteig zubereiteten Ravioli, die mit einer Fleischfarce und gehacktem Gemüse gefüllt und in Fleischsauce mit zerlassener Butter und geriebenem Käse serviert werden. Ferner gibt es *gnocchi alla fontina,* kleine, in gewürzter Milch mit geschmolzenem *fontina* gekochte Grießklößchen, die dann, mit Bröseln und Ei paniert, gebraten werden.

Zucker ist ein energiespendendes, stark kalorienhaltiges Nahrungsmittel, das in der Kost vieler Gebirgsgegenden eine wichtige Rolle spielt. Der Leckermäuligkeit der Piemonteser trägt *dolce torinese* Rechnung, eine reichhaltige, kalt servierte Schokoladenspeise aus Mandeln und Buttergebäck *(Seite 159)*. Ebenso gibt es Piemonteser Pudding, ein sahniges Zitronendessert, sowie die feinen Kastanien von Chiusa di Pesio, die bereits vor vier Jahrhunderten der freimütige Satiriker Pietro Aretino pries.

Nach der festen Nahrung schmeckt den Bergbewohnern meist ein starker Tropfen, gewöhnlich *grappa.* Ernest Hemingway, ein berühmter Bewunderer Italiens, verweist in seinem Roman *In einem anderen Land,* der in den norditalienischen Alpen spielt, oft auf jenen feurigen Weinbrand. Bekannt sind auch *grappa delle Langhe* aus Alba, der aus Moscato- oder Nebbiolotrauben destilliert wird, und *grappa di cattinara,* destilliert aus gleichnamigen Trauben.

Barolo, den manche Kenner als den Spitzenwein Italiens bezeichnen, ist das Produkt hervorragender Trauben und einer ausgezeichneten Weinbaugegend, der Langhe-Berge, einer von vielen Bergzügen, die wie die Speichen eines Rades von Cuneo ausstrahlen und von denen jeder in sich abgeschlossen ist und seine eigenen Spezialitäten besitzt. Hier allein werden jährlich etwa 1 Million Hektoliter Wein produziert, der für die Wirtschaft von Piemont von höchster Bedeutung ist.

Die Traube heißt Nebbiolo und verleiht dem aus ihr gekelterten Wein ein Veilchenaroma (zumindest in den Langhe-Bergen; Nebbiolo-Reben, die man in der Gegend von Vercelli anpflanzt, wo man sie *spanna* nennt, besitzen dieses Bukett weit weniger). Man ist sich allgemein einig, daß der Barolo an der Spitze der aus Nebbiolo-Trauben gekelterten Weine steht. Schon Julius Caesar pries den Wein aus dieser Gegend, als er bei La Morra in der Langhe-Region anhielt und bei der Beschreibung seiner Feldzüge gegen die Gallier bemerkte, daß man ihm hier einen ausgezeichneten Wein kredenzt habe.

Zwei andere, aus der gleichen Traube hergestellten Langhe-Weine sind der Barbaresco, der „jüngere Bruder" des Barolo – weniger rauh und ohne die Kratzigkeit des Barolo (was viele Weintrinker schätzen), und Nebbiolo, der um so viel leichter als der Barbaresco ist, wie letzterer leichter ist als der Barolo. Nebbiolo, der seinen Namen nach der Traube trägt, aus der er gekeltert wird, besitzt von allen diesen Weinen das eindeutigste Veilchenaroma.

Aus Piemont stammt auch der große Apéritif Italiens, der Wermutwein. Er ist im wesentlichen eine unverfälschte Mischung aus verschiedenen Weinsorten, Spirituosen, Kräutern und Bittern, aber der Name hat einen merkwürdigen Ursprung. Obwohl die Italiener wie auch die Franzosen die größten Wermutverbraucher sind, geht das Wort auf das deutsche *Wermut*kraut *(Artemisia absinthium)* zurück, aus dem Absinth gewonnen wird und das auch in einigen Wermutrezepten, einschließlich der italienischen, erscheint.

Italienischer Wermut wurde zuerst von Benedetto Carpano auf den Markt gebracht, der ihn im Jahre 1786 in seinem Laden in der Piazza Castello in Turin herstellte, aber er war keineswegs der Erfinder des Getränks. Sowohl Plinius als auch Cicero erwähnen in ihren Werken aromatische Weine, und während des Mittelalters wurden solche gewöhnlich zu Hause hergestellten Getränke zu Heilzwecken verwandt. Besonders die Produzenten behaupten heute noch, daß Wermut gesundheitsfördernd sei. Sie unterstützen ihre These mit dem Hinweis, daß manche seiner Bestandteile, so das Chinin und Wermutkraut, in der Medizin benutzt werden.

Einige außerordentlich bittere Apéritifs haben wirklich einen charakteristischen arzneiähnlichen Geschmack und sollen sich recht heilsam auf Katerstimmungen auswirken. Ein Gläschen Wermut mag auch durch Anregung der Magensäfte verdauungsfördernd sein, und es gibt Menschen, die behaupten, die entspannende Wirkung, die ein in anregender Gesellschaft vor der Mahlzeit eingenommener Apéritif habe, gebe dem Magen Zeit, sich auf den bevorstehenden Ansturm vorzubereiten. Das behagliche Gefühl, das einem Glas Wermut folgt, ist wahrscheinlich seinem Alkoholgehalt zuzuschreiben, der zwischen 12 und 14 Vol. % liegt – etwa ein Drittel von dem des Whiskys. Der Alkoholgehalt muß hoch sein, damit sich die verschiedenen Essenzen, die im Wermut enthalten sind, lösen können.

Die genauen Rezepte für die Wermut-Herstellung sind Handelsgeheimnisse, aber die annähernde Zusammensetzung eines typischen

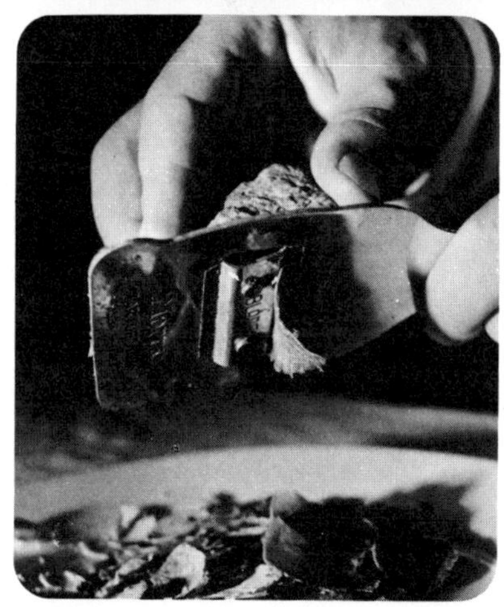

In der Umgegend von Alba weidet sich Pasquale Taricco, ein Trüffelsucher, an einem großen Exemplar, das einer seiner Hunde aufgestöbert hat. Sein Tagesdurchschnitt beläuft sich auf 15 bis 20 dieser Pilze. In den Restaurants benutzt man ein besonderes Gerät *(unten),* um dünne Trüffelscheiben zu schneiden.

Wermuts, Vermut di Torino, ist etwa folgende: Zur Grundlage eines neutralen Weißweins fügt man Moscato d'Asti (einen Süßwein) hinzu, dann klaren Korn und Bitter. Gebrannter Zucker gibt ihm eine rote Farbe, und um ihn trocken zu machen, wird der Gärungsprozeß soweit vorangetrieben, bis sich aller Traubenzucker in Alkohol verwandelt hat.

Viele Wermut-Hersteller sind in Turin zu Hause – Martini & Rossi, Cora und eine Anzahl anderer. Mit am bekanntesten ist Cinzano, eine Firma, die um die Mitte des 18. Jahrhunderts von Francesco Cinzano gegründet wurde. Seitdem hat sie sich außerordentlich entwickelt, und ihr Sitz befindet sich heute nicht mehr in der Hauptstadt von Piemont, sondern nimmt ein ganzes Dorf ein, das passenderweise Cinzano heißt.

Die Gesellschaft besitzt überdies Fabriken im Ausland, aber sie erfahren nicht das Geheimnis der Cinzano-Mischung. Diesen wesentlichen Bestandteil des Getränks erhalten sie in versiegelten Dosen aus der Fabrik in Santa Vittoria bei Cinzano und fügen sie dem in ihrem eigenen Gebiet produzierten Wein hinzu. Das Originalrezept von Francesco Cinzano kennen angeblich nur zwei Menschen auf der Erde – der Präsident der Firma und der Leiter der Stammfabrik von Cinzano.

Das Dorf Cinzano, praktisch ein Teil der Stadt Santa Vittoria in der Provinz Cuneo, ist eine vorbildliche Siedlung an den Ufern des Tanaro, wo 200 Familien von Cinzano-Angestellten wohnen. In ihr befindet sich die ehemalige Jagdhütte König Viktor Emanuels II., die heute für Betriebsempfänge benutzt wird. In den Cinzano-Weinkellern, die in die Hügel unterhalb von Santa Vittoria eingebaut sind, lagert genügend Wein, um einen Ozeandampfer vom Stapel zu lassen. Die besten Kunden der Firma leben in Südamerika, wo man den Wermut nicht nur als Apéritif, sondern auch während der ganzen Mahlzeit zu sich nimmt, eine Sitte, über die französische Feinschmecker geradezu entsetzt sind.

Napoleon war kein Festlandfranzose; er war ein gebürtiger Korse und auch nicht als Gourmet bekannt, als er im Jahre 1800 die Schlacht von Marengo in Piemont schlug und hinterher ein berühmtes Mahl aß. Nachdem er die Österreicher besiegt und sie bis zum Einfall der Dunkelheit verfolgt hatte, befahl er seinem Koch, ihm ein Abendessen zu bereiten. Da man sich angeblich zu weit von den Proviantwagen befand, mußte sich der Koch etwas einfallen lassen. Doch alles, was er in der vom Kriege verwüsteten Gegend auftreiben konnte, waren drei Eier, vier Tomaten, sechs Krebse, ein Hühnchen, etwas Knoblauch, Öl und einen Kochtopf. Diese Zutaten waren so knapp, daß der Koch in seiner Verzweiflung alles verwendete, was er „organisiert" hatte, obwohl sich nach seiner Auffassung einige Teile davon (das Huhn und die Krebse) nicht miteinander vertrugen. Trotzdem mundete Napoleon das Gericht ausgezeichnet, und er bemerkte zu dem Koch: „So etwas mußt du mir nach jeder Schlacht auftischen, die ich geschlagen habe."

Der Koch fühlte sich geschmeichelt, war aber Franzose genug, um die Zusammenstellung von Krebsen und Huhn abzulehnen. So servierte er das Gericht eines Tages ohne die Krebse. Der Nicht-Franzose Napoleon merkte es sofort und war zornig. „Das wird mir Unglück bringen", sagte er, und schickte das Gericht zurück. Der Koch tat die Krebse wieder hinein, und so wird das Gericht bis zum heutigen Tage damit garniert, aber genau wie Napoleons Koch ist man in den meisten französischen Restaurants der Meinung, man sollte sie lieber weglassen. In Piemont jedoch achtet man die Tradition. Ohne Krebse ist es im wesentlichen ein französisches Gericht; wenn man jedoch Marengo-Huhn in einem eleganten Restaurant, wie zum Beispiel im Cambio in Turin, bestellt, wird es jedesmal *mit* Krebsen serviert.

Das elegante Restaurant del Cambio in der Piemonteser Hauptstadt Turin wird allgemein für das feinste der Provinz gehalten.

# KAPITEL IX REZEPTE

## *Bolliti Misti*

GEMISCHTER FLEISCHTOPF

Für 10 bis 12 Personen

- Eine 1,5 kg schwere, frische Rinderzunge
- Eine *cotechino*-Wurst von 500 g Gewicht oder eine andere ungekochte, mit Knoblauch gewürzte Schweinswurst
- Ein 1 kg ausgebeinter Rinderschmorbraten, Rinderkamm oder Fehlrippe, zurechtgeschnitten, gerollt und fest mit Küchengarn umwickelt
- Ein 1 kg ausgebeinter Kalbsbraten, Hinterteil oder Keule, zurechtgeschnitten, gerollt und fest mit Küchengarn umwickelt
- 4 Zwiebeln, geschält und in vier Teile geschnitten
- 4 Mohrrüben, geputzt und halbiert
- 4 Stiele Selleriekraut
- 8 Petersiliensträußchen
- 1 Lorbeerblatt
- 1 EL Salz
- 6 Pfefferkörner
- Ein Suppenhuhn (1,2 bis 1,5 kg)

Die Zunge in einem großen Topf oder Kessel mit kaltem Wasser ganz bedecken. Bei starker Hitze zum Kochen bringen, die Hitze reduzieren und den Topf teilweise zudecken. Die Zunge etwa 3 Stunden schwach kochen lassen, bzw. bis das Fleisch leicht nachgibt, wenn man es mit der Spitze eines scharfen Messers prüft. Das Kochwasser völlig abgießen, die Haut der Zunge mit einem scharfen Messer abziehen und Fett, Knochen und Knorpel am Schlund entfernen.

Die Wurst flach in eine große Pfanne legen und mit kaltem Wasser bedecken. Mit der Spitze eines scharfen Messers oder einem kleinen Fleischspieß an 5 oder 6 Stellen in die Wurst hineinstechen, damit sie beim Kochen nicht platzt und damit etwas Fett herauslaufen kann. Das Wasser zum Kochen bringen, die Hitze reduzieren und die Wurst unbedeckt weitere 45 Minuten ziehen lassen. Wenn sie gar ist, aus der Pfanne nehmen und beiseite stellen.

Rindfleisch, Zwiebeln, Mohrrüben, Selleriekraut, Petersilie, Lorbeerblatt, Salz und Pfefferkörner in einen 8 bis 10 l fassenden Suppentopf oder Kessel tun. Genügend Wasser auffüllen, um das Fleisch völlig zu bedecken und bei starker Hitze zum Kochen bringen. Den sich bildenden Schaum abschöpfen. Die Hitze reduzieren und das Rindfleisch teilweise bedeckt 1 Stunde schwach kochen lassen, bevor man das Kalbfleisch hinzutut. Die Fleischsorten 30 Minuten zusammen schmoren lassen und, falls nötig, das Fett abschöpfen. Dann das Huhn hineintun und 15 Minuten später die Zunge und die Wurst.

Das Ganze teilweise bedeckt 20 bis 30 Minuten weiterkochen lassen, bzw. bis alle Fleischsorten weich sind. Mit einer Zange das Huhn, Rind- und Kalbfleisch, die Zunge und Wurst auf ein Tranchierbrett legen. (Man kann die Brühe auch durchgießen und ohne die Gemüse und Gewürze als Suppengang mit einer *pasta*-Einlage servieren.) Mit einem scharfen Messer die Wurst enthäuten. Dann Wurst, Zunge, Rind- und Kalbfleisch in dünne, gleichmäßige Scheiben schneiden und appetitlich auf einer großen, vorgewärmten Schüssel anordnen. Das Huhn in Portionsstücke teilen und dazulegen. Heiß und mit *salsa verde* anrichten *(Rezeptbuch)*.

## *Fonduta*

KÄSEFONDUE MIT TOAST

Für 4 bis 6 Personen

- 500 g Fontina oder Gruyère-Käse, in kleine Würfel geschnitten (etwa 4 Tassen)
- 1 TL Maismehl in 1/2 Tasse Milch verquirlt
- 1/4 TL Salz
- 1/8 TL weißer Pfeffer
- 3 Eigelb
- 1 weiße Trüffel aus der Dose, in sehr dünne Scheiben geschnitten (nach Belieben)
- 4 bis 6 Scheiben getoastetes Weißbrot, mit Butter bestrichen und in Dreiecke geschnitten

Die Käsewürfel, die Maismehl-und-Milch-Mischung, Salz und Pfeffer in einen schweren, 2 bis 3 l fassenden Kochtopf tun. Bei niedriger Hitze und unter dauerndem Rühren etwa 5 Minuten kochen, bzw. bis der Käse geschmolzen ist; er zieht wahrscheinlich Fäden.

Das Gelb der 4 Eier ein paar Sekunden leicht mit einem Schneebesen oder elektrischen Rührgerät bearbeiten. Mit einem Löffel etwa 1/4 Tasse der heißen Käsemischung in das Eigelb geben und kräftig schlagen. Unter dauerndem Rühren die Mischung allmählich in den Topf zurückgießen und die Käsemasse bei schwacher Hitze so lange kochen, bis sie glatt vom Löffel läuft und am Ende zu einer dickflüssigen Creme wird. Sofort mit einem Löffel in vorgewärmte, flache Auflaufformen oder Suppenschalen tun.

Falls die Trüffel verwandt wird, in Scheiben über der *fonduta* anordnen. Die Toast-Dreiecke um den Innenrand der Auflaufformen oder Schalen legen. Sofort anrichten, solange die *fonduta* heiß ist.

Eine köstliche Cocktailtunke, *bagna cauda*, steht zwischen Gemüse und Brotstangen.

## *Bagna Cauda*

PIKANTE ANSCHOVIS- UND KNOBLAUCHTUNKE

Für 6 Personen

- 1 Gurke, geschält, entkernt und in 5 × 1 cm lange Streifen geschnitten
- 2 Mohrrüben, geputzt und in 5 × 1 cm lange Streifen geschnitten
- 1 rote Paprikaschote, entkernt und in 5 × 1 cm lange Streifen geschnitten
- 1 grüne Paprikaschote, entkernt und in 5 × 1 cm lange Streifen geschnitten
- 4 Stück Stangensellerie, in 5 × 1 cm lange Streifen geschnitten
- 1 Bündel Frühlingszwiebeln, geputzt und in 5 × 1 cm lange Stücke geschnitten
- 1 kleiner Lattich, in einzelne Blätter zerpflückt
- 12 kleine Tomaten
- 125 g Champignons, je nach Größe geviertelt oder ganz gelassen
- Italienische Brotstangen *(grissini)*
- 2 Tassen süße Sahne
- 4 EL Butter
- 8 ungerollte, abgespülte, abgetropfte und feingehackte Anschovisfilets
- 1 TL feingehackter Knoblauch
- 1 weiße Trüffel aus der Dose, feingehackt (nach Belieben)

Die Gemüsestreifen 1 Stunde in eine Schüssel mit Eiswürfeln legen, um ihnen Festigkeit zu verleihen. Mit Papiertüchern abtrocknen und mit den Lattichblättern, Tomaten und Champignons auf einer Platte anordnen. Mit einer Plastikfolie zudecken und in den Kühlschrank stellen. Die Brotstangen auf einen Teller legen und beiseite stellen.

In einem schweren, 1 l fassenden Email- oder rostfreien Kochtopf die Sahne aufkochen lassen und unter häufigem Rühren etwa 15 bis 20 Minuten auf dem Feuer reduzieren, bzw. bis sie auf etwa 1 Tasse eingekocht ist.

Ein 3 bis 4 Tassen fassendes emailliertes oder aus feuerfestem Ton bestehendes Gefäß wählen, das man über einen Rechaud (Kerzenwärmer, Spiritusflamme oder elektrisches Warmegerät) stellt. Auf dem Herd bei schwacher Hitze die Butter in der Kasserolle zerlassen; sie darf nicht braun werden. Anschovis und Knoblauch hinzutun, dann die eingedickte Sahne und gegebenenfalls die Trüffel und die Sauce unter dauerndem Rühren bis kurz vor dem Siedepunkt erhitzen. Sie darf nicht kochen. Die *bagna cauda* sofort zusammen mit dem kalten Gemüse und den Brotstangen anrichten. Wenn sich während der Mahlzeit die Butter und die Sahne voneinander sondern, abermals mit einem Schneebesen glattschlagen. (Für die *bagna cauda* kann man fast jedes frische Gemüse verwenden.)

Ein königliches Gericht (oder für solche, die gern wie Könige essen): gebackene Forellen auf Pilzen, mit Frühlingszwiebeln garniert.

Für 4 Personen

4 ausgenommene, ganze Forellen zu je 250 bis 375 g mit Kopf und Schwanz oder gut aufgetaute tiefgekühlte Forellen
Salz
Frisch gemahlener schwarzer Pfeffer
Mehl
6 EL Butter
2 EL Olivenöl
250 g frische Champignons, blättrig geschnitten
1 TL Zitronensaft
3/4 Tasse dünn geschnittene Frühlingszwiebeln (der ganze weiße Teil sowie 5 bis 7 cm des grünen Endes)
1/4 Tasse frische Weißbrotkrumen (etwa 1 Scheibe französisches Meterbrot)

## *Trotelle alla Savoia*

GEBACKENE FORELLE MIT CHAMPIGNONS

Den Ofen auf 210° vorwärmen. Die Forellen innen und außen unter fließendem Wasser waschen und mit Papiertüchern abtrocknen. Leicht mit Salz und Pfeffer würzen, in Mehl wälzen, das überflüssige Mehl abstreifen oder abschütteln. In einer schweren, 20 bis 25 cm großen Bratpfanne bei großer Hitze 2 EL Butter und das Öl erhitzen. Wenn sich der Schaum gelegt hat, die Forellen hineintun und 4 bis 5 Minuten auf beiden Seiten anbraten, bzw. bis sie goldbraun sind. Dann vorsichtig auf eine Platte legen. In einer rostfreien oder emaillierten Pfanne bei mäßiger Hitze weitere 2 EL Butter zerlassen. Die blättrig geschnittenen Pilze hineintun, mit Zitronensaft beträufeln und unter fast ununterbrochenem Schütteln der Pfanne 3 Minuten schmoren, bzw. bis sie mit Butter überzogen und etwas weich sind. Mit einem Schaumlöffel die Pilze aus der Pfanne heben und auf dem Boden einer feuerfesten, gebutterten Backform anordnen, die groß genug ist, um die 4 Forellen nebeneinander liegend zu fassen. In der Pfanne 1 EL Butter zerlassen, die Frühlingszwiebeln hinzufügen und 1 Minute schmoren. Dann mit einem Schaumlöffel in eine Schüssel tun. In derselben Pfanne die Weißbrotkrumen mit dem restlichen EL Butter leicht rösten.

Die angebratenen Forellen (mit dem Saft, der sich auf der Platte gesammelt hat) auf die Pilze in der Backform legen. Mit den gerösteten Weißbrotkrumen bedecken und die Frühlingszwiebeln darüber verteilen. 10 Minuten auf dem mittleren Rost im Backofen backen, bzw. bis die Krumen und die Frühlingszwiebeln gut gebräunt sind. In der Backform anrichten.

## *Dolce Torinese*

TIEFGEKÜHLTER SCHOKOLADENKUCHEN

Für 8 Personen

- 250 g zartbittere Schokolade, in kleine Stücke zerschnitten
- 1/4 Tasse Rum
- 250 g Butter
- 2 EL extra-feiner Streuzucker
- 2 Eier, getrennt
- 150 g blanchierte, geriebene Mandeln
- 1 Prise Salz
- 12 Butterkekse (Petits-Beurre oder Leibnizkeks), in 2 1/2 mal 1 cm große Stücke geschnitten
- Puderzucker
- 1/2 Tasse süße Sahne, geschlagen (nach Belieben)

Den Boden und die Seiten einer 1 1/2 l fassenden Kuchenform mit Pflanzenöl leicht einfetten, die Form umkehren und auf Papiertüchern abtropfen lassen. Bei schwacher Hitze und unter dauerndem Rühren die Schokolade in einem schweren, 1 bis 1 1/2 l fassenden Topf schmelzen. Wenn sie ganz aufgelöst ist, den Rum hineinrühren und den Topf von der Kochstelle nehmen. Abkühlen lassen.

Die Butter in einer großen, schweren Schüssel so lange rühren, bis sie leicht und schaumig ist. Erst den Zucker, dann nacheinander die 2 Eigelb hineinrühren. Die geriebenen Mandeln und die abgekühlte Schokoladenmasse unterziehen. In einer anderen Schüssel die Eiweiß mit einem Schneebesen oder Handrührgerät schlagen, bis sie steif genug sind, um an dem Rührgerät haften zu bleiben. Den Eiweißschnee mit einem Gummispachtel unter die Schokoladenmischung heben. Wenn sich keine weißen Streifen mehr zeigen, vorsichtig die zerschnittenen Kekse – ohne Krümel – darunterheben. Mit einem Löffel die Mischung in die eingefettete Kuchenform füllen und mit einem Spachtel glattstreichen. Fest in eine Plastikfolie wickeln und mindestens 4 Stunden im Kühlschrank erkalten lassen.

Etwa eine Stunde vor dem Servieren aus der Form stürzen. Dazu fährt man mit einem scharfen Messer an den Seitenwänden entlang und taucht den Boden der Kuchenform ein paar Sekunden in heißes Wasser. Eine abgekühlte Servierplatte umgekehrt über die Kuchenform legen, an beiden Seiten anfassen und schnell die Platte und Form umdrehen. Leicht mit der Platte auf den Tisch klopfen; der Kuchen sollte ohne weiteres herausgleiten. Falls dies nicht geschieht, den Prozeß wiederholen. Die Oberfläche und Seiten des ausgeformten Kuchens mit einem Metallspachtel glätten und wieder in den Kühlschrank tun. Kurz vor dem Servieren ein wenig Puderzucker darübersieben. Falls gewünscht, Schlagsahne dazu reichen.

## *Riso al Limone*

ZITRONENREIS

Für 4 Personen

- 6 l Wasser
- 3 EL Salz
- 1 Tasse ungekochter, möglichst italienischer Reis
- 2 EL Butter
- 3 Eier
- 1 Tasse frisch geriebener Parmesan
- 4 TL Zitronensaft

In einem großen Suppentopf oder Kessel Wasser und Salz kräftig aufwallen lassen. Den Reis langsam hineinschütten, so daß das Wasser nicht aufhört zu kochen. Ein oder zweimal umrühren, dann die Hitze reduzieren und unbedeckt und ohne erneutes Rühren etwa 15 Minuten auf kleiner Flamme garen, bis der Reis weich ist. Sicherheitshalber ein paar Körner probieren. Sobald der Reis fertig ist, ihn in einem großen Sieb gründlich abtropfen lassen.

Bei schwacher Hitze die Butter in einer 1 l fassenden feuerfesten Kasserolle zerlassen und den abgetropften, heißen Reis hineingeben. In einer Schüssel die Eier mit einer Gabel gut durchschlagen. Dann den Käse und Zitronensaft hineinrühren. Diese Mischung unter den Reis ziehen und bei sehr schwacher Hitze bis 4 Minuten lang vorsichtig mit einer Gabel rühren. Sofort servieren, solange der Reis noch sahnig ist.

# X

# *Neapel und der Süden*

Vor einem neapolitanischen Restaurant, wo man ovale Pizzas von einem Meter Länge oder mehr verkauft, zeigt ein Botenjunge stolz das berühmteste Gericht der Stadt. Eine für eine Familie bestimmte Bestellung wie diese ist etwa 110 cm lang.

In den späten zwanziger Jahren fuhr ich einmal mit dem Wagen von Neapel nach Pompeji. Damals gab es die Autobahn noch nicht, die heute die Stadt umgeht, und wir mußten uns durch ein Labyrinth von engen Gassen zwängen, die uns manchmal in die Hinterhöfe von Wohnhäusern führten. Dort sah ich hausgemachte Makkaroni wie Wäsche zum Trocknen aufgehängt, dem Staub und Schmutz, den Insekten und Tauben und dem Zugriff der Kinder und Hunde ausgesetzt.

Die Erinnerung an einen derartigen Anblick hat dazu geführt, daß kritische Reisende lange Zeit Neapel als die sprichwörtliche Stadt des *dolce far niente,* des süßen Nichtstuns, abgetan haben, in der nur Schmutz und Elend „malerisch" waren. Heute jedoch ist Neapel eine sich rapide entwickelnde Stadt mit einem geschäftigen Hafen – dem zweitgrößten des Landes nach Genua –, aufschießenden Hochhauskomplexen und neuen Fabriken, wo die meisten der dort gegessenen Makkaroni maschinell hergestellt werden. Im übrigen war die Stadt auch früher keineswegs der Ort süßen Nichtstuns. Tatsache ist, daß die fleißigen Hirne und Hände von Neapolitanern das schufen, was die Welt heute unter „italienischer" Küche versteht. Sie trugen ihre angestammte Kochkunst in alle Länder, in die sie in jener traurigen Zeit auswanderten, als man eher geneigt war, Italien zu verlassen, als sich seiner zu erfreuen.

Das berühmteste Gericht der neapolitanischen Küche ist wohl die Pizza, die heute im Ausland derart beliebt ist, daß man sie in Neapel wieder eingeführt hat – allerdings hauptsächlich für die Touristen –, aber diese Rückkehr hat auch dem lokalen Interesse an dem Gericht neuen Auftrieb gegeben. Für die neapolitanische Küche findet man auch köstliche Beispiele in den Makkaroni und Spaghetti, den pikanten Saucen und den *gelati* und *granite* (Eis und Scherbett). Man kocht hier preiswert, herzhaft und außerordentlich vielseitig, und so ist die neapolitanische Küche ein Musterbeispiel für die gesamte süditalienische Küche, und Neapel ist ebenso unbestritten die kulinarische Hauptstadt des Südens wie Bologna die des Nordens.

Einfache Nahrungsmittel, die in der südlichen Kost notgedrungen im Vordergrund stehen, werden durch die Lebenskunst der Bevölkerung reizvoll und schön. So überziehen die Neapolitaner einen ringförmigen, kuchenähnlichen Brotlaib vor dem Backen mit geschlagenem Ei und verzieren diese Glasur mit prächtigen Mustern, Früchten, Blumen oder religiösen Symbolen. Zu Spaghetti gibt es pikante Saucen wie die *pizzaiola,* eine würzige Mischung aus Kräutern und Tomaten *(Seite 175)*. Selbst in den ärmsten Teilen des Südens verstehen es phantasievolle Hausfrauen, in so einfache Dinge wie Tomaten, Paprikaschoten, Auberginen und Zucchini Abwechslung zu bringen, indem sie diese miteinander kombinieren, mit Füllungen versehen oder zu Saucen verwenden – auch dies ein Zeichen des unbeschwerten Lebensgenusses im südlichen Teil des Landes. Noch heute haben sich einfache Gewohnheiten erhalten. Vor kurzem besuchten mich in Paris zwei Bekannte aus Cosenza in Kalabrien. Ich wollte ihnen die Raffinessen der französischen Küche vorführen, aber sie wehrten ab. „Wir essen nur sehr selten Fleisch", erklärte der eine. „In Kalabrien sind wir an vegetarische Kost gewöhnt." Es handelte sich um einen Juristen und einen Ingenieur, die beide ein überdurchschnittliches Einkommen hatten. Aber sie baten dennoch um Mineralwasser zum Essen, weil sie „nicht daran gewöhnt waren, viel Wein zu trinken".

Es muß jedoch erwähnt werden, daß der Süden kein Land großer Weine ist. Mich jedenfalls beeindrucken seine bekannten Weine nicht. So erwartete ich zum Beispiel von Lachrima Christi (Träne Jesu) etwas Besonderes, denn der Wein wird aus Trauben gekeltert, die an den Abhängen des Vesuvs wachsen, aber er war eine Enttäuschung. Der Reisende hält sich besser an Erzeugnisse, die gar kein Renommee haben. In der Umgegend von Neapel ist jeder Berghang mit Reben bedeckt, aber die einzelnen Besitztümer sind so winzig, daß ihr Wein oft nicht einmal einen Namen hat, und nur wenige geben genügend Ertrag, um das Produkt auf den Markt zu bringen. Häufig dient der Wein nur dem Bedarf des Herstellers. So erinnere ich mich, daß ich einmal im Hotel Axidie in der Nähe von Vico Equense wohnte. Dem Besitzer gehörte auch ein kleiner Weingarten auf einem benachbarten Hügel, dessen gesamter Ertrag an Ort und Stelle verbraucht wurde. Aus meinem Hotelzimmerfenster konnte ich eines Tages beobachten, wie zwei Arbeiter die Trauben in einem kleinen, hinter dem Hotel gelegenen Gebäude kelterten. Es war keine große Angelegenheit und die Methode zweifellos längst veraltet. Die Männer bedienten zwei lange Hebel, die aus einem großen Metallzylinder hervorragten, drückten sie herunter, zogen sie hoch und wiederholten diesen Vorgang im Wechsel. Als ich später am Ufer der Bucht von Neapel saß und hinüber zum Vesuv blickte, probierte ich das hier im vorigen Jahr erzeugte Produkt und fand, daß der Weißwein angenehm trocken und leicht war, genau das richtige Getränk für einen warmen, sonnigen Tag im Freien mit dem Tyrrhenischen Meer vor Augen. Der Rotwein war ausgezeichnet, mit einem leicht pfeffrigen Nachgeschmack.

In der Landschaft Kampanien, in der Neapel liegt, gedeihen bessere Weine als im übrigen Süden; ganz allgemein hat sie durch ihre Agrarerzeugnisse einen Vorsprung gegenüber den benachbarten Regionen. Die alten Römer haben das Gebiet wegen seines fruchtbaren vulkanischen Bodens „Campania Felix" (das „glückliche Land") genannt. Hier gibt es Weizen, Mais und Hirse im Überfluß, und das Gemüse ist oft von erstaunlicher Größe. Auch wird die Fruchtbarkeit des Landes gut ausgenutzt; wo die Abstände zwischen den Obst- oder Olivenbäumen weit genug sind, hat man noch Bohnen, Weißkohl, Broccoli oder Tomaten gepflanzt, und Weinreben dürfen zwischen den Bäumen

ranken. Häufig wird auf demselben Feld dreimal im Jahr geerntet. Abgesehen von Kampanien gibt es freilich nur wenige fruchtbare Enklaven. Im größten Teil des Südens, einem vorwiegend agrarwirtschaftlichen Gebiet, wird die Feldbestellung unter denkbar ungünstigen Bedingungen betrieben. Das Terrain ist gebirgig, das Wasser knapp. Dem glücklichen Kampanien kommt Apulien in bezug auf Klima und Menge des anbaufähigen Landes von den sieben südlichen Provinzen noch am nächsten. Und ungerecht, wie die Natur ist, hat sie Apulien auch den größten Anteil am Meer gegeben, jenes fruchtbaren Elements, das dazu beiträgt, den Süden vor dem Hunger zu bewahren.

Zu den Schätzen des Meeres gehören unter anderem Schwertfisch und Aal, Sardinen und Anschovis sowie die Meerbarbe, die sehr gut schmeckt, wenn sie mit schwarzen Oliven und Kapern gebacken wird *(Seite 178)*. Apulien hat die längste Küstenlinie (800 Kilometer) aller Provinzen Italiens, und dort, wo sich der Absatz des italienischen Stiefels zwischen das Adriatische und das Ionische Meer schiebt, ist es auf drei Seiten von Wasser umgeben. Aber ganz Süditalien besitzt Küstenstreifen und Fischereihäfen, und ohne sie könnten die Einwohner kaum überleben. Nur gelangen leider die frischen Fänge nicht immer weit genug landeinwärts. In diesem abweisenden Gebiet besteht die Verbindung zum Meer oft nur in einem schmalen Streifen Land an der Küste. Dann erhebt sich das Gebirge so schroff, und der Transport geht so langsam, daß Meerestiere oft nicht einmal mehr in Sichtweite der See erhältlich sind.

Es ist deshalb nicht verwunderlich, daß die Küste weit stärker bevölkert ist als das Landesinnere, und ihre Bewohner sind in der Tat glücklich zu nennen. Sie leben in jenem Teil Italiens, wo der Mensch zuerst die Austernzucht betreiben lernte, und zwar in dem schönen, nahe der Küste gelegenen Lucrino-See unmittelbar südlich von Neapel. Man erzählt dort, daß im Jahre 37 v. Chr. die Austernzucht im Lucrino-See eingestellt werden mußte, weil der Feldherr Marcus Vipsanius Agrippa beim Ausbau eines Militärstützpunktes den See durch einen Tunnel und Kanal mit dem schwefelhaltigen Averno-See verband (hierhin hatte Virgil den Eingang zum Hades verlegt). Das Wasser des Averno aber (dessen Name auf das lateinische *avernus,* „vogellos", zurückgeht, die Tiere vermieden wohl die aufsteigenden Dünste) vernichtete die Austern im Lucrino-See. Ob diese Geschichte nun wahr ist oder nicht: im Jahre 1922 ging die Austernindustrie wirklich fast zugrunde, als unterirdische Gase am Ostufer des Lucrino durchbrachen. Glücklicherweise gedeihen heutzutage die Austern aufs beste. Das gilt auch für die Bänke im Golf von Tarent in Apulien, die vor etwa 300 Jahren angelegt wurden und wo die Austernzüchter heute noch ähnlich wie ihre Vorfahren arbeiten. Zum Golf von Tarent, einer Bucht des Ionischen Meeres, gehören das Mare Piccolo (das Kleine Meer) und das Mare Grande (das Große Meer). Das Mare Piccolo ist eine Lagune, die sowohl von Süßwasser als auch von Salzwasser gespeist wird, das aus dem Mittelmeer eindringt und eine Wassermischung aufweist, die für die Austernzucht ideal ist. Das

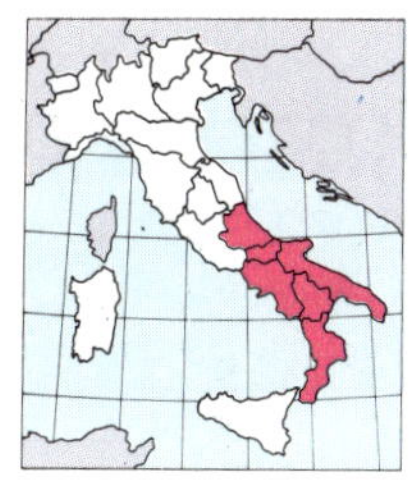

In Neapel und der die Stadt umgebenden Provinz Kampanien erhält man das beste Essen Süditaliens. Es gibt Pizza, Wurst und Spaghetti, ebenso Makkaroni mit Muschel-, Fleisch-, Tomaten- oder Knoblauchsauce. In Apulien füllt man Auberginen mit verschiedenem Käse, Anschovis, Kapern, Oliven und Knoblauch. In Kalabrien wird die Aubergine in Scheiben geschnitten und mit Knoblauch, Öl, Petersilie und Pfeffer gewürzt. Alle Küstenstädte sind durch ihre ausgezeichneten Fischsuppen bekannt.

Mare Grande ist Teil des Salzwassergolfs von Tarent, wird aber durch eine Biegung der Küste, durch Inseln wie auch durch Wellenbrecher abgeschirmt. Die jungen Austern werden zuerst im Mare Grande gezüchtet und später zum Mare Piccolo gebracht, wo sie an Stangen heranwachsen, die über dem Meeresgrund hängen. Der ganze Prozeß dauert etwa anderthalb bis zwei Jahre. Heute produziert Tarent jährlich über fünf Millionen Austern – außerdem Muscheln und andere Schalentiere.

Natürlich haben alle Küstenstädte ihre Fischsuppen. Ein besonders schmackhafter *brodetto* aus den Abruzzen ist ein Eintopf aus verschiedenen Fischsorten, die mit Zwiebeln, Knoblauch, Petersilie, Tomaten, Lorbeerblättern und, was das Wichtigste ist, mit dem berühmten Weißweinessig aus den Abruzzen gewürzt werden. Neapel hat seine eigene *zuppa di pesce alla marinara,* die ähnlich ist und mit Knoblauch, Petersilie und Tomaten bereitet und über frische Brotscheiben gegossen wird, die man auf den Suppenteller gelegt hat. Außerdem gibt es *zuppa di vongole (Seite 179),* die man auf die gleiche Weise kocht, nur mit Miesmuscheln anstelle der Fische.

Aber auch in ländlichen Gegenden bildet eine Suppe – allerdings keine Fischsuppe – den Hauptbestandteil der Mahlzeit. Landeinwärts in Kalabrien, wo das Essen hauptsächlich aus *pasta* und Gemüse besteht, ist eine Gemüsesuppe mit *pasta*-Einlage sehr wahrscheinlich das Hauptgericht jeder Mahlzeit. Ein kalabrisches Gedichtchen sagt über die Suppen: *Sette cose fa la zuppa: / Cura fame e sete attuta, / Empie il ventre, / Netta il dente, / Fa dormire, / Fa smaltire / E la guancia colorire. /* (Sieben Dinge tut die Suppe: / Stillt den Hunger, / löscht den Durst, / füllt den Magen, / putzt die Zähne, / hilft uns schlafen / und verdauen / und verleiht uns rote Wangen.)

Am häufigsten wird der im Süden so oft herrschende Hunger durch die allgegenwärtige *pasta* gestillt. Ein Autor aus dem 19. Jahrhundert schreibt: „Gott hat uns die *pasta* als Grundlage eines ganzen Mahles beschert." Die Einwohner von Bari in Apulien hatten so entschiedene Ansichten bezüglich ihrer *pasta,* daß sie zu ihrer Verteidigung sogar einmal revoltierten – so wird zumindest berichtet. Die Rebellion fand im Jahre 1647 statt, als die damals dort herrschenden Spanier, nachdem sie schon alles Erdenkliche mit Steuern belegt hatten, auf die unpopuläre Idee verfielen, das Mehl mit einer Steuer zu belasten. Nach einwöchigem Kampf hoben die Spanier die Steuer wieder auf. Aber es bestehen Zweifel, ob die Männer von Bari ihre *pasta* oder ihre Frauen verteidigten, denn sie hatten sich mit der Steuer abgefunden, bis spanische Soldaten in die Küchen kamen, um den Mehlverbrauch zu kontrollieren. Die ritterlichen Spanier fanden es offenbar weniger interessant, das Mehl zu inspizieren, als den Frauen den Hof zu machen, und dies ist vielleicht eine plausiblere Erklärung für die Rebellion.

Weil *pasta* so wichtig ist, hat man sie in unzähligen Abwandlungen und Kombinationen entwickelt. Wenn man auch gerade bei Süditalien sogleich an die fabrikmäßig hergestellten Röhrenteigwaren denkt, deren besondere Qualität oft auf dem klaren, bei ihrer Herstellung benutzten Gebirgswasser beruht, so gibt es doch auch viele hausgemachte *pasta*.

Die Hauptverfeinerung des Gerichts besteht natürlich in der Sauce. Neapel bietet Spaghetti und Makkaroni *con le vongole,* das heißt mit Muschelsauce *(Rezeptbuch)*. Diese Muscheln indessen sind etwas anders als üblich, denn die *vongola* ist ein kleines Schalentier, das der

Adriatische Austern und Muscheln werden auf den Bänken des Mare Piccolo, des Tidebeckens von Tarent, gezüchtet. Die jungen Schalentiere werden zuerst an geflochtenen Hanfstricken aufgereiht und dann an Gestellen so befestigt, daß sie eben unter der Wasseroberfläche liegen. Wenn sie größer werden, bringt man sie in tiefere Gewässer. Auf dem obigen Bild zeigt die Kameralinse – die sich halb in, halb über dem Wasser befindet –, wie eine Reihe ausgewachsener Muscheln gerade aus dem Wasser gezogen wird.

In der südlichen Sonne leuchten *frutta* (Obst) und *verdura* (Gemüse) im Eingang eines Ladens in Alfedena, eines Abruzzen-Dorfes.

Schnecke ähnelt. Weitere neapolitanische Lieblingsspeisen sind Spaghetti (oder Makkaroni) *al sugo* (mit Fleischsauce) oder *al pomodoro* (mit Tomatensauce), um nur die allerhäufigsten Beispiele einer endlosen Liste zu nennen. Es gibt zahllose Varianten von Tomatensauce; am liebsten ißt man dort Spaghetti mit einer *pommarola'n coppa,* eine *pasta,* auf die eine Sauce aus frischen Tomaten sowie in Öl gebratene Zwiebeln, Räucherspeck und Knoblauch kommt. In Capri gibt es als Spezialität *spaghetti ai totani (totano* gehört zur Familie der Tintenfische und ist auch als Kalmar bekannt). In Apulien haben die Saucen für Spaghetti, Makkaroni und andere *pasta*-Sorten oft eines gemeinsam – der Fleischsauce fügt man Gemüse hinzu. Das können Weißkohl, Kohlrabispitzen oder Artischocken sein, wie in *timballo di maccheroni,* einer Art *pasta*-Auflauf aus *mozzarella*-Käse, Pilzen, Erbsen, Hühnerinnereien, Wurst und Fleischklößchen. Nelkenpfeffer erscheint in den *spaghetti alla zappatora* (Spaghetti auf Bauernart). Die Köche Apuliens benutzen Knoblauch gewöhnlich mit großer Zurückhaltung, aber ihre Spaghetti *alla zappatora* stinken förmlich danach und werden dick mit Pfeffer bestreut – es ist ein Gericht für harte Männer. Beim ersten Happen glaubt man, unter die Feuerschlucker geraten zu sein. Aber sobald der Gaumen sich an die Schärfe gewöhnt hat, findet man den herzhaften Geschmack dieses Gerichts heraus, das nicht nur deftig und gut ist, sondern sich auch schnell zubereiten läßt.

Trotz der im Süden herrschenden Vorliebe für *pasta* spielt auch das Brot dort, wie im ganzen übrigen Italien, eine wichtige Rolle. Weil es die Menschen so häufig in Zeiten des Mangels gerettet hat, identifiziert die Landbevölkerung das Brot mit dem lebenspendenden

Christus und behandelt es fast andächtig. Wenn ein Stück Brot auf den Boden fällt, hebt man es sofort auf, küßt es und tut es zurück auf den Tisch. Bettlern gibt man Brot und nicht Geld. Außerdem besitzt das Brot des Südens noch eine besondere Eigenschaft, denn es wird nicht mit der fabrikmäßig produzierten Brauereihefe gebacken, sondern mit einer Hefe, die in einer Gruppe von Haushalten hergestellt wird. Wenn die Zeit zum Brotbacken gekommen ist, wird das jüngste Familienmitglied in das Haus eines Nachbarn geschickt, der gerade mit dem Brotbacken fertig ist. Es holt ein wenig von dem übriggebliebenen Teig, der dann in seinem eigenen Hause zum Gären gebracht und als Hefe für das neue Brot verwendet wird. Dann tut man auch hier etwas von dem Teig für einen anderen Nachbarn beiseite, der ihn am nächsten Tag als Hefe beim Brotbacken benötigt. In der Tat ist ein großer Teil der im Süden zum Brotbacken verwandten Hefe seit Generationen reihum im Gebrauch. Der Teig geht zwar langsamer auf als mit der gekauften Hefe, aber dieses Brot wird nicht ohne Grund so sehr geschätzt: sein Aroma ist unvergleichlich. Heute beginnt in Apulien wie in vielen anderen Teilen des Südens das selbstgebackene Brot allmählich dem Brot aus dem Laden zu weichen, aber der Widerstand gegen die Fabrikware ist doch noch sehr stark.

Zu einem der sehr typischen neapolitanischen Gerichte, *mozzarella in carrozza* – *„mozzarella* auf dem Wagen“ *(Seite 177)* –, gehören Brot und Käse. Es handelt sich um ein Käsesandwich, das in Mehl gewälzt, in geschlagenes Ei getaucht und dann gebraten wird. Man muß es sehr heiß essen. Der dortige *mozzarella* ist ein ganz besonderer Käse, und wird aus der Milch der großen weißen Rinder gewonnen, die man überall auf der Ebene südlich von Neapel weiden sieht. Aversa, Salerno und Battipaglia sollen den besten *mozzarella* produzieren, aber man findet ihn im Süden überall in den Schaufenstern der Lebensmittelläden, wo er in großen Schüsseln in seiner Milch schwimmt.

Im Süden werden die Rinder vor allem wegen des Käses und der Milch gehalten. Ihr Fleisch ist für den Kochtopf viel zu mager und sehnig, und man schätzt die Tiere selbst viel zu sehr als Besitz und Nahrungsquelle, um sie zu schlachten. Zwar ist *bistecca alla pizzaiola (Seite 178)* eine Spezialität von Neapel, aber weniger die Qualität des Rindfleisches als die interessante Sauce haben es berühmt gemacht. Eine ähnliche neapolitanische Spezialität, *costolette di maiale alla pizzaiola (Seite 178)*, ein Schweinekotelettgericht, ist eine viel bezeichnendere südliche Fleischspeise, zumindest für die wohlhabenderen Einwohner. Und Huhn gibt es noch weit häufiger, und zwar zum Teil deshalb, weil man Hühner umsonst bekommt. Man braucht nur einen Nachbarn zu bitten, zur Brutzeit drei oder vier befruchtete Eier unter eine Henne zu legen; später erweist man dann mit der eigenen Bruthenne die entsprechende Gefälligkeit. Das Füttern der Hühner ist kein Problem; man läßt sie auf den Straßen ihre Nahrung suchen. Von den unzähligen Rezepten für Huhn ist *pollo alla cacciatora* eines der besten *(Seite 179)*.

Geflügelinnereien muß man zwar frisch essen, aber sie sind gleichfalls billig und nahrhaft. Ein apulisches Gericht – im Lokaldialekt *quagghiarid* genannt – sind Schafskaldaunen mit Lammleber, Salami, Käse und einer Eier-Petersilien-Mischung gefüllt. In Kalabrien heißt die Spezialität von Catanzaro *morseddu* – Schweine- oder Kalbsinnereien mit Tomaten und Pfefferschoten gewürzt und auf ein Brötchen gestrichen. Ein etwas leichter zu handhabendes Gericht von ähnlicher Art ist *rognoncini trifolati*, sehr dünn geschnittene, geschmorte Lamm- oder Kalbsnieren *(Seite 176)*.

Diese südlichen Gerichte entstammen eindeutig den schlichten, soliden ländlichen Mahlzeiten. Die sie begleitenden Gemüse gehören ebenfalls zur bäuerlichen Hausmannskost – der *cucina casalinga*. Die beliebtesten sind Tomaten, Auberginen, Artischocken und Paprikaschoten. Eigentlich überall im Süden trifft man die Auber-

In der Nähe von Bitonto, einem Hauptzentrum der Olivenölherstellung, wird ein Berg grüner und schwarzer Oliven in kleine Hügel verwandelt, um schließlich zur Presse gefahren zu werden.

*Fortsetzung Seite 171*

Gebündelte Tomaten, die an einer Mauer hängen, werden den ganzen Winter lang gegessen, bis die nächste Ernte reif ist.

Auf einem Gut in der Nähe von Neapel werden Tomaten gepflückt, verpackt und in hochrädrigen Ochsenwagen abtransportiert. Süditalienische Tomaten haben die satte Farbe und das pikante Aroma, die zur Bereitung der Sauce ideal sind.

# *Goldene Äpfel: ein italienisches Produkt aus Amerika*

Es stimmt nicht, daß die Süditaliener nichts kochen können, ohne dabei Tomaten zu verwenden, aber kein Koch südlich von Rom würde gern auf Tomaten verzichten, und keine Familie würde ohne ihre tägliche Ration Tomatensauce glücklich sein. Im 16. Jahrhundert ist die Tomate aus der Neuen Welt nach Europa gekommen. Die Franzosen nannten sie *pomme d'amour* oder Liebesapfel, die Italiener *pomodoro* oder Goldapfel, weil die ersten Tomaten gelb waren. Die kleinen, süßlichen roten Sorten, die man heute in Italien züchtet, gedeihen in der warmen südlichen Sonne besonders gut und haben die Italiener zu der stolzen Behauptung veranlaßt, daß es nirgendwo auf der Welt bessere Tomaten gibt.

Tomaten schmoren in einem großen Kessel und werden dann ohne Schalen eingemacht und in Tomatensauce verwandelt – eine unerläßliche Zutat in den ländlichen Haushalten Süditaliens.

Kartoffeln, Hauptbestandteil einer Anzahl von Gerichten wie *gnocchi,* Suppen und Kroketten, werden bei Neapel geerntet.

gine, und das ist kein Wunder, denn alles, was dieses Gemüse braucht, sind 120 Tage einigermaßen warmen Wetters zwischen zwei Frostperioden, und diese Voraussetzung ist im Süden immer gegeben. Sehr häufig steht *melanzane alla parmigiana* auf der Speisekarte *(Seite 177)*, und man möchte meinen, daß diese köstliche Kombination von Käse und Auberginen alle weiteren Zubereitungen der Aubergine überflüssig mache. Aber nein, die süditalienischen Rezepte sind zahllos. In Apulien füllt man die Auberginen mit Anschovis, Kapern, Oliven und Knoblauch, in Kalabrien mit einer ähnlichen Zusammenstellung, nämlich Tomaten, Anschovis, Knoblauch, Olivenöl und Petersilie. Hier findet man auch *melanzane marinate,* Auberginen, die ähnlich wie marinierte Pilze bereitet werden: man hackt sie klein und würzt sie mit Essig, Basilikum, Knoblauch, Oregano und Pfeffer *(Rezeptbuch)*. Paprikaschoten erscheinen besonders in Neapel als *peperoni imbottiti* und sind mit Bröseln, Oliven, Kapern und Anschovis gefüllt, mit weiteren Bröseln bestreut und im Ofen überbacken. Spinat, gehackt und in einer Auflaufform gekocht *(Seite 176)*, erscheint oft als *sformato*, eine Art Pudding oder Soufflé.

Solche Zwischen- und Gemüsegerichte sind zwar herzhaft, stillen aber noch nicht den Hunger eines echten Südländers. Er besitzt durchaus eine Schwäche für Süßspeisen, und zwar liebt er sie besonders zu festlichen Gelegenheiten wie Hochzeiten und Kindtaufen. Dann bringen selbst die ärmsten Familien es fertig, ihren Geldbeutel noch einmal umzudrehen. Überall gibt es Backwerk, das so stark gezuckert wird, daß es manchem Gaumen zu süß ist. In Kalabrien sind es *turdiddi,* Plätzchen aus Mehl, Eiern und Weißwein, in Öl gebraten, in Honig getaucht und mit Zuckerguß oder Schokolade überzogen. Die ihnen ähnlichen *mostaccioli*-Kekse bestehen aus Mehl, Zucker, Mandeln und Schokolade und werden zu Herzen, Fischen und Pferdchen geformt. In Apulien gibt es Süßigkeiten sehr alten Ursprungs – *cartellate,* Bänder aus gesüßtem Teig, die mit Honig getränkt sind; „Frauenmünder", sahnegefüllte Eclairs mit Zuckerguß, und *passoliate,* ein trockener Kuchen aus Mandelteig und Rosinen. Neapel bietet *sfogliatelle,* Blätterteigtaschen mit Schlagsahne oder Konfitüre gefüllt und zart mit Zitrone, Orange und Rosenwasser parfümiert. Andere Köstlichkeiten sind *pastiera napoletana,* Blätterteiggebäck aus Weizen- oder Gerstenmehl, *ricottone*-Käse, Zucker und Zitronat; *struffoli* mit Honig; das als *babá* bezeichnete Rumgebäck, eine italienische Variation des bekannten französischen Kuchens *baba au rhum*.

Keine Aufzählung der süßen Produkte des Südens – und besonders Neapels – wäre vollständig, ohne einige der größten Beiträge zu erwähnen, die Italien zur Kochkunst beigesteuert hat: Variationen über das Thema Speiseeis, das „süße Nichts" aus dem Nahen Osten, das die Süditaliener erst bis zur Vollendung brachten. Die Patrizier des alten Rom kannten zwar eine Art Gefrorenes – Schnee von den Berghöhen, der mit Fruchtsäften vermischt wurde. Aber das italienische Speiseeis in der heutigen Art ist erst seit dem 18. Jahrhundert allgemeiner bekannt. Paradoxerweise verwöhnte es zuerst die Gaumen der Franzosen, wo geschäftstüchtige Süditaliener es auf jener breiten, schönen Straße verkauften, die heute Boulevard des Italiens heißt. Ein gebürtiger Neapolitaner, ein Signor Velloni, hatte dort mit einem Speiseeisladen einen derartigen Erfolg, daß er in ganz Paris Filialen eröffnete, doch er übernahm sich und machte Bankrott. Seine Geschäfte gingen in die Hände seines Assistenten und Landsmanns über, der Tortoni hieß und dessen Sohn der Schöpfer des *biscuit tortoni* war, jener süßen Krönung aller süditalienischen Mahlzeiten. Außerdem führten die Experimente des jüngeren Tortoni zur Schöpfung solcher Meisterwerke wie *granite* und *gelati (Seite 180–181)*, jener herrlichen, kühlen Genüsse, welche so häufig die wärmenden Mahlzeiten Süditaliens beschließen.

Auf dem Dach seiner mit Schiefer gedeckten, kegelförmigen Hütte, *trullo* genannt, einer Gebäudeform, die auf prähistorische Zeiten zurückgeht, sieht Luigi Tateo nach seinen Walnüssen, die hier trocknen und für Nachspeisen bestimmt sind.

## *Pizza*

Für 4 Pizzas von 25 cm Größe

- 30 g Hefe
- 1 Prise Zucker
- 1 1/4 Tassen lauwarmes Wasser
- 3 1/2 Tassen Weizenmehl (Typ 405) oder Schrotmehl
- 1 TL Salz
- 3/4 Tasse Olivenöl
- Maismehl
- 2 Tassen Tomaten- und Knoblauchsauce *(Seite 175)*
- 500 g *mozzarella*-Käse, grob gerieben oder in 1/2 cm große Würfel geschnitten
- 1/2 Tasse frisch geriebener Parmesan

Die Hefe und eine Prise Zucker in 1/4 Tasse lauwarmes Wasser streuen. Das Wasser muß unbedingt lauwarm sein (zwischen 42° und 46°) und darf sich weder heiß noch kalt anfühlen. 2 bis 3 Minuten stehen lassen, dann die Hefe und den Zucker mit dem Wasser verrühren, bis sie völlig aufgelöst sind. Die Tasse 3 bis 5 Minuten an einen warmen, nicht zugigen Platz stellen (vielleicht in einen abgeschalteten Backofen), bzw. bis die Hefe Blasen wirft und die Mischung sich fast verdoppelt hat. Sollte die Hefe keine Blasen werfen, mit neuer Hefe noch einmal beginnen.

Das Weizenmehl und Salz in eine große Schüssel sieben oder das Schrotmehl mit dem Salz hineinschütten. In die Mitte des Mehls eine Vertiefung machen und die Hefemischung, 1 Tasse lauwarmes Wasser und 1/4 Tasse Olivenöl einfüllen. Den Teig mit einer Gabel oder mit den Fingern mischen. Wenn er sich zu einer groben Kugel formen läßt, auf ein bemehltes Brett tun und 15 Minuten kneten, bzw. bis er glatt, glänzend und elastisch ist. (Falls ein elektrisch betriebenes Rührgerät benutzt wird, können alle Zutaten in eine Schüssel getan und bei mittlerer Geschwindigkeit verrührt werden, bis sie vermischt sind. Dann bei hoher Geschwindigkeit mit dem Knethaken 6 bis 8 Minuten kneten.) Den Teig leicht mit Mehl bestäuben, in eine große, saubere Schüssel tun und zudecken. Die Schüssel an einen warmen, vor Zugluft geschützten Platz stellen und dort 1 1/2 Stunden, bzw. bis sich der Teig verdoppelt hat, stehen lassen.

Den Ofen auf 260° vorwärmen. Den Teig mit den Fäusten flachdrücken und etwa ein Viertel abbrechen, um die erste der 4 Pizzas zu formen. Das kleine Stück Teig auf einem bemehlten Brett oder Teigtuch etwa eine Minute kneten und ein wenig Mehl hineinverarbeiten, falls der Teig klebt. Mit der Handfläche den Teig zu einem Fladen von etwa 2 1/2 cm Dicke abflachen. Den Teigfladen in die Hände nehmen und dehnen, indem man ihn dreht und gleichzeitig mit den Händen vorsichtig auseinanderzieht. Wenn der Fladen etwa 18 bis 20 cm Durchmesser hat, wieder auf ein bemehltes Brett legen und glattklopfen, wobei etwaige Risse im Teig beseitigt werden. Dann den Teig mit einem Nudelholz von der Mitte bis zum äußersten Rand ausrollen und nach jedem Rollen in Uhrzeigerrichtung drehen, bis ein Teigkreis von etwa 25 cm Durchmesser und ungefähr 3 mm Dicke entstanden ist. Mit den Daumen den Rand des Kreises stauchen, bis er eine kleine Kante bildet. Ein großes Backblech leicht mit Maismehl bestäuben und den Pizzateig darauflegen. Aus dem übrigen Teig 3 weitere Pizzas kneten, dehnen und ausrollen. 1/2 Tasse Tomatensauce auf jeden Fladen gießen und mit einem Teigpinsel oder dem Rücken eines Löffels gleichmäßig im Kreis verteilen. Für eine Käsepizza über die Sauce 1/2 Tasse geriebene *mozzarella* und 2 EL Parmesan streuen. 2 EL Olivenöl über die Pizza träufeln und sie auf dem untersten Backrost oder dem Boden des Backofens etwa 10 Minuten lang backen, bzw. bis die Pizzakruste leicht gebräunt und die Füllung brodelnd heiß ist.

ANDERE GARNIERUNGEN: Auf die Pizza kann man nach Belieben fast jede Art von Fisch oder Schalentieren, Fleisch oder Gemüse legen und *mozzarella* oder Parmesan hinzufügen oder weglassen. Man bestreicht sie in jedem Fall zuerst mit 1/2 Tasse Tomatensauce und nimmt dann je nach Wahl Krabben, Anschovis, Wurst- oder *peperoni*-Scheiben, *prosciutto*-Streifen, Fleischklößchen, geschnittenen Knoblauch, grüne Paprikastücke, Kapern und ganze oder in Scheiben geschnittene Pilze. Diese Zutaten können einzeln oder in passenden Kombinationen verwendet werden. Vor dem Backen 2 EL Olivenöl darüberträufeln.

Alle die rechts abgebildeten, um die Pizza gelegten Zutaten können in verschiedenen Zusammensetzungen zur Garnierung verwendet werden. Von links oben in Uhrzeigerrichtung gesehen sind es: gehacktes Rindfleisch, *peperoni* (Wurst), *prosciutto* (Räucherschinken), Champignons und Salami, Kapern, grüne Paprikaschoten, Knoblauch, Krabben und Anschovis.

# *Die Kunst des Pizzabackens*

1 Mehl, Hefe, Wasser, Salz und Olivenöl vermischen.

2 Auf einem bemehlten Brett eine große Kugel formen.

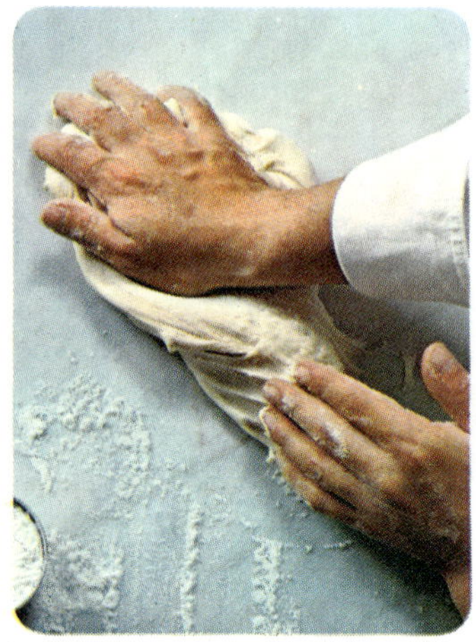

3 Durch Bearbeiten mit dem Handballen den Teig kneten.

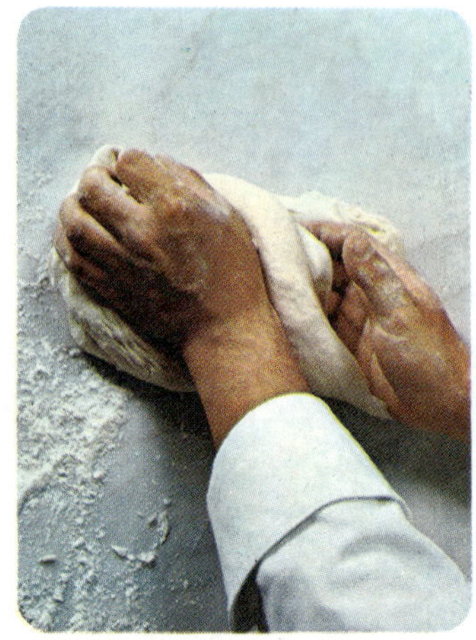

4 Jetzt mit dem anderen Handballen kneten.

5 Den Teig in einer Schüssel an einen warmen Platz stellen.

6 Wenn der Teig sich verdoppelt hat, herausnehmen.

7 Den Teig für die Pizza-Böden in vier Teile teilen.

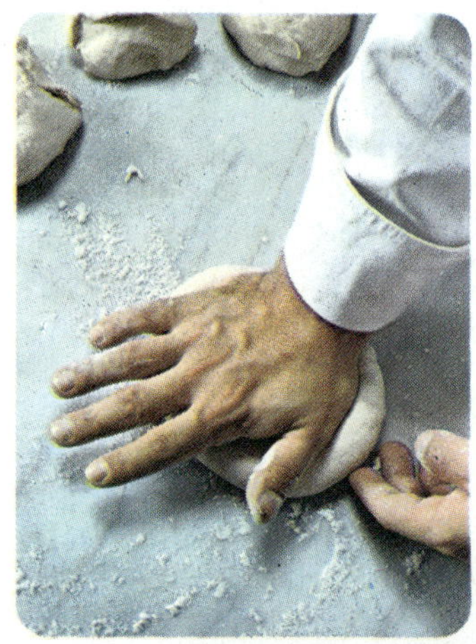

8 Mit der Handfläche auf jedes Stück drücken und es abflachen.

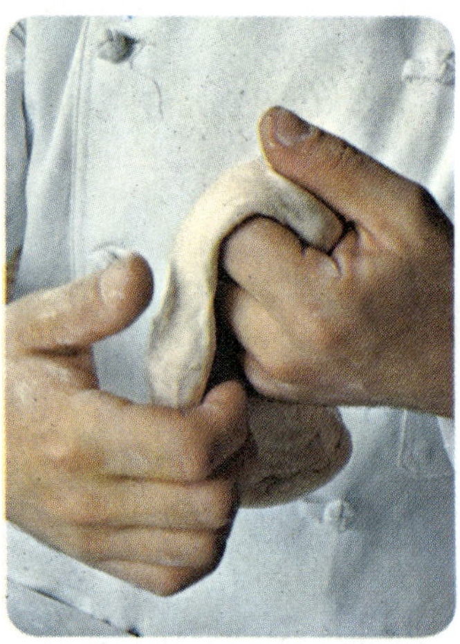

9 Den Teig in den Händen drehen und dabei dehnen.

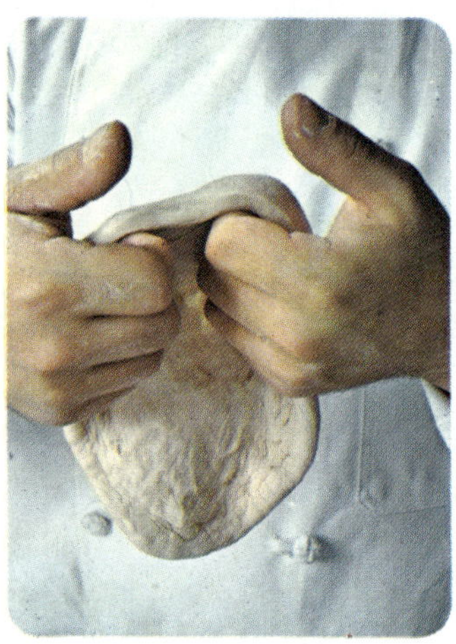

10 Den Teig so halten, daß sein Gewicht ihn herunterzieht.

11 Mit einem Nudelholz einen Kreis ausrollen.

12 Tomatensauce darübergießen, mit Käse bestreuen. Olivenöl über den Käse träufeln und backen. Die fertige Pizza ist rechts abgebildet.

## *Salsa Pizzaiola*

TOMATEN- UND KNOBLAUCHSAUCE

Für etwa 3 Tassen

- 3 EL Olivenöl
- 1 Tasse feingehackte Zwiebeln
- 1 EL feingehackter Knoblauch
- 4 Tassen italienische Dosentomaten, grobgehackt, aber nicht abgetropft
- 150 g Tomatenmark
- 1 EL getrocknetes Oregano, zerrieben
- 1 EL feingehacktes frisches Basilikum oder 1 TL getrocknetes Basilikum, zerrieben
- 1 Lorbeerblatt
- 2 TL Zucker
- 1 EL Salz
- Frisch gemahlener schwarzer Pfeffer

In einem 3 bis 4 l fassenden emaillierten oder rostfreien Kochtopf die 3 EL Olivenöl erhitzen und darin die feingehackten Zwiebeln bei mäßiger Hitze und häufigem Umrühren 7 bis 8 Minuten dünsten. Wenn die Zwiebeln weich und glasig, aber nicht braun sind, 1 EL gehackten Knoblauch hinzufügen und unter dauerndem Rühren 1 oder 2 Minuten weitererhitzen. Dann die grobgehackten Tomaten mit ihrem Saft, Tomatenmark, Oregano, Basilikum, Lorbeerblatt, Zucker, Salz und ein wenig frisch gemahlenen Pfeffer hineingeben. Die Sauce zum Kochen bringen, die Hitze stark reduzieren und unbedeckt unter gelegentlichem Rühren etwa 1 Stunde lang schwach kochen lassen.

Wenn die Sauce fertig ist, sollte sie dick und ziemlich glatt sein. Das Lorbeerblatt entfernen. Abschmecken und mit Salz und frisch gemahlenem schwarzen Pfeffer würzen. Wenn eine noch glattere Sauce gewünscht wird, die Sauce mit dem Elektroquirl bearbeiten oder mit dem Rücken eines Holzlöffels durch ein Sieb rühren.

Für 4 Personen

8 Lammnieren (oder 3 Kalbsnieren)
2 EL Butter
4 EL Olivenöl
2 TL feingehackter Knoblauch
2 EL feingehackte frische, möglichst glattblättrige Petersilie
2 EL Zitronensaft
Salz
Frisch gemahlener schwarzer Pfeffer

## *Rognoncini Trifolati*

GEBRATENE NIEREN

Mit einem scharfen kleinen Messer vorsichtig das dünne Häutchen ablösen, das jede Kalbsniere umgibt, und das Stückchen Fett darunter wegschneiden. (Wenn Lammnieren verwendet werden, braucht man sie nicht abzuziehen.) Dann die Nieren in sehr dünne Scheiben schneiden. In einer schweren, 25 bis 30 cm großen Pfanne die Butter und das Olivenöl zerlassen. Sobald sich der Schaum gelegt hat, die Nieren hineintun und bei mäßiger Hitze und unter dauerndem Rühren und Wenden 2 Minuten anschmoren. Dann Knoblauch und Petersilie hinzufügen, weiterrühren und 1 bis 2 Minuten weiterbraten, bzw. bis die Nieren leicht gebräunt sind. Den Zitronensaft hineingießen und noch einmal aufkochen lassen, dann die Hitze abschalten. Die Sauce mit Salz und Pfeffer würzen. Die Nieren sofort anrichten.

Für 4 bis 6 Personen

5 EL Butter
2 EL feine trockene Weißbrotkrumen
3 EL feingehackte Zwiebeln
1 300-g-Paket tiefgefrorener gehackter Spinat, gründlich aufgetaut und ausgedrückt, oder 325 g frischer, gekochter Spinat, abgetropft, ausgedrückt und feingehackt
3 EL Mehl
1 Tasse Milch
Frisch gemahlener schwarzer Pfeffer
3 Eigelb
1/4 Tasse frisch geriebener Parmesan
Salz
3 Eiweiß

## *Sformato di Spinaci*

SPINATAUFLAUF

Mit 1 EL Butter einen Wasserbadtopf (für mindestens 1 l) einfetten oder aber den Ofen auf 160° vorwärmen und eine 1 l fassende Auflaufform oder eine einfache, mit einem Deckel versehene Auflaufform aus Metall mit Butter einfetten. Boden und Seiten des Topfes mit Semmelbröseln bestreuen und leicht auf den Topf klopfen, um die überflüssigen Brösel abzuschütteln. In einer schweren Pfanne von 20 bis 25 cm Durchmesser 2 EL Butter bei mäßiger Hitze zerlassen und darin unter häufigem Umrühren die Zwiebeln 7 bis 8 Minuten schmoren, bzw. bis sie glasig, aber nicht braun sind. Den Spinat hineintun und unter dauerndem Rühren 2 oder 3 Minuten erhitzen. Wenn alle Flüssigkeit eingekocht ist und der Spinat anfängt, leicht an der Pfanne zu haften, beiseite stellen.

Die übrigen 2 EL Butter in einem schweren, 3 bis 4 l fassenden Topf zerlassen. Von der Kochstelle nehmen und das Mehl hineinrühren. Dann die Milch dazugießen und mit einem Schneebesen so lange schlagen, bis das Mehl teilweise aufgelöst ist. Den Topf auf niedrige Hitze setzen und die Sauce unter dauerndem Umrühren so lange kochen, bis sie aufwallt, andickt und glatt ist. Von der Kochstelle nehmen und die 3 Eigelb einzeln hineinrühren. Jedes so lange schlagen, bis es gänzlich mit der Sauce vermischt ist, ehe man das nächste zufügt. Dann nacheinander den Käse, die Zwiebel und Spinatmischung hineinrühren und mit Salz und Pfeffer abschmecken. Etwas abkühlen lassen. Jetzt das Eiweiß so lange schlagen, bis es fest genug ist und am Schneebesen haften bleibt, wenn er aus der Schüssel gehoben wird. Einen gehäuften Löffel Eierschnee in die Sauce rühren, um sie leichter zu machen, dann vorsichtig den übrigen Schnee darunterziehen. Die Mischung mit einem Löffel in den eingefetteten Topf oder die Auflaufform füllen.

Um den Auflauf im Wasserbad zu kochen, den Topf so tief in siedendes Wasser stellen, daß es fast bis zum Rand reicht, und langsam im schwach kochenden Wasser garen. Bei der Zubereitung im Ofen die Form in einen Topf stellen und genügend siedendes Wasser hinzufügen, damit es etwa 3/4 ihrer Höhe erreicht. Zudecken und in der Mitte des Ofens backen. Die Temperatur dabei so regulieren, daß das Wasser gerade den Siedepunkt erreicht. Auf beide Arten sollte sich der *sformato* nach etwa 1 Stunde fest anfühlen. Mit einem Messer oder Spachtel am inneren Rand des Topfes entlangfahren. Eine Servierplatte umgekehrt über den Topf stülpen, das Ganze mit beiden Händen greifen und stürzen. Mit der Platte fest auf den Tisch klopfen; der *sformato* sollte sich ohne weiteres lösen lassen.

## *Mozzarella in Carrozza*

IM FETTBAD AUSGEBACKENE KÄSESANDWICHES

Für 4 bis 6 Personen

ANSCHOVIS-SAUCE (nach Belieben)
125 g Butter
4 ungerollte Anschovisfilets, feingehackt
1 EL feingehackte frische Petersilie
2 TL Kapern, grobgehackt
2 TL Zitronensaft

MOZZARELLA IN CARROZZA
Pflanzenöl oder Backfett zum Ausbacken
Ein 500 g Toastbrot oder rundes Sandwichbrot
500 g *mozzarella*-Käse
4 Eier
3 EL Milch
1 Tasse Milch
1 Tasse feine trockene Semmelbrösel

ANSCHOVIS-SAUCE: (Wenn man sich zu dieser Sauce entschließt, muß man sie zuerst bereiten. Wenn die Sandwiches bereits fertig sind, ist es zu spät.) Die Butter bei schwacher Hitze in einer schweren, 15 bis 20 cm großen Pfanne zerlassen: sie darf nicht braun werden. Die gehackten Anschovis, Petersilie, Kapern und Zitronensaft hineinrühren und die Sauce warmstellen, bis die Sandwiches angerichtet werden.

MOZZARELLA IN CARROZZA: In einer Friteuse oder in einem großen schweren Topf etwa 1/4 Tasse Pflanzenöl oder 150 g Backfett auf 185° erhitzen. Mit einer Plätzchenform oder einem Glas Weißbrotscheiben von 7 cm Durchmesser ausstechen. Dann den *mozzarella*-Käse in 1 cm dicke Scheiben schneiden, die etwas kleiner als die Brotscheiben sein sollen. Jeweils eine Scheibe Käse zwischen zwei Brotscheiben legen, bis alles zu Sandwiches verarbeitet ist.

In einer kleinen Rührschüssel die 4 Eier und die 3 EL Milch mit einem Schneebesen vermischen. Eine Tasse Milch in eine weitere Schüssel gießen und die Brösel auf ein Blatt Pergamentpapier streuen. Jedes Sandwich kurz in die Milch tauchen, die Kanten zusammendrücken, um sie abzudichten, und beide Seiten gut mit den Bröseln panieren. Um die Kanten noch besser abzudichten, rollt man die Sandwichkreise überdies radartig langsam durch die Brösel. Die Sandwiches nacheinander in die Eimischung tauchen und dann in dem heißen Öl ausbacken, bis sie auf beiden Seiten goldbraun sind. Auf Küchenkrepp abtropfen lassen und heiß servieren.

Falls die heiße Anschovis-Sauce verwendet wird, sie mit einem Löffel über die heißen Sandwiches verteilen.

## *Melanzane alla Parmigiana*

ÜBERBACKENE AUBERGINEN

Für 4 Personen

750 g Auberginen, geschält und in 1 cm dicke Scheiben geschnitten
Salz
Mehl
1/4 bis 1/2 Tasse Olivenöl
2 Tassen Tomatensauce *(Seite 47)*
250 g *mozzarella*-Käse, in feine Scheiben geschnitten
1/2 Tasse frisch geriebener Parmesan

Den Ofen auf 200° vorwärmen. Eine flache, 1 1/2 bis 2 l fassende feuerfeste Form wählen, in der das Gericht serviert werden kann, und mit Öl einreiben.

Die Auberginenscheiben auf beiden Seiten mit Salz bestreuen (um ihnen die Feuchtigkeit zu entziehen) und nebeneinander auf eine Platte oder ein Brett legen. Nach 20 bis 30 Minuten die Auberginen mit Küchenkrepp abtrocknen. Jede Scheibe in Mehl tauchen und die überflüssige Menge abschütteln oder abstreifen.

In einer schweren, 25 bis 30 cm großen Pfanne 1/4 Tasse Olivenöl erhitzen, bis sich ein leichter Rauch bildet. Jeweils einen Teil der Auberginenscheiben darin bräunen, wobei schnell verfahren werden muß, damit sie nicht zuviel Öl aufsaugen. Wenn das Öl einkochen sollte, weiteres hinzufügen. Die gebräunten Auberginen jeweils zum Abtropfen auf frischen Küchenkrepp legen.

Jetzt die Tomatensauce 1 cm hoch in die feuerfeste, geölte Form gießen. Die abgetropften Auberginenscheiben darauftun, eine Schicht *mozzarella*-Käse darüberlegen und mit einem Teil des geriebenen Parmesans bestreuen. Den Vorgang 1 oder 2 mal wiederholen (je nach dem Fassungsvermögen der Backform), wobei man beachten muß, daß die oberste Schicht aus Tomatensauce, *mozzarella* und Parmesan besteht. Die Form gut mit einer Alufolie zudecken und in der Mitte des Backofens 20 Minuten backen. Die Folie entfernen und unbedeckt weitere 10 Minuten backen.

NACH BELIEBEN: Die Form ein paar Sekunden unter einen heißen Grill schieben, um die oberste Käseschicht zu bräunen. Aber nicht zu lange der Hitze aussetzen, da sich der Käse sonst zieht. Sofort in der Backform anrichten.

## *Costolette di Maiale alla Pizzaiola*

GESCHMORTE SCHWEINEKOTELETTS MIT TOMATEN- UND KNOBLAUCHSAUCE

Für 6 Personen

- 4 EL Olivenöl
- 6 Schweinekoteletts, 2½ bis 3 cm dick geschnitten
- 1 TL feingehackter Knoblauch
- ½ TL getrocknetes Oregano, zerrieben
- ¼ TL getrockneter Thymian, zerrieben
- ½ Lorbeerblatt
- ½ TL Salz
- ½ Tasse trockener Rotwein
- 1 Tasse Dosentomaten, abgetropft und püriert
- 1 EL Tomatenmark
- 250 g grüne Paprikaschoten, entkernt und in 5 mal ½ cm lange Streifen geschnitten (etwa 1½ Tassen)
- 250 g frische Champignons, je nach Größe ganz gelassen oder in Viertel geschnitten

In einer schweren, 25 bis 30 cm großen Pfanne 2 EL Olivenöl erhitzen, bis sich ein leichter Rauch bildet. Die Schweinekoteletts 2 bis 3 Minuten darin anbraten und auf einen Teller legen. Fast alles Fett abgießen. In dem restlichen Fett Knoblauch, Oregano, Thymian, Lorbeerblatt und Salz unter dauerndem Umrühren 30 Sekunden schmoren. Den Wein hineingießen und schnell aufkochen lassen. Auf etwa ¼ Tasse reduzieren, wobei Bratensatz und Kräuter sorgfältig untergerührt werden. Danach Tomaten und Tomatenmark hinzugeben und die Koteletts wieder in die Pfanne tun. Mit der Sauce begießen, zudecken und bei schwacher Hitze und gelegentlichem Begießen 40 Minuten schmoren.

Inzwischen das übrige Öl in einer anderen großen Pfanne erhitzen. Die Paprikaschoten unter häufigem Umrühren etwa 5 Minuten in dem Öl braten. Die Pilze hinzufügen und ein oder zwei Minuten mit den Paprikaschoten schütteln, sie dann in die Pfanne mit den Schweinekoteletts tun. Zudecken und 5 Minuten schwach kochen lassen. Unbedeckt und unter gelegentlichem Umrühren weitere 10 Minuten schmoren, bis das Schweinefleisch und das Gemüse weich sind und die Sauce sämig genug ist, um einen Löffel dick zu überziehen. (Falls die Sauce dünn ist, das Fleisch und das Gemüse herausnehmen und die Sauce bei großer Hitze unter dauerndem Rühren einkochen lassen.) Die Koteletts auf einer Servierschüssel anordnen und mit einem Löffel das Gemüse und die Sauce darüber verteilen.

## *Triglie alla Calabrese*

GEBACKENE MEERBARBE MIT SCHWARZEN OLIVEN UND KAPERN

Für 4 Personen

- 6 EL Butter
- 3 EL Kapern, gründlich gewaschen und abgetropft
- 2 EL schwarze entsteinte Oliven, der Länge nach geschnitten
- 4 Meerbarben, Makrelen oder kleine Dorsche, je 250 bis 375 g schwer, ausgenommen, mit Kopf und Schwanz
- Salz
- ¼ Tasse Olivenöl
- 2 TL getrocknetes Oregano, zerrieben
- Frisch gemahlener schwarzer Pfeffer
- 2 EL Zitronensaft
- 2 EL feingehackte frische, möglichst glattblättrige Petersilie

Den Ofen auf 215° vorwärmen. Bei schwacher Hitze in einer 15 bis 20 cm großen Pfanne 4 EL Butter zerlassen, bis sie leicht gebräunt, aber nicht zu dunkel ist. Die Kapern und Oliven hineinrühren und von der Kochstelle nehmen. Den Fisch schnell innen und außen unter fließendem kaltem Wasser waschen und mit Küchenkrepp abtrocknen. Jeden Fisch innen leicht salzen. In einer flachen, feuerfesten, 30 cm großen Form bei mäßiger Hitze das Öl und die restlichen 2 EL Butter zerlassen, bis das Fett zu brutzeln beginnt. Das Oregano und eine Prise gemahlenen schwarzen Pfeffer hineinstreuen. Den Fisch in dem Kräuterfett wälzen. Dann die Backform auf den mittleren Rost des Ofens stellen und den Fisch alle 5 Minuten mit dem heißen Fett begießen und 20 bis 30 Minuten backen, bzw. bis der Fisch gar ist. Mit einem Schaumlöffel auf eine vorgewärmte Servierplatte legen. Die Butter- und Kapernsauce erhitzen, den Zitronensaft und die Petersilie hineinrühren und über den Fisch gießen.

## *Bistecca alla Pizzaiola*

IN DER PFANNE GEBRATENES STEAK MIT TOMATEN UND KNOBLAUCH

Für 4 Personen

- 4 EL Olivenöl
- 1 TL feingehackter Knoblauch
- 750 g geschälte, entkernte und grobgehackte frische Tomaten
- 1 TL getrocknetes Oregano, zerrieben
- ½ TL Salz
- Frisch gemahlener schwarzer Pfeffer
- 1,5 bis 2 kg Rinderfilet oder Beefsteak, 2½ cm dick geschnitten

In einer mittelgroßen Bratpfanne oder in einem Topf 2 EL Olivenöl erhitzen, bis sich ein leichter Rauch bildet. Die Pfanne von der Kochstelle nehmen, den Knoblauch hineintun, etwa 30 Sekunden in dem Öl anbraten und ihn dabei mit einem Löffel wenden. Tomaten, Oregano, Salz und eine Prise gemahlenen Pfeffer hinzufügen und bei mäßiger Hitze und unter häufigem Umrühren schmoren. Nach etwa 5 Minuten sollte fast alle Flüssigkeit der Tomaten eingekocht sein. Die Pfanne von der Kochstelle nehmen.

In einer schweren, 25 bis 30 cm großen Pfanne die restlichen 2 EL Olivenöl erhitzen, bis sich wieder ein leichter Rauch bildet. Über großer Hitze das Steak auf jeder Seite 1 oder 2 Minuten darin bräunen, wobei man es mit einer Küchenzange wendet. Dann die Hitze reduzieren und mit einem Löffel die Tomatensauce über und um das Fleisch verteilen. Zudecken und 6 bis 10 Minuten schmoren, bzw. bis das Steak soweit durchgebraten ist, wie man es wünscht.

Vor dem Anrichten die Tomatensauce von dem Steak in die Pfanne kratzen. Das Steak auf ein Tranchierbrett legen. Die in der Pfanne verbliebene Sauce 1 bis 2 Minuten schwach kochen lassen und dabei den an der Pfanne haftenden Braten- und Saucensatz mit hineinverrühren. Abschmecken. Das Steak tranchieren, die Scheiben auf einer Servierplatte anordnen und jeweils mit ein wenig Sauce übergießen.

## *Pollo alla Cacciatora*

GESCHMORTES HUHN MIT OLIVEN UND ANSCHOVISSAUCE

Für 4 Personen

- Ein 1,2 bis 1,5 kg wiegendes junges Huhn, in Portionen zerteilt
- Salz
- Frisch gemahlener schwarzer Pfeffer
- 2 EL Olivenöl
- 1/4 Tasse feingehackte Zwiebeln
- 1 TL feingehackter Knoblauch
- 1/2 Tasse trockener Weißwein
- 2 EL Weinessig, möglichst Weißweinessig
- 1/2 Tasse Hühnerbouillon, frisch, aus Würfeln oder aus der Dose
- 1/2 TL getrocknetes Oregano, zerrieben
- 1 Lorbeerblatt
- 1 EL entsteinte schwarze Oliven, der Länge nach geschnitten, möglichst italienische oder griechische
- 3 ungerollte Anschovisfilets, in kaltem Wasser abgespült, abgetrocknet und kleingehackt

Das Huhn waschen und die Teile mit Küchenkrepp abtrocknen. Mit Salz und ein wenig frisch gemahlenem Pfeffer würzen.

In einer schweren, 25 bis 30 cm großen Pfanne das Olivenöl erhitzen, bis sich ein leichter Rauch bildet. Die Hühnerteile nacheinander bräunen, wobei man mit der Haut nach unten beginnt und die Stücke mit einer Zange wendet. Die gebräunten Teile auf einen Teller tun. Jetzt fast alles Fett aus der Pfanne abgießen und nur eine dünne Schicht auf dem Boden lassen. Zwiebeln und Knoblauch hineintun und bei mäßiger Hitze und unter dauerndem Rühren 8 bis 10 Minuten schmoren, bzw. bis sie leicht gebräunt sind. Wein und Essig hinzugießen und schnell aufkochen lassen, bis die Flüssigkeit auf etwa 1/4 Tasse eingedickt ist. Dann die Hühnerbouillon hineingießen, unter dauerndem Rühren 1 oder 2 Minuten kochen und den an der Pfanne haftenden Bratensatz mit hineinrühren. Die angebratenen Hühnerteile in die Pfanne zurücktun, Oregano und Lorbeerblatt hinzufügen und zum Kochen bringen. Nach etwa 30 Minuten sollte das Huhn gar sein.

Die Hühnerportionen auf einer erwärmten Servierplatte anrichten. Das Lorbeerblatt entfernen und die in der Pfanne befindliche Bouillon so lange kochen lassen, bis sie leicht eingedickt ist und die gewünschte Geschmackskonzentration erreicht hat. Die schwarzen Oliven und die Anschovis hineinrühren und die Sauce etwa eine Minute weiterkochen lassen. Dann über das Huhn gießen.

## *Zuppa di Vongole*

MIESMUSCHELSUPPE

Für 4 Personen

- 6 EL Olivenöl
- 1 TL feingehackter Knoblauch
- 1/2 Tasse trockener Weißwein
- 1,5 kg feste reife Tomaten, abgeschält, entkernt, vorsichtig ausgedrückt und grobgehackt (etwa 3 bis 4 Tassen)
- 2 Dutzend kleine Miesmuscheln in der Schale
- 1 Tasse kochendes Wasser
- 4 EL feingehackte, möglichst glattblättrige Petersilie

Das Olivenöl in einem schweren, 2 bis 3 l fassenden Kochtopf erhitzen. Den Knoblauch hinzufügen und bei mäßiger Hitze etwa 30 Sekunden anbraten und umrühren. Den Wein hineingießen, die Tomaten hinzufügen und zum Kochen bringen. Dann die Hitze reduzieren und die Sauce teilweise bedeckt 10 Minuten ziehen lassen.

Inzwischen die Muscheln sorgfältig abbürsten und in einer schweren großen Pfanne von 30 bis 35 cm in etwa 1/2 cm hohes kochendes Wasser (ungefähr 1 Tasse) legen. Gut zudecken und die Muscheln bei großer Hitze 5 bis 10 Minuten dämpfen, bzw. bis die Schalen sich öffnen. Mit einer Zange oder einem Schaumlöffel die noch in ihrer Schale befindlichen Muscheln in 4 große Suppenteller legen. Das Muschelkochwasser in der Pfanne durch ein mit einem Filtertuch ausgelegtes feines Sieb in die schwach kochende Tomatensauce gießen. 1 bis 2 Minuten kochen lassen, dann die Suppe über die Muscheln gießen und gehackte Petersilie darüberstreuen. Sofort anrichten.

ANMERKUNG: Es besteht kein Grund zur Besorgnis, wenn die vorgeschriebene Menge Flüssigkeit unzureichend erscheint. Die Muscheln geben während des Kochens noch genügend Saft ab.

Zur Herstellung von 1½ l mit dem jeweiligen Aroma

ZITRONENEIS
- 2 Tassen Wasser
- 1 Tasse Zucker
- 1 Tasse Zitronensaft

ORANGENEIS
- 2 Tassen Wasser
- ¾ Tasse Zucker
- 1 Tasse Orangensaft
- Saft von 1 Zitrone

KAFFEE-EIS
- 1 Tasse Wasser
- ½ Tasse Zucker
- 2 Tassen starker *espresso*-Kaffee

ERDBEEREIS
- 1 Tasse Wasser
- ½ Tasse Zucker
- 2 Tassen frische reife Erdbeeren, püriert
- 2 TL Zitronensaft

## *Granite*

VERSCHIEDENE ARTEN GEFRORENES

In einem 1½ bis 2 l fassenden Kochtopf das Wasser und den Zucker bei mäßiger Hitze zum Kochen bringen und nur so lange rühren, bis sich der Zucker aufgelöst hat. Von dem Augenblick an gerechnet, in dem der Zucker und das Wasser den Siedepunkt erreicht haben, die Mischung genau 5 Minuten kochen lassen. Sofort von der Kochstelle nehmen und den Zuckersirup auf Zimmertemperatur abkühlen lassen.

Je nach der Art des gewünschten Scherbetts den Zitronensaft, die Orangen- und Zitronensaftmischung, den *espresso*-Kaffee oder die pürierten Erdbeeren mit dem Zitronensaft hineinrühren. Die Mischung in das Eiswürfelfach des Kühlschranks gießen, aus dem man den Trenner entfernt hat.

Die *granita* 3 bis 4 Stunden gefrieren lassen, wobei man sie alle 30 Minuten rührt und Eisstückchen, die sich am Rande des Fachs gebildet haben, mit hineinnimmt. Das fertige Eis sollte eine feine, schneeige Konsistenz haben. Wenn man sie gröber wünscht, wie es dem italienischen Geschmack mehr entspricht, so läßt man den Eiswürfeltrenner im Fach und friert die *granita* fest ein. Dann nimmt man die Würfel heraus und zerkleinert sie mit einem Eiszerkleinerer.

ANMERKUNG: Wenn tiefgekühlte Erdbeeren verwendet werden, den Sirup nur mit ¼ Tasse Zucker bereiten.

Zur Herstellung von 1–1½ l mit dem jeweiligen Aroma

VANILLEGESCHMACK
- 2 Tassen Kaffeesahne
- 1 Vanilleschote von 5 cm Länge oder 1 TL Vanille-Extrakt
- 8 Eigelb
- ½ Tasse Zucker
- 1 Tasse süße Sahne

PISTAZIENGESCHMACK
- 2 Tassen Kaffeesahne
- 8 Eigelb
- 6 EL Zucker
- 2½ EL geriebene oder zerstoßene geschälte Pistazienkerne
- 1 Tasse süße Sahne
- 7 Tropfen grüne Pflanzenfarbe
- 5½ EL gehackte, geschälte Pistazienkerne
- ¼ Tasse geriebene Mandeln

KAFFEEGESCHMACK
- 2 Tassen Kaffeesahne
- Frische Zitronenschale von 5 cm Länge
- 8 Eigelb
- 6 EL Zucker
- 2 EL aufgebrühter *espresso*-Kaffee
- 2 Tassen süße Sahne

## *Gelati*

SPEISEEIS

VANILLE: In einem 1½ oder 2 l fassenden Email- oder rostfreien Topf die Kaffeesahne und Vanilleschote bei schwacher Hitze bis kurz vor den Siedepunkt bringen. (Etwaige Vanilleessenz nicht gleich hinzufügen.) Inzwischen die 8 Eigelb und den Zucker in einer Schale verrühren. Dann werden sie mit einem Schneebesen, Handrührgerät oder in einer elektrischen Küchenmaschine 3 bis 5 Minuten geschlagen, bzw. bis sie blaßgelb und dick genug sind, um sich langsam von dem Schneebesen oder Rührstab zu lösen. Die Vanilleschote aus dem Topf nehmen und die heiße Sahne langsam zu dem geschlagenen Eigelb gießen, wobei man vorsichtig und andauernd umrührt. Die Mischung zurück in den Topf schütten und bei mäßiger Hitze mit einem Holzlöffel so lange rühren, bis sie sich zu einer Creme verdickt, die den Löffel leicht überzieht. Die Mischung darf nicht den Siedepunkt überschreiten, sonst gerinnt sie. Die süße Sahne hineinrühren. Falls Vanilleessenz anstelle der Vanilleschote benutzt wird, diese jetzt erst hinzufügen. Die Creme durch ein feines Sieb in eine Rührschüssel gießen und abkühlen lassen.

Den Eimer eines 2 l fassenden Speiseeisbereiters mit Schichten von fein zerstoßenem oder zerschlagenem Eis und Vieh- oder Steinsalz in dem vom Hersteller empfohlenen Verhältnis füllen und gegebenenfalls etwas kaltes Wasser hinzufügen. Dann den abgekühlten *gelato* in die Eisform gießen oder löffeln und zudecken. Falls ein handbetriebener Gefrierapparat benutzt wird, die Mischung 3 bis 4 Minuten ruhen lassen, ehe man die Kurbel betätigt. Es kann 15 Minuten oder länger dauern, bis das Speiseeis fest wird, aber man darf im Drehen nicht innehalten, sonst bekommt der *gelato* Klümpchen. Wenn sich die Kurbel kaum noch bewegen läßt, dürfte das Speiseeis fest sein. Bei der Verwendung eines elektrischen Gefriergeräts, anschalten und etwa 15 Minuten arbeiten lassen, bzw. bis der Motor sich verlangsamt oder ganz zum Stillstand kommt.

Die Desserts enthalten: Schokolade-, Pistazien-, Kaffee- und Vanille-Eis; Kaffee-, Zitronen-, Erdbeer- und Orangenscherbett.

Um den *gelato* weiter zu erhärten, das Speiseeis von den Wänden herunterkratzen, gleichmäßig in der Form verteilen und diese sehr sorgfältig verschließen. Alles im Eimer befindliche Wasser weggießen und ihn mit neuem Eis und Stein- oder Viehsalz füllen. 2 oder 3 Stunden ruhen lassen.

PISTAZIE: Die Kaffeesahne erhitzen und Eigelb und Zucker miteinander verrühren. Die gemahlenen Pistazienkerne hinzufügen und wie oben eine Creme herstellen. Dann die Schlagsahne und die Pflanzenfarbe hineinrühren und die Mischung durchrühren. Die gehackten Pistazienkerne und die geriebenen Mandeln hinzufügen. Abkühlen und dann gefrieren lassen.

KAFFEE: Die Kaffeesahne mit der Zitronenschale erhitzen und Eigelb und Zucker miteinander verrühren. Die Zitronenschale entfernen und die Creme wie oben beschrieben herstellen. Den *espresso*-Kaffee (Pulverkaffee oder frisch aufgebrühter) und die süße Sahne hinzufügen; durchgießen, abkühlen und dann gefrieren lassen.

SCHOKOLADE: Die Milch erhitzen, Eigelb und Zucker miteinander verrühren und die Creme wie oben beschrieben herstellen. Dann die süße Sahne, geschmolzene Schokolade und Vanilleessenz hineinrühren. Durchgießen, abkühlen und gefrieren lassen.

SCHOKOLADENGESCHMACK

2 Tassen Milch
4 Eigelb
10 EL Zucker
2 Tassen Schlagsahne
100 g zartbittere Schokolade, geschmolzen
1/2 TL Vanilleessenz

# XI

# *Die Inseln: Der Anfang*

In der alten traditionellen Tracht des Landes bereitet ein sardinisches junges Mädchen ein Spanferkel am Spieß, eines der beliebtesten Gerichte der Insel, zum Auftragen vor. Auf dem Tisch liegen ein runder Schafskäse und ein Stapel flacher, sardinischer Brotfladen, die wegen ihrer dünnen, zerbrechlichen Struktur *fogli di musica* (Notenblätter) genannt werden.

Das Reich der italienischen Küche endet dort, wo sie zum großen Teil begann – auf Sizilien und Sardinien. Vor über 2000 Jahren erforschten dort die Sizilianer die kulinarischen Geheimnisse ihrer griechischen Eroberer, genauso wie die Sardinier die Kochkünste den phönizischen Eindringlingen abgesehen haben. Beide Inseln vervollkommneten das, was sie fanden, drehten und wendeten es, fügten ein Quentchen arabischer Kochkunst hier, eine Nuance afrikanischer Küche dort und viele römische Neuerungen überall sonst hinzu (aromatische Saucen zu der *pasta* in Sizilien, Myrte zu gebratenem Schwein in Sardinien), bis jede der beiden Inseln eine eigene und von der anderen sehr verschiedene Küche entwickelt hatte. Danach haben beide den Römern und somit auch der übrigen Welt einiges über die Kochkunst beigebracht.

Das geschah auf zwei Inseln, auf Sizilien, der größten, und Sardinien, der zweitgrößten Mittelmeerinsel, die oft lange Zeit hindurch mit großer Armut zu kämpfen hatten, einer Armut, die im Falle Siziliens durch endlose Fehden zwischen grundbesitzlosen Bauern und geldlosen Grundbesitzern und auf Sardinien durch jahrhundertelange Vernachlässigung seitens der Regierung verursacht worden war. Auf beiden Inseln ernähren sich sogar noch heute zahlreiche Menschen ausschließlich von *pasta* und Brot. Einige der besten und faszinierendsten Gerichte auf ihrer Speisekarte sind das vorzügliche Resultat phantasievoller und geschickter Bemühungen, aus ganz wenigem ein wenig mehr zu machen.

Die beiden Inseln haben auch heute einen gewissen Konservativismus gemein, ein Festhalten an ihrer eigenen kulinarischen Überlieferung, und kümmern sich kaum um die Entwicklung der Kochkunst in den anderen Regionen Italiens. Aber in allem übrigen ist jede Insel ein in sich geschlossenes Ganzes mit eigenem Charakter.

Das gebirgige Sizilien mit seiner dramatischen Landschaft und Geschichte zieht Ströme von Touristen an, die zu den zahlreichen griechischen Tempelruinen pilgern. Sardinien ist reich an mittelalterlichen Kirchen und ein Land mit sanften Hügeln, die den Eindruck von Weite und Leere vermitteln, den man sonst kaum mit Inseln in Verbindung bringt. Auf Sizilien leben fünf Millionen leidenschaftliche Menschen, die immer wieder davon träumen, sich zu erheben und die Festlanditaliener von der Insel zu vertreiben. Die anderthalb Millionen Sardinier hingegen sind, obwohl in neuerer Zeit viel festländisches Blut dort eingeströmt ist, zurückhaltende und schweigsame Hirten geblieben, die an langen, einsamen Tagen auf fernen Hügeln ihre Schafe und Ziegen weiden. Sie wirken eher wie wortkarge, mürrische Spanier und nicht wie überschwengliche Italiener, obwohl sie ebenso glühende italienische Patrioten sind, wie es Giuseppe Garibaldi war, der von der Insel Caprera aufbrach, um den Süden für das moderne Italien zu gewinnen.

Beide Inseln besitzen zwar einige Bergwerke und ein wenig Industrie, müssen aber Landwirtschaft und Fischerei betreiben, um sich ernähren zu können. Auf Sizilien sind die Ernten an Zitrusfrüchten, Gartengemüse und Oliven reich, und hier wachsen üppig jene Trauben, aus denen Mamertino gewonnen wird, ein Wein, den bereits Julius Caesar und der Dichter Martial gepriesen haben. Zwar gibt es wenig Vieh, doch eine Menge Weizen, und da es sehr früh warm wird, haben die Sizilianer anderen europäischen Bauern gegenüber den Vorteil, mit ihren zarten jungen Erbsen als erste auf den Märkten von Paris, London und Bonn und damit als Vorboten des Frühlings zu erscheinen.

Auch die Sardinier betreiben wie die Sizilianer den Thun- und Schwertfischfang, und auch hier wachsen Gartengemüse und Trauben, die den Cannonau, Angheluruju, Monica und andere vorzügliche Weine ergeben. Aber ihre Hauptbeschäftigung ist die Viehzucht, und es gibt heute in Sardinien etwa 2,5 Millionen Schafe – fast ein Drittel der gesamten Schafherden Italiens. Auch hüten die Sardinier Ziegen, die einige für die Insel besonders typische Gerichte liefern – zum Beispiel *corda,* lange, in Streifen geschnittene Kaldaunen von jungen Ziegen (manchmal auch Lämmern), die am Spieß gebraten, gegrillt oder in einem Eintopf mit Erbsen und Bohnen zubereitet werden. Die Kost enthält hier viel Fleisch von Rind, Schwein und Lamm sowie reichlich Käse. Aus der Gegend von Gallura kommt der *casu marzu,* was soviel wie „verdorbener Käse" heißt, doch von Kennern für köstlich erklärt wird. *Fiore sardo,* sardinische Blume, ist der Name eines Reibekäses, den die Sardinier am liebsten zu ihrer *pasta* essen.

Die berühmtesten Schöpfungen der sizilianischen Küche aber sind Süßspeisen und Gebäck. Die Insel wurde im 9. Jahrhundert von den Sarazenen beherrscht, und sie haben den Sizilianern die Vorliebe für raffinierte Süßigkeiten vererbt. So hießen die *cannoli,* Teigröllchen, die mit Sahnenkäse, kandierten Früchten und Schokolade gefüllt sind, ursprünglich *cappello di turco,* türkische Hüte, denn die Eindringlinge aus dem Morgenland wurden oft als Türken bezeichnet. Sehr bald aber verstanden die sizilianischen Köche, aus den sarazenischen Süßigkeiten ungemein delikate, echt sizilianische Kunstwerke zu entwickeln, von denen manche eine symbolische Bedeutung gewannen. So bewirft man bei der Hochzeit das Brautpaar mit Zuckermandeln und ruft dazu: „Möge euer Leben fruchtbar und süß sein!" Wie *cannoli* wurde auch *cassata,* Schichttorte, in der Füllung und Kuchenteig so raffiniert miteinander verbunden sind, daß der Übergang oft kaum festzustellen ist *(Seite 192),* ursprünglich nur an religiösen Feiertagen wie Weihnachten und Ostern gebacken. Heute gibt es sie auch bei Hochzeiten zur Feier eines neuen Lebensabschnitts. Und Familiensinn und Tradition kommen in einem Brauch zum Ausdruck, nach dem sizilianische Kinder am Allerseelentag versteckte Geschenke und ein Gebäck suchen, das *ossi di morti* heißt – Totenknochen. Man erzählt den Kindern, die *ossi di morti* und die Geschenke seien von den Geistern der verstorbenen Familienmitglieder als Belohnung für braves Verhalten versteckt worden.

Die Sizilianer backen aber nicht nur Kuchen. Brot, das in so vielen Teilen der Welt immer seltener daheim gebacken wird, findet man in Sizilien durchaus noch als selbstgemachtes Erzeugnis. Typisch ist das Brot in Wagenradform: man backt das Brot in kleinen, igluähnlichen Öfen, die in den meisten Küchen Siziliens in der Nähe des Kamins stehen. Im untersten Teil des Ofens befindet sich ein Fach, in dem die langstieligen Backwerkzeuge aufgehoben werden: ein Mop, eine Eisenstange, ein Rechen aus Metall und Holzschaufeln mit runden Kellen, die umfangreich genug sind, auch eine große Pizza zu fassen. Die sizilianische Hausfrau zündet ein Holzfeuer an und schiebt es im Ofen mit der Eisenstange von einer Stelle zur anderen, bis das meiste Holz verbrannt und der Ofen überall gleichmäßig erhitzt ist. Dann kehrt sie mit dem Rechen das Feuer heraus, säubert den Ofen mit einem trockenen Mop, damit keine Asche in ihren Teig gelangt, und schiebt das Brot oder die Pizza mit den Schaufeln in den Ofen. Dann setzt sie eine abnehmbare Metalltür davor und kehrt die Reste des Feuers außen dagegen, um den Ofen während des Backens heißzuhalten. Außer dem gewöhnlichen wagenradförmigen Brotlaib backt sie eine Unzahl anderer Formen und Größen: Rhomben, Stangenbrot, flache Fladen und ungesäuertes Brot, das in Öl getränkt und zu Kabeljau gegessen wird.

Die Kunst des Brotbackens lernten die Sizilianer vor vielen hundert Jahren von den Griechen. Aber ihre Vorliebe für *pasta* wurde dadurch nicht beeinträchtigt. Die berühmteste Sorte heißt *pasta con sarde, pasta* mit Sardinen nach Palermo-Art. Andere sizilianische Spezialitäten sind *farsu magru (Rezeptbuch)* und *caponata (Seite 195)*. Die erste ist ein Rinder- oder Kalbsrollbraten mit einer Farce aus hartgekochten Eiern und Gewürzen. Die zweite besteht aus würfelig geschnittenen Auberginen, die man in einer scharf gewürzten Tomatensauce schmort. In den Händen eines guten Kochs kann sie ein Meisterwerk sein.

Fisch, entweder allein oder mit Gerichten wie *caponata* zusammengestellt, ist ein wichtiger Bestandteil der sizilianischen Küche: Man könnte Syrakus, die einst von den Griechen gegründete und von Dionysios dem Tyrannen beherrschte Stadt, als Zentrum der sizilianischen Fischküche betrachten. Als ich einmal im Restaurant Bandiera den Besitzer bat, mir kleine Portionen der besten Spezialitäten seiner Stadt zu servieren, brachte er mir sieben oder acht Gerichte, die alle aus Seetieren bestanden. Ich entsinne mich besonders eines *insalata di mare* (Meeres-Salat) aus Miesmuscheln, Garnelen und Tintenfisch. Ich habe aber auch ein anderes edles Gericht nicht vergessen, das aus schwarzen, in der Schale und mit Olivenöl, Käse und Semmelbröseln gebackenen Muscheln bestand und nach Kräutern duftete, deren Namen der Koch jedoch nicht nennen wollte. In Syrakus liebt man nicht nur Salz-, sondern auch Süßwasserfische. In der Stadt liegt die seit der Antike bekannte Quelle der Arethusa. Sie ist nach der Nymphe Arethusa benannt, die der Flußgott Alpheus so liebte, daß er sie bis zum heutigen Syrakus verfolgte, doch achtete er stets darauf, daß sich das Wasser seines Flusses nicht mit dem des Meeres vermischte. Und so erinnert die große natürliche Quelle an diese alte Sage, denn sie liegt so nahe am Meer, daß man durch eine massive Mauer das Salz- vom Süßwasser trennen mußte. Dort wimmelt es von Fischen und besonders von Äschen, die in so vielen Gerichten Siziliens vorkommen.

Die Sizilianer essen nur wenig Fleisch und das meiste in Form von geräucherter Wurst, welche die Bauern als Imbiß mittags mit Brot, Käse und Wein auf dem Felde zu sich nehmen. Eine frische Schweinewurst, *salsiccia cotta sotto la cenere,* wird in schwerem braunem Packpapier auf der heißen Asche im Herd zubereitet.

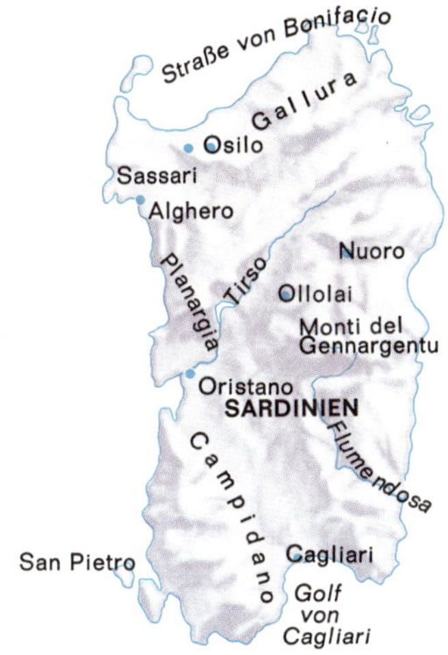

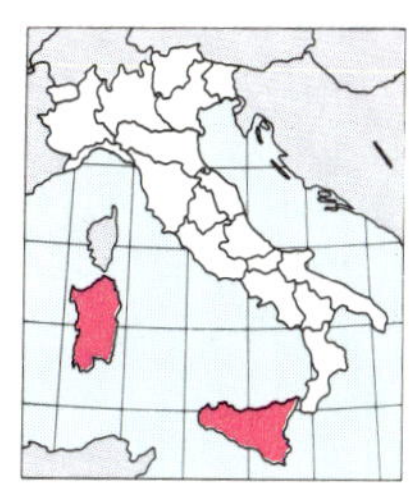

Die beiden größten italienischen Inseln, Sizilien und Sardinien, haben eine unterschiedliche Küche. Sizilien ernährt sich von den Erzeugnissen der Weizenfarmen, Gemüse-, Wein- und Obstgärten. Die Köche der sizilianischen Provinz Catania sind besonders auf ihre *caponata* stolz, gewürfelte Auberginen mit Kapern, Tomaten, Zwiebeln und Stangensellerie, zu der in Palermo auch noch Pinienkerne kommen. In Sardinien, einem Weideland, werden fast ein Drittel aller Schafe Italiens gezüchtet. Die Bewohner braten die ganzen Tiere im Freien am Spieß.

Reich verzierte, wie mit zarter Filetspitze überzogene Kuchen und Torten mit den Namen des jungen Paares in Zuckerguß werden zu sardinischen Hochzeiten gebacken. Auch *cuoricini,* Herzchen genannte Plätzchen, werden oft auf Sardinien bei Hochzeiten serviert.

Auf Sardinien sind die Mahlzeiten herzhafter. Hier kocht man gerne *a fùrria fùrria,* das heißt unter dauerndem Drehen. Ganze Tiere – Wildschweine, Spanferkel, Lämmer und junge Ziegen – werden abgezogen, ausgenommen und der Länge nach auf einen improvisierten Spieß gesteckt, der ein an beiden Enden zugespitzter Ast sein kann. Dann legt man sie neben ein Feuer aus Wacholder-, Olivenbaum- und Mastixbaumholz, doch darf die Flamme den Braten nicht berühren. Man verwendet keine Kräuter. Während das Tier immer wieder gedreht und geröstet wird, nimmt es die charakteristischen, delikaten Aromen und Gerüche des Holzfeuers an. Die Sardinier benutzen ein Holzfeuer auch zu einem Verfahren, das *a carrargiu,* „in der Grube", heißt. Dabei wird zuerst eine Grube ausgehoben, die so groß ist wie das ganze Schwein, Lamm oder Zicklein. Darin wird ein Feuer entzündet, das die Erde rundherum trocknet. Wenn es niedergebrannt ist, wird die Grube von der Asche gesäubert und mit Myrtenzweigen ausgelegt. Dann kommt das Tier hinein, das man mit weiteren Zweigen bedeckt. Nun wird die Grube zugeschüttet und ein Feuer darüber angezündet.

In Sardinien wird auch viel Wild für die Tafel gejagt. Der Bestand an Wildschafen, die man hier und im nahegelegenen Korsika findet, hat sich durch die dauernden Abschüsse derart gelichtet, daß die Tiere heute unter Naturschutz stehen. Wildschweine jedoch – schwärzer, kleiner und bösartiger als ihre festländischen Verwandten, aber mit viel milderem Fleisch – kommen zahlreich vor, ebenso Bären. Hasen und Vögel wie Rebhühner und Drosseln dürfen während des ganzen Herbstes gejagt werden.

In Sardinien, das einst wie Sizilien als Kornkammer Roms galt, bildet Brot noch heute ein Hauptnahrungsmittel. Die Spezialität heißt *pane carasau,* das auch als *carta di musica* (Notenpapier) bekannt ist, weil es besonders dünn ist und beim Brechen Risse entstehen, die wie Notenlinien aussehen. Die Hirten Sardiniens haben in allen Jahrhunderten ganze Stapel der aus ungesäuertem Teig gebackenen Fladen mit auf die Felder genommen.

In Sardinien gibt es auch sämtliche *pasta*-Sorten, die man im übrigen Italien kennt, von den *gnocchi* über Ravioli bis zu Spaghetti, sowie die alten und neuen pikanten Saucen. Aber Sardinien besitzt auch manche eigenen Spezialitäten: *culingiones* zum Beispiel, Ravioli, die mit *ricotta,* Spinat, Ei und Safran gefüllt und mit einer Fleisch- oder Tomatensauce und geriebenem Käse serviert werden; ferner *culuriones de patata,* Ravioli aus Kartoffelmehl, mit Zwiebeln und Minzkraut gewürzt; *pillas,* ein Gericht, bei dem Schichten von *pasta* und durchgedrehtem Fleisch, *prosciutto,* mildem Käse und Ei abwechseln und das, mit Wein und Tomatensauce übergossen, im Ofen gebacken wird; schließlich *succu tundu,* auch *fregula* genannt – winzige, mit Safran gewürzte *pasta*-Bällchen, die in Brühe gekocht werden.

Diese Insel, die der Sardine den Namen gab, hat außerdem Hummer und Aale aus dem Meer und Forellen aus den Gebirgsbächen zu bieten. Ein weiteres, wohlschmeckendes Produkt sardinischer Gewässer ist ein merkwürdiger kleiner Appetitanreger – *buttariga,* getrockneter Äschenrogen mit Thunfisch.

Sardinien ist eine stille, friedliche Insel, deren kulturelle Wurzeln tief in die Vergangenheit reichen. Die Hirten tragen noch heute ihre *mastruca,* einen aus zwei oder drei Ziegenfellen zusammengenähten Mantel, den zuerst Plautus in seinem *Poenulus* und später Cicero in *Pro Scauro* beschrieben hat. Die Fischer verwenden heute noch hölzerne Haken und dreizackige Speere als Fanggeräte.

Diese jahrhundertealten Verfahren, die auf Sardinien weit deutlicher zu beobachten sind als auf Sizilien, legen Zeugnis ab von dem Erbe, das die Basis der ganzen italienischen Küche bildet. Der altrömischen Küche lag bereits die der Etrusker zugrunde. Über Süditalien und Sizilien verbreiteten sich in vor-römischer Zeit auch die Einflüsse der Griechen und Jahrhunderte später die der Araber; und auf Sardinien machte sich die Küche des Orients geltend.

So ist die traditionelle Küche der italienischen Inseln und besonders Sardiniens archaisch, aber nicht in einem primitiven, sondern in einem historischen und unverfälschten Sinne – als Nachhall der Phantasie und Geschicklichkeit jener längst vergangenen Bauerngeschlechter, die zur Zeit der Antike und weit früher diese Felder bestellt und in diesen Gewässern gefischt haben. In Sardinien ändern sich kaum die grundlegenden Dinge; Kriege und Invasionen vieler Jahrhunderte werden weggewaschen und hinterlassen nur wenige Spuren. Der Mensch betrachtet gelassen und nachdenklich das, was ihn ernährt: die Felder, die Tiere, das Meer. Alles, der Himmel, das steinige Weideland, der Ablauf der Jahreszeiten, das Kommen und Gehen der Generationen, ist der lebenslänglichen ernsthaften Beobachtung und Schätzung wert. Niemand hat es eilig. Hier erhält jeder, der einen Sinn dafür hat, eine Vorstellung von der Zeit, als die Welt noch unschuldig und zügellos zugleich war und der Mensch kaum je um des Genusses willen aß, sondern um genügend Kraft zum Überleben und Kämpfen zu erwerben. Sehr viel näher kann man dem Urbeginn der Ernährung und der Kochkunst wohl kaum kommen.

Dorfbewohner bringen Plätzchen aus Mehl, Eiern, Backpulver, Vanille, Milch, Öl und Zitronenschale zum Backofen des Dorfes.

# *Familienfest in Sizilien*

Kuchen in phantasiereichen Formen mit Schokoladenfüllung und mit kandierten Früchten garniert; goldbraun gebackene Teigrollen, die Schokoladen- und Vanillecreme enthalten; ein rosa und grüner Mandelkuchen mit Kirschen, Orangeat und Pistazien, Weingelees in Gestalt von Heiligen, Wappen und Blumen – das sind in Sizilien kulinarische Glanzleistungen. Daher ist es kein Wunder, daß sich die Sizilianer besonders auf den wichtigsten Gang, den Nachtisch, freuen. Die feinsten Weine Siziliens, wie Marsala und die verschiedenen *moscati,* sind Süßweine. Bei Familienfesten (und in Sizilien vergeht kaum eine Woche, in der es nichts zu feiern gibt) bewähren sich die Köchinnen der Insel am besten. Diese Bilder stammen von einem kleinen Bauernhof in der Nähe von Messina. Festlich wird die erste heilige Kommunion der jungen Rosaria Calcabotta mit den Verwandten begangen.

Rosaria, der Ehrengast, bringt eine Schüssel mit Plätzchen an den Tisch *(rechts)*. Oben sieht sie mit einem scheuen Lächeln zu, wie die Weinflaschen geöffnet werden.

Vanille- oder Pfirsicheis paßt zu den sizilianischen Marionetten, die eines der 500 Stücke aus dem Epos *Orlando Furioso* (Der rasende Roland) aufführen. Kunstvoll geschnitzte Könige und Ritter rasseln in diesen Dramen umher – wie hier im Acireale-Theater Karl der Große, seine Anhänger und Feinde *(rechts)*. Riesen, Drachen, Ungeheuer und Adler bevölkern die Bühne, und immer schwingt sich jemand auf das Flügelroß, um auf den Mond zu reiten. Aber das Beste sind stets die Schlachten; Schwerter blitzen und Köpfe kullern überall auf der Bühne, und der junge Zuschauer weiß oft nicht, ob er sein eigenes Vanilleeis oder das Pfirsicheis des Nachbarn schleckt – und es kommt darauf auch gar nicht an.

Für 8 Personen

## *Cassata alla Siciliana*

SIZILIANISCHER KUCHEN MIT SCHOKOLADEGLASUR

Ein frischer Tee- oder Biskuitkuchen, etwa 23 cm lang und 8 cm breit
500 g *ricotta*-Käse (Quark)
2 EL süße Sahne
1/4 Tasse Zucker
3 EL Strega oder anderer Orangenlikör
3 EL grobgehackte kandierte Früchte
50 g zartbittere Borkenschokolade grobgehackt

SCHOKOLADENÜBERZUG

325 g Koch- oder Borkenschokolade, in kleine Stücke zerschnitten
3/4 Tasse starker schwarzer Kaffee
250 g Butter, in 1 cm große Stücke geschnitten und gründlich gekühlt

Mit einer Brotsäge die Krusten des Tee- oder Biskuitkuchens abschneiden und ihn, falls er oben abgerundet war, abflachen. Den Kuchen horizontal in 1 bis 2 cm dicke Scheiben schneiden. Den *ricotta*-Käse durch eine Gemüsemühle oder mit einem Holzlöffel durch ein grobes Sieb in eine Schüssel passieren und mit einem Handrührgerät oder einer elektrischen Küchenmaschine glattschlagen. Unter dauerndem Rühren Sahne, Zucker und Strega hinzufügen. Mit einem Gummispachtel die gehackten kandierten Früchte sowie die Schokolade darunterheben. Die unterste Scheibe auf einen flachen Teller legen und dick mit der *ricotta*-Mischung bestreichen. Eine weitere Scheibe genau darüberlegen und wieder mit *ricotta* bestreichen. So lange wiederholen, bis alle Scheiben zur alten Form zusammengefügt sind und die Füllung aufgebraucht ist. Den Abschluß bildet eine unbestrichene Scheibe. Vorsichtig den Kuchen zusammendrücken, um ihn so kompakt wie möglich zu machen. Die *cassata* 2 Stunden kaltstellen.

325 g Kochschokolade mit dem Kaffee in einem kleinen, schweren Topf über mäßiger Hitze schmelzen und so lange rühren, bis sich die Schokolade völlig aufgelöst hat. Von der Kochstelle nehmen und die Butter stückweise darunterrühren. Rühren, bis die Mischung glatt ist. Dann in den Kühlschrank stellen, bis sie dickflüssig genug ist, um sich streichen zu lassen. Mit einem Metallspachtel die Glasur gleichmäßig über die Oberfläche und alle Seiten der *cassata* verteilen und sie dabei dekorativ verzieren. Lose mit einer Plastik- oder Alufolie bedecken und die *cassata* mindestens einen Tag vor dem Anrichten im Kühlschrank lassen.

1 Für *cassata* einen Biskuitkuchen in dicke horizontale Scheiben schneiden.

2 Dann 50 g Koch- oder Borkenschokolade mit dem Messer zerkleinern.

3 Den Quark mit den Aromen der Schokolade und den Früchten verrühren.

4 Diese Mischung schichtweise zwischen die dicken Kuchenscheiben tun.

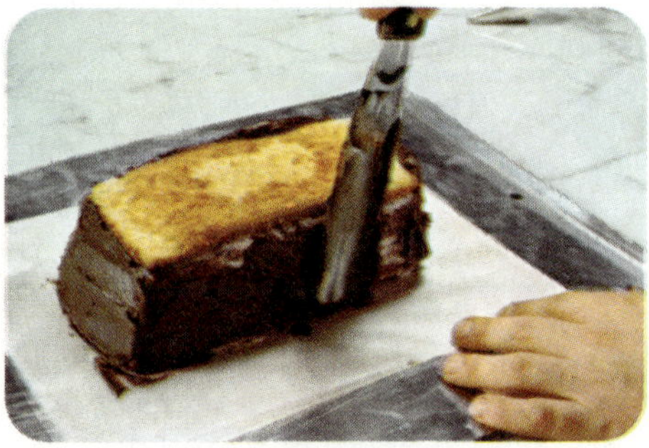

5 Den Kuchen obenauf und an den Seiten mit Schokoladeglasur überziehen.

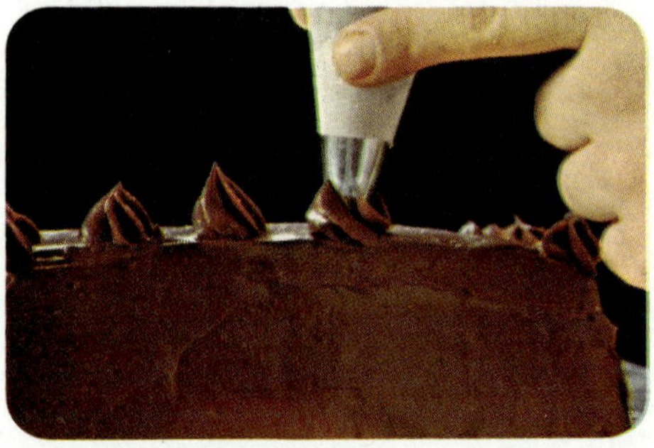

6 Den Kuchen mit Knospen und Rankenwerk dekorieren.

Bradamante, die tapfere Streiterin der *Orlando-Furioso*-Marionettenspiele, zieht ihr Schwert für eine gute Sache: um eine echte sizilianische *cassata* anzuschneiden.

Für 4 Personen

Je nach Größe 4 oder 8 feste, reife Tomaten, mit einem Durchmesser von 7 bis 10 cm
Salz
2 EL Olivenöl
1/4 Tasse feingehackte Zwiebeln
1/2 TL feingehackter Knoblauch
1 Tasse frische Weißbrotkrumen
4 Anschovisfilets, abgetropft, 10 Minuten in kaltem Wasser gewässert und feingehackt
1 200-g-Dose Thunfisch (möglichst italienischer, in Olivenöl) in kleine Stücke zerpflückt
3 EL frisch gehackte, glattblättrige Petersilie
2 EL Kapern, gründlich gewaschen und abgetropft
6 feingehackte, schwarze, entsteinte Oliven (möglichst italienische oder griechische)
1 EL frisch geriebener Parmesan
Feingehackte frische Petersilie

## *Pomodori alla Siciliana*

GEBACKENE TOMATEN MIT ANSCHOVIS, THUNFISCH UND SCHWARZEN OLIVEN GEFÜLLT

Den Ofen auf 165° vorwärmen. Etwa 1/2 cm von dem oberen Teil jeder Tomate abschneiden. Mit dem Zeigefinger oder einem Teelöffel alles Fruchtfleisch und die Kerne herausnehmen, bis ein Gehäuse von etwa 1/2 cm Dicke übrig bleibt. Die Tomaten innen salzen und umgekehrt zum Abtropfen auf Papiertücher stellen.

Inzwischen 2 EL Olivenöl in einer schweren, 20 bis 25 cm großen Pfanne erhitzen und bei mäßiger Hitze die feingehackten Zwiebeln und den Knoblauch unter häufigem Umrühren 7 oder 8 Minuten darin braten, bzw. bis die Zwiebeln glasig, aber nicht braun sind. Die frischen Weißbrotkrumen, die Anschovisfilets und Thunfischstücke hineinrühren und unter dauerndem Umrühren 1 oder 2 Minuten weiterkochen. Die Pfanne von der Kochstelle nehmen und die feingehackte frische Petersilie, die Kapern und Oliven hinzufügen. Falls die Mischung zu trocken und krümelig wirkt, mit weiteren 1 bis 2 TL Olivenöl verrühren. Dann mit einem Löffel die Farce in die ausgehöhlten Tomaten füllen, den EL geriebenen Parmesan und ein paar Tropfen Olivenöl darübergeben.

Die gefüllten Tomaten nebeneinander in eine leicht geölte, 20 bis 25 cm große feuerfeste Form legen und auf dem mittleren Rost im Ofen 20 bis 30 Minuten backen, bzw. bis sie weich, aber nicht zerkocht und die Krumen braun und knusprig sind. Die Tomaten heiß oder kalt und mit ein wenig gehackter Petersilie bestreut anrichten. Sie können als Teil eines *antipasto* oder als einzelner Gemüsegang serviert werden.

Für 4 Personen

2 750 g bis 1 kg wiegende Hummer, der Länge nach in zwei Hälften geteilt
1/4 Tasse Olivenöl
1/4 Tasse feingehackte Zwiebeln
1 TL feingehackter Knoblauch
1 Tasse trockener Weißwein
750 g feste, reife Tomaten, geschält, entkernt, vorsichtig ausgedrückt und grobgehackt (etwa 2 Tassen)
1 EL feingehackte frische Petersilie
1 TL getrocknetes Oregano, zerrieben
1/4 TL gemahlene, getrocknete Chillies-Schoten
1/2 TL Salz

## *Aragosta fra Diavolo*

HUMMER IN WEIN MIT TOMATEN

Den gallertartigen Magen hinter dem Kopf jedes Hummers und den damit verbundenen langen Darm herausnehmen und wegtun. Dann die grünlich-braune Leber und den schwarzen, kaviarähnlichen Rogen (falls vorhanden) entfernen und beiseite stellen. Mit einem schweren scharfen Messer oder mit der Küchenschere die Hummerscheren abschneiden und die flache Unterseite jeder großen Schere mit der Messerklinge spalten. Die kleinen Scheren und Fühler entfernen.

In einer schweren, 25 bis 30 cm großen Pfanne das Olivenöl erhitzen, bis sich ein leichter Rauch bildet. Die Hummerleiber und großen Scheren hineintun und bei großer Hitze 3 bis 4 Minuten braten, wobei sie ein- oder zweimal mit einer Zange umgewendet werden. Dann diese Teile auf einen Teller legen.

Fast alles Fett aus der Pfanne abgießen und nur eine dünne Schicht auf dem Boden lassen. Zwiebel und Knoblauch hineintun und bei mäßiger Hitze und unter häufigem Umrühren 7 bis 8 Minuten braten, bzw. bis die Zwiebeln glasig, aber nicht braun sind. Den Wein hineingießen und bei großer Hitze und unter dauerndem Rühren rasch aufkochen lassen, bis er auf 1/2 Tasse eingekocht ist. Tomaten, Petersilie, Oregano, Pfefferschoten und Salz hinzufügen und die Mischung unter ständigem Rühren zum Kochen bringen. Die Hummerteile zurück in die Pfanne legen, zudecken und bei mäßiger Hitze 8 bis 10 Minuten schmoren, wobei sie mehrere Male begossen werden. Kurz vor dem Anrichten die Hummerleber und den Rogen durch ein feines Sieb streichen und in die heiße Sauce rühren. Die Sauce muß ohne zu kochen 1 bis 2 Minuten schwach ziehen. Die Sauce abschmecken und, falls nötig, mit Salz und Pfeffer würzen.

Zum Anrichten legt man die Hummer in eine tiefe, vorgewärmte Servierschüssel und gießt die Sauce darüber.

## *Vitella alla Sarda*

GESCHMORTES KALBFLEISCH MIT TOMATENSAUCE UND SCHWARZEN OLIVEN

Für 6 Personen

- 4 ungerollte Anschovisfilets
- 1 TL feingehackter Knoblauch
- 1 EL feingehackte frische Petersilie
- Ein 1,5 kg schwerer Kalbsbraten (ohne Knochen), gut verschnürt
- 1/4 Tasse Olivenöl
- 1/2 Tasse feingehackte Zwiebeln
- 1/4 Tasse feingehackte Mohrrüben
- 1/4 Tasse feingehackter Stangensellerie
- 1/2 Tasse trockener Weißwein
- 1 Tasse Hühnerbouillon, frisch, aus Würfeln oder aus der Dose
- 1/2 Tasse feingehackte frische, möglichst glattblättrige Petersilie
- 1/2 bis 1 TL Zitronensaft
- Salz
- Weißer Pfeffer
- 1 1/2 Tassen Tomatensauce *(Seite 47)*
- 1 EL der Länge nach geschnittene, entsteinte schwarze Oliven, möglichst italienische oder griechische

Den Ofen auf 175° vorwärmen. Die Anschovis 10 Minuten in kaltem Wasser wässern, dann mit Küchenkrepp abtrocknen und in 2 1/2 cm lange Stücke schneiden. Den Knoblauch und 1 EL Petersilie miteinander verrühren und die Anschovis in dieser Mischung wälzen. Mit einem scharfen Messer tiefe Einschnitte in das Kalbfleisch machen und die Anschovisstücke hineindrücken.

Das Öl in einer schweren, feuerfesten Kasserolle erhitzen, die groß genug ist, das Kalbfleisch bequem zu fassen. Hierin bei starker Hitze das Fleisch auf allen Seiten anbraten und danach auf einen Teller legen. Zwiebeln, Mohrrüben und Stangensellerie in das in der Kasserolle befindliche Fett tun und das Gemüse unter häufigem Umrühren bei mäßiger Hitze 7 oder 8 Minuten schmoren, bzw. bis es sich leicht gefärbt hat. Den Wein hineingießen und bei starker Hitze und unter dauerndem Rühren 2 bis 3 Minuten kochen, wobei man den an dem Topf haftenden Bratensatz mit hineinrührt. Das Kalbfleisch in die Kasserolle zurücktun und die Hühnerbouillon hinzufügen. Bei mäßiger Hitze zum Kochen bringen, zudecken und in der Mitte des Ofens 1 1/2 Stunde schmoren, bzw. bis das Kalbfleisch weich ist, wenn man es mit der Spitze eines scharfen Messers prüft.

Das Kalbfleisch auf ein Tranchierbrett legen, die Bindfäden lösen und die Außenseite des Bratens mit 1/2 Tasse gehackter Petersilie bestreuen. Das Kalbfleisch in 1 cm dicke Scheiben schneiden und diese leicht überlappend in 1 oder 2 Reihen auf einer vorgewärmten Servierschüssel anordnen. Schnell die Schmorbrühe durch ein feines Sieb in einen kleinen Topf rühren, wobei man fest auf das Gemüse drückt, ehe man es wegtut. Soviel Fett wie möglich von der Oberfläche abschöpfen und die Sauce bei großer Hitze unter häufigem Umrühren aufkochen lassen, bis sie auf etwa 1 Tasse eingekocht ist. Abschmekken, mit Zitronensaft und, falls nötig, mit Salz und Pfeffer würzen. Mit einem Löffel die Sauce über die Kalbfleischscheiben verteilen. In einem kleinen Kochtopf die Tomatensauce erhitzen, die geschnittenen schwarzen Oliven hineinrühren und in einer vorgewärmten Saucenschüssel zu dem Kalbfleisch reichen.

## *Caponata*

HORS D'ŒUVRE AUS AUBERGINEN

Für etwa 8 Tassen

- 1 kg Auberginen, geschält und in 1 1/2 cm große Würfel geschnitten (etwa 8 Tassen)
- Salz
- 1/2 Tasse Olivenöl
- 2 Tassen feingehackter Stangensellerie
- 3/4 Tasse feingehackte Zwiebeln
- 1/3 Tasse Weinessig, mit 4 TL Zucker vermischt
- 3 Tassen abgetropfte Dosentomaten
- 2 EL Tomatenmark
- 6 große grüne Oliven, entsteint, der Länge nach durchgeschnitten und gut abgespült
- 2 EL Kapern
- 4 ungerollte Anschovisfilets, gut abgespült und in einem Mörser zu einer Paste verrührt
- Frisch gemahlener schwarzer Pfeffer
- 2 EL Pinienkerne

Die Auberginenwürfel reichlich mit Salz bestreuen und in einem Durchschlag oder großen Sieb über Küchenkrepp abtropfen lassen. Dann die Würfel mit Küchenkrepp abtrocknen und beiseite stellen.

In einer schweren, 25 bis 35 cm großen Pfanne 1/4 Tasse Olivenöl erhitzen. Den Stangensellerie hineintun und bei mäßiger Hitze unter häufigem Umrühren 10 Minuten schmoren. Dann die Zwiebeln hineinrühren und weitere 8 bis 10 Minuten schmoren, bzw. bis der Stangensellerie und die Zwiebeln weich und leicht gefärbt sind. Mit einem Schaumlöffel in eine Schüssel tun. Die übrige 1/4 Tasse Olivenöl in die Pfanne gießen und bei großer Hitze unter dauerndem Rühren und Umwenden die Auberginenwürfel etwa 8 Minuten darin braten, bzw. bis sie leicht gebräunt sind. Den Stangensellerie und die Zwiebeln in die Pfanne zurücktun und Essig und Zucker, die abgetropften Tomaten, Tomatenmark, grüne Oliven, Kapern, Anschovis, 2 TL Salz und eine Prise Pfeffer hineinrühren. Zum Kochen bringen, die Hitze reduzieren und unbedeckt unter häufigem Rühren 15 Minuten schwach kochen lassen. Die Pinienkerne unterziehen. Die Mischung abschmecken und, falls nötig, mit Salz, Pfeffer und ein wenig mehr Essig würzen. Die *caponata* in eine Servierschüssel tun und bis zum Anrichten in den Kühlschrank stellen.

Für 4 Personen

5 Eigelb sowie 1 ganzes Ei
2 EL Zucker
1/2 Tasse Marsala

## *Zabaione*

WEINCREME MIT MARSALA

Die 5 Eigelb, 1 ganzes Ei und 2 EL Zucker in dem oberen Teil eines Wasserbadtopfes über schwach kochendem Wasser oder in einer mittelgroßen, feuerfesten Glasschüssel, die in einer flachen Backform mit kaum siedendem Wasser steht, vermischen. Diese Mischung mit einem Schneebesen oder Handrührgerät so lange schlagen, bis sie blaßgelb und schaumig ist. Dann nach und nach den Marsala hinzufügen und so lange weiterschlagen, bis die *zabaione* dickflüssig genug ist, um in einem Löffel die Form zu behalten. Dies kann 10 Minuten dauern.

Mit einem Löffel die *zabaione* in kleine Dessertschalen, Kompotteller oder langstielige Gläser füllen und heiß servieren.

Für 6–8 Personen

MARINADE
3 Tassen trockener Weißwein
1/4 Tasse Olivenöl
1/4 Tasse feingehackte, möglichst glattblättrige Petersilie
1 Lorbeerblatt, zerrieben
1/8 TL Nelkenpfeffer (Piment)
1/8 TL geriebene Muskatnuß
1 EL Salz
2 kg ausgebeinter Rinderschmorbraten von mindestens 10 cm Durchmesser, zurechtgeschnitten, gerollt und fest an 3 oder 4 Stellen verschnürt
2 EL Butter
2 EL Olivenöl
1 Tasse trockener Weißwein
2 Tassen Rinderbouillon, frisch, aus der Dose oder aus Würfeln
2 EL feingehackte frische Petersilie
1 ungerolltes Anschovisfilet, abgetropft, abgespült und feingehackt
1/4 TL Zitronensaft
Salz
Frisch gemahlener schwarzer Pfeffer

## *Manzo alla Sarda*

IN WEISSWEIN MARINIERTER RINDERSCHMORBRATEN

In einer großen Schüssel aus Glas, Porzellan oder rostfreiem Stahl die 3 Tassen Weißwein, 1/4 Tasse Olivenöl, 1/4 Tasse feingehackte Petersilie, Lorbeerblatt, gemahlenen Nelkenpfeffer, Muskatnuß und Salz miteinander verrühren. Den gerollten und fest verschnürten Rinderbraten in die Schüssel legen und in der Marinade so lange umwenden, bis er auf allen Seiten gründlich angefeuchtet ist. Das Rindfleisch mindestens 6 Stunden bei Zimmertemperatur oder 12 Stunden im Kühlschrank marinieren und gelegentlich umwenden.

Den Ofen auf 175° vorwärmen. Das Rindfleisch aus der Marinade nehmen und mit Küchenkrepp sehr gut abtrocknen, die Marinade jedoch aufheben; sie wird später wieder gebraucht. In einer feuerfesten Kasserolle, die groß genug ist, das Rindfleisch bequem zu fassen, die Butter mit dem Olivenöl bei mäßiger Hitze schmelzen lassen. Wenn sich der Schaum gelegt hat, das Rindfleisch hineintun und auf allen Seiten anbraten, wobei man es mit zwei Holzlöffeln umwendet. Das angebratene Fleisch auf einen Teller legen und aus der Kasserolle fast alles gebräunte Fett bis auf eine dünne Schicht abgießen. Die Marinade hineingießen und bei starker Hitze schnell aufkochen lassen, bis sie bis auf 1 Tasse reduziert ist. Dabei einen Holzlöffel oder Gummispachtel benutzen, um den an der Kasserolle haftenden Bratensatz mit hineinzurühren. Das Rindfleisch in die Kasserolle zurücktun und 1 Tasse Weißwein und die 2 Tassen Rinderbouillon hinzufügen. Die Flüssigkeitsmenge sollte das Fleisch zu etwa 1/3 der Höhe bedecken; falls nötig, mehr Rinderbouillon dazugießen. Bei großer Hitze die Flüssigkeit zum Kochen bringen und in die Mitte des Ofens stellen. Den Braten 2 bis 2 1/2 Stunden schmoren und dabei zwei- oder dreimal in der Kasserolle umwenden. Wenn das Fleisch weich genug ist, um die Spitze eines scharfen Messers leicht durchzulassen, den Braten auf ein Tranchierbrett legen.

Die Schmorbrühe durch ein feines Sieb in einen 1 1/2 bis 2 l fassenden Topf gießen. Die Sauce ein oder zwei Minuten stehen lassen, dann mit einem großen Löffel soviel wie möglich von dem Fett an der Oberfläche abschöpfen. Nun die Sauce schnell bei großer Hitze kochen lassen und gelegentlich umrühren, bis sie auf etwa 2 Tassen eingekocht ist. Die 2 EL feingehackte Petersilie, die gehackten Anschovis und den Zitronensaft hineinrühren. Die Sauce abschmecken und, falls nötig, mit Salz und Pfeffer würzen. Die Bindfäden entfernen und den Braten in dünne, gleichmäßige Scheiben schneiden.

Die Rindfleischscheiben leicht überlappend in einer Reihe auf einer vorgewärmten Servierschüssel anordnen. Ein paar Eßlöffel von der heißen Sauce darübergeben, die übrige in einer Saucenschüssel reichen.



Köstliche, dampfende *zabaione*, eine Weincreme, füllt ein Dessertglas.

# Glossar

ABBACCHIO: ein Milchlamm, das noch nie Gras gefressen hat
ACCIUGHE, ALICI: Anschovis
ACETO: Essig
AFFOGATO: gedünstet oder pochiert
AFFUMICATO: geräuchert oder gepökelt
AGLIO: Knoblauch
AGNELLO: Lamm, das entwöhnt ist
AGNOLOTTI: wörtlich „kleine fette Lämmer"; raviolіähnliche *pasta* mit einer Fleischfüllung
AGRODOLCE: süßsauer; bittersüß; säuerlich
AL DENTE: wörtlich „für den Zahn", ein Ausdruck, der die richtige Konsistenz der *pasta* beschreibt; sie widersteht den Zähnen ein wenig; nicht ganz gar gekocht
ANGUILLA: Aal
ANIMELLE: Bries
ANITRA: Ente, Erpel
ANTIPASTO: wörtlich „vor der Mahlzeit" – Hors d'œuvre oder ein erster Gang, Vorspeise
ARAGOSTA: Hummer
ARANCIO: Orange
ARISTA: Schweinslendenbraten. Das Wort *arista* stammt vielleicht von dem griechischen *aristos,* was „das Beste" bedeutet. In einer Anekdote des 15. Jahrhunderts heißt es, daß die griechisch-orthodoxen Prälaten „Aristos!" riefen, als ihnen in einem Gasthaus in Florenz eine Schweinelende serviert wurde
ARROSTO: ein Rostbraten

BACCALÀ: Klippfisch (getrockneter, gesalzener Kabeljau)
BARBABIETOLE: Rote Rüben, rote Beten
BASILICO: Basilikum
BATTUTO: Basis für Suppen, Eintopfgerichte usw. aus feingehacktem Gemüse, Kräutern und Schinkenspeck oder Öl
BICCHIERE: ein Glas; in italienischen Kochbüchern als Maßeinheit angegeben und etwa einer Tasse entsprechend
BISCOTTI: wörtlich „zweimal gebacken"; Plätzchen oder kleines Gebäck
BISTECCA: Beef- oder Kalbsteak
BOLLITO: in Wasser gekocht; gekochtes Fleisch
BRACIOLA: Kotelett oder Steak
BRASATO: geschmort
BRODETTO: Suppe, die in der Regel Fisch enthält
BRODO: Brühe, Bouillon
BRODO RISTRETTO: Kraftbrühe (klar)
BUDINO: Pudding
BUE: Rindfleisch
BURRO: Butter

CACCIAGIONE; SELVAGGINA: Wild
(ALLA) CACCIATORA: „auf Jägerart"; Fleisch oder Fisch, die in einer Sauce gekocht sind, die Tomaten, Schalotten, Pilze, Lorbeerblätter und Rot- oder Weißwein enthält
CAFFÈ ESPRESSO: starker, schwarzer Kaffee, bei dessen Zubereitung Dampf durch gemahlenen Kaffee gepreßt wird
CAFFELATTE: Kaffee, der zur Hälfte aus heißer Milch und zur Hälfte aus Kaffee besteht
CALAMARI: Kalmar, Tintenfischart
CALDO, MOLTO CALDO: warm, heiß
CANNELLA: Zimt, Kaneel
CANNOLI: knusprige Teigröhren, mit *ricotta*-Käse (Quark), Schokolade und kandierten Früchten gefüllt
CAPITONE: großer Aal
CAPPERI: Kapern
CAPPONE: Kapaun
CAPPUCCINO: Kaffee mit heißer, geschlagener Milch
CAPRETTO: junge Ziege
CARCIOFO: Artischocke
CARDO: Karde, eine eßbare Distel
CARNE: Fleisch
(ALLA) CASALINGA; CASERECCIO: hausgemacht, auf Hausmacherart
CASSATA: Speiseeis mit einer harten Sahne- oder Schokoladenkruste
CASSATA ALLA SICILIANA: ein sizilianischer Biskuitkuchen mit Schichten von *ricotta*-Käse und einer dicken Schokoladeglasur
CASTAGNA: Kastanie
CAVOLFIORE: Blumenkohl
CAVOLO: Kohl
CECI: Garbanzo-Bohnen,
CEDRO: Zitronat
CECI: Kichererbsen
CERVELLA: Brägen, Hirn
CETRIOLO: Gurke
CHIODI DI GAROFANO: Gewürznelken
CICORIA: Chicorée, Zichorie
CINGHIALE: Wildschwein
CIOCCOLATA: Schokolade
CIPOLLA: Zwiebel
CIPOLLINA: Perlzwiebel
CODA DI BUE ALLA VACCINARA: Ochsenschwanz auf Metzgerart
CONDITO: gewürzt, pikant
CONIGLIO: Kaninchen
CONTORNI: Gemüsebeilage oder Gemüsegarnitur
CORATELLA: Innereien; Herz, Lunge, Leber und Niere
COSCETTO, COSCIOTTO: Lammkeule
COSCIA: Keule
COSTATA: Rippenkotelett
COSTOLETTA; COTOLETTA: Kotelett
COTECHINO: scharf gewürzte Schweinswurst
COTTO: fertiggekocht, gar
COZZE: Muscheln
CREMA: Vanillesauce
CROSTA, CROSTATA, CROSTATINA: Kruste, Pastete, Torte
CROSTINO: Crouton oder ein kleines Stück Toast
CRUDO: roh, ungekocht
CUCCHIAIO, CUCCHIAINO: großer Löffel, kleiner Löffel (Maße, die in italienischen Kochbüchern verwendet werden); entspricht etwa einem Eß- und einem Teelöffel

DATTERI DI MARE: Seedattel, eine Art Miesmuschel
DOLCE: süß
DOLCI: Nachtisch, Kuchen, Süßigkeiten
DORATO: goldbraun (eine Kochanweisung)
DRAGONCELLO: Estragon

ERBA: Kraut

FAGIOLI: getrocknete weiße Bohnen
FAGIOLINI: grüne Bohnen
FARCITO: farciert, gefüllt
FARINA: Mehl
FAVE: Saubohnen oder dicke Bohnen
FEGATO: Leber
FEGATINI DI POLLO: Hühnerlebern
(AI) FERRI, ALLA GRIGLIA: auf dem Grill zubereitet
FETTA, FETTINA: Scheibe
FILETTO: Filet
FINOCCHIO: Fenchel
FONDI DI CARCIOFO: Artischockenböden
FORMAGGIO: Käse
FORNO, AL FORNO: im Ofen gebacken
FREDDO: kalt
FRESCO: frisch, ungekocht
FRIGGERE: braten
FRITTATA: Omelett
FRITTO: gebraten
FRITTURA: gebratene Speisen
FRUTTA: Früchte, Obst
FRUTTI DI MARE: „Meeresfrüchte"; eine Auswahl von Schalentieren
FUNGHI: Pilze

GAMBERI: Garnelen, Krabben
GAMBERETTI: kleine Krabben
GELATO: Speiseeis
GHIACCIO, GHIACCIATO: Eis, geeist
GNOCCHI: Klöße, Knödel, „Nockerln"
GNOCCHI ALLA ROMANA: im Ofen gebackene Grießknödel
GNOCCHI DI PATATE: Knödel aus Kartoffeln und Mehl
GNOCCHI DI RICOTTA: Knödel aus Quark und Mehl
GNOCCHI VERDI: Knödel aus einer Mischung von Spinat, Mehl und *ricotta*-Käse; eine norditalienische Spezialität
GRANCHIO: Krebs
GRANITE: Italienische Scherbettsorten
GRAPPA: Weinbrand, der aus den Schalen und Kernen der ausgepreßten Trauben destilliert wird
GRISSINI: Brotstangen

IMPANATO: paniert
IMBOTTITO: farciert, gefüllt
INDIVIA: Endivie
INSALATA: Salat
INSALATA VERDE: grüner Salat
INSALATA DI POMODORO: Salat mit Tomaten
INSALATA MISTA: gemischter Salat

LARDO: Speck
LARDO AFFUMICATO: geräucherter Schinkenspeck
LATTE: Milch
LATTUGA: Kopfsalat
LAURO: Lorbeerblatt
LEGUMI: Gemüse
LENTICCHIE: Linsen
LEPRE: Hase
LESSO: gekochtes Fleisch

LIMONE: Zitrone
LUMACHE: Schnecken

MAGGIORANA: Majoran
MAGRO: mager, fleischlos
MAIALE: Schweinefleisch
MAIONESE: Mayonnaise
MANDORLE: Mandeln
MANZO: Rindfleisch
(ALLA) MARINARA: „auf Seemannsart“, eine in Süditalien verwendete Sauce, die Tomaten, Knoblauch, Öl und Oregano enthält
MARINATO: mariniert
MAZZACUOGNI: sehr große Garnelen (im römischen Dialekt *mazzancelle*)
MELANZANA: Aubergine
MELONE, POPONE: Melone
MENTA: Minzkraut, Minze
MERLUZZO: Kabeljau, Dorsch
MIELE: Honig
MILLE FOGLIE: wörtlich „tausend Blätter“ – Blätterteig
MINESTRA, MINESTRE: Suppe oder *pasta*-Gang
MINESTRONE: Gemüsesuppe mit *pasta*- oder Reiseinlage
MISTO: gemischt
MORTADELLA: Mortadella (große, gewürzte Schweinswurst)
MUSCOLI: Muscheln

NOCE MOSCATA: Muskatnuß

OCA: Gans
OLIO: Öl
ORIGANO: wilder Majoran, Oregano
OSTRICHE: Austern

PALOMBACCI: Wildtauben
PANE: Brot
PANINO: Brötchen
PANNA: Sahne
PANNA MONTATA: Schlagsahne, (geschlagene Sahne)
(ALLA) PARMIGIANA: mit Parmesan
PARMIGIANO: Parmesankäse; auch *formaggio di grana* (Reibekäse) genannt
PASTA: allgemeiner Ausdruck für Teigwaren
PASTA ALL'UOVO: Eierteigwaren
PASTA ASCIUTTA: „trockene *pasta*“ – allein oder nur mit ein wenig Sauce serviert
PASTA IN BRODO: *pasta* als Suppeneinlage
PASTELLA, PASTETTA: Ausbackteig
PASTICCERIA: Konditorware, Gebäck
PASTICCIO: Pastetengericht
PASTINA: kleine Teigwaren als Suppeneinlage
PATATA: Kartoffel
PEPE NERO, PEPE ROSSO: schwarzer Pfeffer, Cayennepfeffer
PEPERONI: grüne oder milde rote Paprikaschoten *(pimiento)*
PEPERONCINI: getrocknete oder frische, scharfe rote Pfefferschoten
PESCE: Fisch
PESTO: Paste aus frischem Basilikum, Parmesan, Knoblauch, mit Olivenöl verdünnt und in Suppe oder mit *pasta* serviert. Eine Genueser Spezialität
(A) PIACERE: nach Geschmack zubereitet
PIGNOLI: Pinienkerne
PISELLI: Erbsen
(ALLA) PIZZAIOLA: mit Tomatensauce, Knoblauch, Oregano und schwarzem Pfeffer
POLLAME: Geflügel
POLLO: Hähnchen, Huhn
POLPETTE: Fleischklößchen
POLPETTONE: Hackbraten
POMODORO: Tomate
PORCHETTA: ganzes geröstetes Spanferkel
PREZZEMOLO: Petersilie
PROSCIUTTO: roher, geräucherter Schinken

RAGU: Fleischsauce, Ragout
RIPIENO: Füllung; gefüllt oder farciert
RISO, RISOTTO: Reis, Reisgericht
ROSMARINO: Rosmarin

SALAME: Salami
SALE: Salz
SALMI, IN SALMI: Sauce für Gerichte aus wildem Geflügel
SALSA: Sauce
SALTARE: schnell braten
SALVIA: Salbei
SCALOPPINE: dünne Kalbsschnitzel
SCAMPI: eine im Adriatischen Meer vorkommende größere Garnelenart, entspricht unseren „Langustenschwänzen“
SECCO: trocken
SEDANO: Stangensellerie
SEMIFREDDO: eine meist mit Gelatine bereitete kaltgestellte Cremespeise
SEMOLINO: Grieß
SEPPIA: Kuttelfisch
SOFFRITTO: Suppen- oder Eintopfgrundlage aus Gemüse und Kräutern; gekocht: *battuto*
SOGLIOLA: Seezunge
SPEZIE: Gewürz
SPEZZATINO: Eintopf; wörtlich „in kleine Stücke geschnitten“
SPIEDINO, SPIEDO, ALLO SPIEDO: Spießchen, Spieß, am Spieß gebraten
SPUMANTE: allgemeiner Ausdruck für moussierende Weine (z. B. Asti Spumante, Lambrusco)
SPUMONE: leichte, schaumige, mit Eierschnee oder Schlagsahne gemachtes Speiseeis
STRACOTTO: Schmorbraten
STUFATO: Eintopf; wörtlich „auf dem Herd gekocht“
SUGO: Bratensauce oder Sauce

TACCHINO: Puter
TARTUFI: Trüffeln
TESTA: Kopf
TIMO: Thymian
TONNO: Thunfisch
TORRONE: Nugat
TORTA: Kuchen, Torte
TRIGLIA: Meer-, Seebarbe
TRIPPA: Kaldaunen
TROTA: Forelle

UCCELLETTI, UCCELLINI: kleine, im ganzen geröstete und servierte Vögel
(IN) UMIDO: in Sauce gekocht, geschmort
UOVO: Ei; TUORLO D'UOVO: Eigelb; BIANCO D'UOVO: Eiweiß
UVA: Trauben; UVA PASSA: Rosinen

VITELLO: Fleisch von sehr jungem Kalb
VITELLONE: Fleisch von sehr jungem Rind
VONGOLE: Muscheln

ZAMPONE: sehr gewürzte, mit der Haut eines Schweinsfußes umgebene Schweinswurst
ZAFFERANO: Safran
ZEPPOLE: Ähnlich der am Sankt Josephstag in Rom gegessenen Süßigkeit; auch ein neapolitanisches Beignet
ZUCCHERO: Zucker

# *Register der Rezepte: Deutsch*

ANMERKUNG: Der Buchstabe R vor einer Seitenzahl bezieht sich auf das Rezeptbuch. Größe, Gewicht und Material der Kochgeräte werden in den Rezepten vermerkt, weil von ihnen die Kochresultate abhängen. Ein Kochgefäß sollte gerade groß genug sein, um den vorgesehenen Inhalt bequem zu fassen. Schwere Töpfe erhitzen sich langsam, sind jedoch temperaturbeständiger. Aluminium oder Gußeisen sind zwar gute Wärmeleiter, können jedoch dazu beitragen, daß Gerichte, die Eigelb, Wein, Essig oder Zitrone enthalten, sich verfärben. Emailkochgefäße halten die Wärme relativ schlecht. Deshalb werden bei vielen der angegebenen Rezepte Töpfe aus rostfreiem Stahl oder emailliertem Gußeisen empfohlen, die diese Nachteile nicht besitzen.

In Rezepten, bei denen Käse verwendet wird, empfiehlt es sich, importierte Sorten zu benutzen. Die meisten einheimischen Käse haben nicht genau den originalen Geschmack, das richtige Aroma und die notwendige Konsistenz.

## *Antipasti (Vorspeisen)*



## *Suppen*



## *Eier- und Käsegerichte*



## *Pasta-, Reis- und Maismehlgerichte*



## *Gemüsegerichte*



## *Saucen*



## *Meerestiere*



## *Geflügel*



## *Fleischgerichte*



## *Salate*



## *Nachspeisen und Kuchen*

# *Register der Rezepte: Italienisch*

## *Antipasti (Vorspeisen)*



## *Suppen*



## *Eier- und Käsegerichte*



## *Pasta-, Reis- und Maismehlgerichte*



## *Gemüsegerichte*



## *Saucen*



## *Meerestiere*



## *Geflügel*



## *Fleischgerichte*



## *Salate*



## *Nachspeisen und Kuchen*

# Allgemeines Register

Kursiv gesetzte Seitenangaben beziehen sich auf Abbildungen.